本丛书由澳门基金会策划并资助出版

澳门研究丛书 MACAU STUDIES

澳门研究丛书 MACAU STUDIES

澳门土地法改革研究

A Study on the Reform of the Land Law of Macau

陈家辉/著

社会科学文献出版社
SOCIAL SCIENCES ACADEMIC PRESS (CHINA)

澳門基金會
FUNDAÇÃO MACAU

序

王卫国[*]

　　土地是人类赖以生存和发展的重要资源，是人民安身立命之本。在民法上，土地权利历来是物权制度的基石。因此，无论在大陆法系抑或英美法系，土地法律制度均在一个国家或地区的法律体系中占有重要地位。可以说，土地立法的合理与否直接关系到经济的繁荣与社会的和谐，理应引起立法者和研究者的高度重视。

　　1986 年《中华人民共和国土地管理法》（以下简称《土地管理法》）作为内地第一部专门调整土地关系的法律，标志着内地土地管理工作进入法制化轨道。在经济发展、人口增多的社会背景下，对土地的需求不断增加，人地矛盾随之日益突出，《土地管理法》虽经多次修改，亦已难以适应社会需求，尤其在土地征收等一系列问题上，现行立法未能给出合理的解决方案，以致社会矛盾日益突出。据报道，内地每年发生的群体性事件大部分与土地有关。

　　而在我国澳门地区，土地问题同样十分严峻。较之内地，澳门地区的土地更是严重稀缺，以致澳门一度需要通过填海造地来改善土地供应的状况。澳门回归后的十余年间，在"一国两制"体制下实现了经济的高速发展。澳门《土地法》自 1980 年颁布以来，实施已有 30 余年，其间虽亦有多次局部修改，但仍难以适应经济社会的发展，土地法改革的呼声仍然很高。

　　在此背景下，本书作者在我门下攻读博士学位期间，专门就澳门土地法改革进行研究，并以此作为其博士论文写作题目，本书正是在其博士论文的基础上修改完善而成。作者现就职于澳门特区检察院检察长办公室，他对于澳门地区的法律制度，包括土地法律制度，应当说是比较了解的。他研究心得不仅来自他阅读的参考文献，也来自他作为澳门居民和澳门的法务工作者

---

　　* 王卫国，法学教授、博士生导师，中国政法大学民商经济法学院院长、校长助理。

的实践经验和切身体会。

本书不仅对澳门地区土地法改革的研究者有一定的参考价值，同时也对内地土地法律制度的完善具有重要借鉴意义。作者向我们系统地介绍澳门地区的土地制度，分析具体的土地权利、土地征收按市场价格补偿等制度安排，这对于解决内地矛盾尤为尖锐的征地问题均有所启示。

法律改革通常难以一步到位，尤其是内地的土地改革至今仍步履蹒跚；相比之下，澳门土地法改革因"一国两制"而免去许多体制上的障碍。两地的土地法律制度改革虽内容不同，但其目的皆在于完善土地制度以保护权利人的合法权益，实现土地管理的合理有序，最大限度地利用土地资源，促进经济发展。在此意义上，两地在改革的过程中应有诸多可供相互学习之处，而本书正是在此基础上进行的有益探索。

是为序。

2012 年 9 月 25 日
于北京

目　录

第一章
澳门土地制度的历史背景

第一节 澳门土地的历史与现状

一 地理概况

（一）澳门的地理位置

澳门位于我国东南沿海，紧邻珠江西岸，北邻珠海拱北；东邻伶仃洋，近香港；西邻珠海湾仔、横琴。南北距离 11.8 公里，东西距离 4.4 公里，具体位于东经 113°34′47″~113°35′20″，北纬 22°6′40″~22°13′1″①，与香港、广州鼎足分立于珠江三角洲外缘。

在地理位置上，澳门独具优势。除了东邻香港、与香港共扼珠江口，西靠珠海湾仔外，其南面则靠近南海，北面又连接珠海拱北。此外，在与各城市的距离上，澳门与香港相距仅 61 公里，与广州相距 105 公里，三者分别鼎立于我国第四大河——珠江的外缘，沿着珠江主干西江，澳门可通往物产丰富的肇庆、梧州等内地城市。正是如此优越的地理位置，助澳门经济繁荣发展，并在 16~17 世纪成为中外贸易的连接点之一。对外，澳门与东京相距 2800 公里，与新加坡相距 2600 公里，与马尼拉相距 1200 公里，正是东南亚、东北亚航路的中转站，由此使得澳门在 16~17 世纪的东西方贸易中发挥了重要作用。

在组成部分上，澳门包括澳门半岛、氹仔岛和路环岛。其中，澳门的政治、经济、文化中心，均位于澳门半岛，其拥有澳门大部分建筑以及 90% 的居民。从历史上看，澳门半岛原本只是海上的一个孤岛，其后由于珠江主干西江的泥沙冲积为连接大陆的沙堤，从而演变为连接大陆的半岛。如今该

---

① 《澳门地理》，http://www.gmw.cn/03zhuanti/2_zhuanti/jinian/macau/a1.htm。

沙堤则是澳门与珠海的连接所在。

澳门原本只是渔村，由于其特殊的地理位置，加上当地防御力量并不强大，后来便成为葡萄牙人进行远东贸易的一个中转站，其城市的发展也因此沿袭了葡萄牙国内的城市发展模式。至鸦片战争时期，澳门沦为葡萄牙的管治地，究其原因，则离不开澳门的地理变迁、葡萄牙的兴衰以及中国政府对待澳门的政策等。澳门沿海地带的地貌以丘陵和台地为主，与中国人传统的建筑风水观念不甚符合，却与葡萄牙的多山地貌相近似，在葡萄牙人利用澳门进行海外贸易的过程中，至近代以前，也就有了前面提到的澳门城市发展完全是按照葡萄牙的城市发展模式来进行的情况。

（二）澳门的土地面积

根据澳门特别行政区政府统计暨普查局 2012 年的数据，截至 2011 年，澳门陆地总面积 29.9 平方公里。具体而言，包括澳门半岛的 9.3 平方公里、氹仔岛的 7.4 平方公里、路环岛的 7.6 平方公里以及路氹填海区的 5.6 平方公里。海岸线总长则为 47.45 公里。

经过多次填海造地，澳门陆地总面积一直在扩大，19 世纪仅为 10.28 平方公里，如今已经达到前述的 29.9 平方公里，不过，与相邻的香港相比，澳门的面积仅为后者的 1/37。

前面提到，澳门由澳门半岛、氹仔岛和路环岛组成，在交通上，澳门半岛与内地相连接，并经嘉乐庇大桥、友谊大桥和西湾大桥与氹仔岛连接；而路氹填海区则将氹仔岛和路环岛相连接，具体由路氹连贯公路相连。

（三）澳门的土地资源

在土地资源上，澳门具有以下特点：

其一，土地资源的总量较为匮乏，具体到人均土地占有量也较少。如前所述，根据澳门特别行政区政府统计暨普查局 2012 年的数据显示，澳门土地总面积仅为 29.9 平方公里，而 2011 年澳门总人口达到了 55.74 万人，人均土地占有量仅为 53.64 平方米，远远达不到全国城市规划中的人均用地标准（最低 80 平方米）。在人口密度上，全澳人口密度为每平方公里 1.84 万人，然而由于经济发展不均衡等历史原因，尽管澳门半岛面积尚达不到澳门总面积的 1/3，其人口密度却高达每平方公里 5.1 万人，人均用地更少；相比之下，氹仔人口密度为每平方公里 1.06 万人，路环人口密度则仅为每平方公里 600 人。

其二，在土地类型上较为单调，而填海造地特色显著。澳门主要包括平地、台地、丘陵等土地结构，相对比较简单。其中，平地面积占总面积的近59%，包括填海造地面积；丘陵面积占总面积逾37%，主要为花岗岩丘陵；而台地面积占总面积不足1%，面积虽小，但高度仅为海拔20~25米，坡度也相对较小，因此利用程度比较高；此外，其他土地类型如保护区、纪念物、保护林等用地，面积占总面积逾3%。在澳门的土地类型中，相当大一部分为填海造地，这一部分土地面积超过澳门总面积的一半，作为土地资源极为匮乏的澳门，填海造地乃是其土地利用的一大特色①。

其三，澳门的滩涂资源相对较为丰富。由于地处伶仃洋与珠江口磨刀门之间，且紧邻南海，因江水与海水动力作用，大量泥沙淤积。其中，包括珠江各支流（东江、北江、西江）携往珠江口的部分泥沙，随沿岸流或退潮流带往粤西的过程中，淤积了一部分在澳门附近；此外，还包括经过磨刀门的泥沙，作为珠江输沙量最大的出海口，磨刀门每年输出的泥沙均有一部分经过洪湾水道被带往澳门海域。上述两大沙源，在澳门沿岸衍生出广阔的浅滩②。

二 主权归属

（一）澳门自古以来均归属于中国

澳门归属于中国的历史，可追溯到秦朝时期。在当时中国第一次统一的版图上，澳门就被列入其中，具体隶属于南海郡的番禺县下。自此以后，中国历朝历代的主权者均把澳门列入管辖范围，并对其实施了有效的治理。其中，在具体管辖的历程上，唐朝时期，澳门隶属于东莞县；南宋之后，澳门隶属于香山县；明朝时期，曾设"守澳官"，专门负责对澳门港口的管理；清朝时期，1731年在澳门设立政府派出机构即香山县丞衙门，1744年又增设"澳门海防军民同知"，负责澳门各项事务的管理，至1911年，委派"澳门海防军民同知"先后共64任。

（二）葡人入澳

16世纪中叶以后，葡萄牙人开始登陆澳门。时值明朝时期，嘉靖三十

---

① 谭光民：《澳门的土地资源与经济发展》，《热带地理》1999年第4期。

② 谭光民：《澳门的土地资源与经济发展》，《热带地理》1999年第4期。

二年（1553 年），葡萄牙人以船只触礁为借口，通过贿赂中国官员得以允许其在澳门上岸，但仅限于短暂停留，且有离境期限。然而，此后葡萄牙人故伎重演，再次通过行贿中国官员的方式，得以冒用他国名义在澳门从事贸易，并以相同手段谋得在澳居留权。后来，葡萄牙人得寸进尺，企图在澳门建立机构进行"自治"，并由葡萄牙政府委派该"自治"机构的首脑"总督"。显然，这种一厢情愿的"自治"从未得到中国政府的承认，明朝政府在澳门实行的治理一直在延续。时至第一次鸦片战争，清政府战败后与列强签订了多个不平等条约，此时葡萄牙人趁机向清政府提出多项不合理要求，旨在篡夺澳门主权，其中包括要求清政府不再向葡萄牙人征收土地租金、对澳门进行重新划界、同意葡萄牙派兵驻守澳门部分地区、将澳门变为贸易自由港、同意葡萄牙人在澳门自由建造房屋船舶、由葡萄牙人负责内地入澳货物征税等。对于上述要求，当时的清政府仅同意了当中有关通商、贸易的部分要求，至于废除葡人地租、重新划界等事关中国主权的问题，则并未同意。

（三）管治时期与澳门回归

自 1887 年中葡两国签订《中葡和好通商条约》后，葡萄牙逐渐占领了澳门并实行管治。但是，实际上这一条约并未将澳门割让出去，相反，该条约明确规定，非经中国政府允许，不得擅自将澳门割让他国，同时，澳门仍为中国港口，享受与内地港口同等待遇，而非变为外国港口。以上均说明中国仍未放弃对于澳门的主权，至于所谓葡萄牙对澳门实行全面的"永久管理"，在主权从未改变的前提下，实际上是一纸空文。此后，中国政府也从来没有承认将澳门让与葡萄牙，即使事实上葡萄牙的确自 1849 年起在澳门进行了长达 150 年的管治，但澳门始终属于中国的固有领土。

1999 年 12 月 20 日，澳门回归祖国，成为我国继香港之后的另一个特别行政区，并在《澳门基本法》的框架下实行特区自治。在"一国两制"的推行下，回归后的澳门的经济、社会等方面的原有特色得以保留并延续下来。

三 填海造地

（一）澳门填海造地的原因

澳门的土地总面积原本就非常小，其中还包括了为数不少的丘陵与台地等，使得城市建设对平地的需求进一步加剧。在这种客观环境下，正如前面提到的，就连这些海拔相对较低的丘陵、台地，也几乎全部开辟用于城市建设，如兴建街道、修建民居。至于氹仔岛、路环岛两个离岛，其平地资源更加紧缺，而制约其发展的另一个因素则是交通问题，因此，至20世纪60年代，离岛地区的发展仍然较为缓慢。

如前所述，澳门土地资源紧张，但是滩涂资源相对而言则较为丰富。随着经济的进一步发展与人口的相应增加，客观上要求开发更多的土地投入社会经济活动，但由于固有土地资源的限制，只能将目光投向沿海滩涂，通过填海的手段获取更多澳门发展所必需的土地。因此，就土地问题突出的澳门而言，土地的供给与经济的发展紧密相连，二者相辅相成、相互促进[①]。

（二）澳门的填海区域

在如今的澳门，大量土地因填海而来。其中，主要的填海区域包括：澳门半岛的西北部，如筷子基、青洲等地附近；澳门半岛的东北部，如黑沙环、马场等地；澳门半岛的东部，如南湾、新口岸等地；澳门半岛的西部，主要是内港沿岸地区等；澳门半岛以外的，包括氹仔岛与大潭山、小潭山一带，如澳门国际机场等地，以及路环岛的西北部、东北部等，如澳门水泥厂等地。

（三）澳门经济发展中的填海造地历程

澳门填海造地的历史可以追溯到清朝的咸丰年间，经过100多年来的几次大规模填海，澳门土地总面积扩大了1倍以上。自19世纪60年代至今，澳门的填海造地工程主要有4次，通过填海而增加的土地面积，占如今澳门总面积的一半以上。

以澳门半岛为例，1840年其面积总共只有2.78平方公里，1866～1910年澳门半岛西部填海造地，将其面积扩至3.35平方公里；1919～1924年澳门半岛西北部继续填海造地工程；1923～1938年澳门半岛的填海区域主要集中在新口岸与南湾，此时，经过填海，澳门半岛的面积达到近6平方公里，是1840年的两倍；20世纪80年代以来澳门半岛的填海区域主要集中在新口岸和黑沙环，至1994年，澳门半岛总面积增至9.1平方公里，也即自1866年填海以来，澳门半岛总面积与填海前相比，增加了2倍多，而新

---

① 谭光民：《澳门的土地资源与经济发展》，《热带地理》1999年第4期。

增的这部分土地则全部是城市发展所急需的平地。

此外，凼仔岛、路环岛也进行了较大规模的填海造地。例如，凼仔岛的总面积在1910年时仅有1.98平方公里，经过大规模填海造地，至1927年凼仔岛的总面积就达到了3.48平方公里，至1994年更是增至6.33平方公里，是其固有面积的3倍多；再如，路环岛的总面积在1910年时仅有5.61平方公里，经过填海造地，至1994年路环岛的总面积增至8.07平方公里。

总体而言，澳门填海造地的成果是相当可观的，1840～1991年，通过填海造地新增的土地共7.06平方公里，新增面积为当年面积的2倍多，这在一定程度上缓解了澳门经济发展过程中的土地紧缺问题。然而，从土地的人均占有量上看，在经过数次填海造地后，1997年澳门的人均土地占有量也仅仅是51平方米，而人口密集的澳门半岛地区人均土地占有量更是只有19平方米，土地资源匮乏问题始终还是制约澳门经济、社会发展的因素①。

1. 19世纪中期至20世纪初期的澳门经济发展与填海造地②

据记载，清朝年间，道光二十年（1840年），澳门半岛的总面积仅有2.78平方公里。自19世纪中期开始，因两广地区的政治局势出现动荡，许多内地官商等人携眷前往澳门避难，到了19世纪50年代末，随着人口的增加，澳门的住宅需求相应增加。此外，前来避居的内地官商等人在澳门开展各种经济活动，既经营医院、戏院，也开办赌场、妓院，还创办工厂、作坊等，各项活动无不代表着土地需求的增加。因此，1863年，澳门开始进行第一次填海造地，其成果是南湾街的拓宽。此外，随着经济的进一步发展，北湾地区也得到相应开发，通过填海造地建成的白眼塘街区等地给北湾地区的面貌带来了巨大改变。

至20世纪初期，澳门的手工业进一步发展，主要包括火柴、爆竹等项目。例如，1930年，火柴、爆竹的出口项目占澳门当年出口总值的31%。不过，相比之下，其他行业在澳门则时起时落，总体而言经济发展并不稳定。在此期间，填海造地工程或断断续续，或规模较小。其中，1923年通过填海工程筑堤，将青洲山变为陆连岛；1930年，在城市进一步发展的过

---

① 《澳门土地资源与填海》，http://database.ce.cn/gqzlk/sgl/am/zr/200711/19/t20071119_13644391.shtml。

② 谭光民：《澳门的土地资源与经济发展》，《热带地理》1999年第4期。

程中，建材行业兴起，出现了青洲区的雏形。此外还有其他小规模填海活动，如 1924 年填海造地兴建赛马场等。

2. 20 世纪 40～60 年代的澳门经济发展与填海造地①

随着抗日战争的爆发，澳门又迎来另一次移民潮，主要是内地、香港的居民进入澳门，使得澳门人口达到 24.51 万人。随着大量人口的涌入，在此期间澳门的经济出现了短暂的繁荣，其中，爆竹、火柴、神香、造船等行业获得较快的发展。例如，1948 年澳门的爆竹产量达到 1026 吨，相比两年前增加了 5 倍多；此外，火柴产量增加 1.5 倍，神香产量增加 3 倍并远销世界各地，而造船行业年度产值则达到 700 万葡元，更是位列这四种行业之首。上述行业得以发展的主要原因，乃是其均为手工业，在产业类型上属于劳动密集型，而前面提到的人口涌入无疑为上述行业提供了大量的劳动力。不过，这一时期毕竟处于战乱年间，经济的发展程度有限，对土地资源的需求程度亦然，因此有关填海造地的进程并不迅速。

到了朝鲜战争时期，由于美国在 1952 年开始对澳门（与此同时还有香港）实行贸易管制，对澳门规定只允许其爆竹进入美国市场，并且规定了销售的限额（即 85 万美元）。至于澳门的其他传统产业，如火柴、神香等，则一律不允许销入美国，由此对澳门的经济造成了一定程度的打击，不少工厂相继倒闭，大量工人处于失业状态。至 1956 年，澳门对外贸易总额与 1949 年相比，降幅达到 69%。在经济环境出现萧条的背景下，澳门经济发展对于土地的需求量也相应减少，因此即便在 20 世纪 30 年代业已完成新口岸、南湾的填海造地，但是在之后的 20 余年却未予启用。此间的填海造地也仅仅局限于个别开发商主导的在筷子基、黑沙环等地区的零星填海，规模较小。

3. 20 世纪 60～90 年代的澳门经济发展与填海造地②

受欧美地区贸易保护主义相关政策的影响，这一时期香港加工业因欧美对其实行配额制度而出口受阻，为突破欧美针对香港实行的部分贸易保护政策，港商开始物色周边地区的发展机遇，而澳门由于邻近香港，且劳动力价格相对较低，因此受到港商的青睐，不少港商陆续前往澳门投资办厂，成为

---

① 谭光民：《澳门的土地资源与经济发展》，《热带地理》1999 年第 4 期。
② 谭光民：《澳门的土地资源与经济发展》，《热带地理》1999 年第 4 期。

澳门加工业发展的大好时机。据统计显示，1978～1987年，澳门的经济发展迎来黄金时期，其中，轻加工业更是达到了发展的高峰。在此期间，包括毛纺、制衣、皮革、玩具、电子、五金等工厂纷纷在澳建立，总数达到2000余家。10年之中，澳门平均每天出口额增长超过27%。据世界经合组织的资料显示，1976～1987年，澳门成为世界经济增长速度最快的地区之一，其经济每年平均增长16.7%，高于同期的香港。在人口快速增加以及经济迅速发展的背景下，澳门社会对于土地的需求也相应提升，由此推动澳门的填海造地进程。至1991年，经过填海造地，澳门半岛总面积增加至6.5平方公里，氹仔岛、路环岛两个离岛也有相应的土地开发活动。

4. 20世纪90年代至今的澳门经济发展与填海造地[①]

20世纪90年代，澳门的经济增长速度相对于80年代有所降低；与此同时，澳门的失业率也有所上升，至1996年已达到了4.5%。在出口方面，1990～1995年澳门出口总值仍然有所增长（增长率2.91%），不过，在此期间消费物价指数提升超过3%，比出口总值增长率更高。在房地产方面，则出现了供过于求的局面，近4万个单位楼宇处于空置状态，私人建筑业的发展遭遇17.7%的负增长。唯一相对有起色的行业是旅游博彩业。1993年，赴澳旅游人数为782.93万人次，1996年已增加到814.1万人次。由于其中超过60%以上的为香港游客，因此对澳门的土地需求影响并不大。不过，值此经济陷入滑坡之际，澳门政府抓住旅游博彩业的发展，对其予以一定的政策倾斜，以控制经济的下滑；同时，在旅游博彩业的发展过程中进行大量基础设施建设。例如，填海造地建设澳门国际机场、拓宽连贯公路、新澳氹大桥等各大项目的建设，作为城市发展的基础工程，对于其后澳门的经济发展具有重大基础作用。而上述填海造地工程在另一方面又使得澳门的土地总面积有所增加，人地矛盾在一定程度上得以缓解。

（四）澳门填海造地引发的土质问题

2012年10月，澳门善丰花园[②]发生大厦主力柱爆裂事故，引起澳门社会的广泛关注。人们一方面关注事故发生原因以及特区政府的处理方式，另

---

① 谭光民：《澳门的土地资源与经济发展》，《热带地理》1999年第4期。
② 葫芦：《填海地土质松软，需足够时间沉降增加承受力》，《论尽媒体》，http://aamacau.com/2012/10/19/whyaccident/。

一方面对于相应的安全机制、土质处理等问题持不同意见。总之，这一事故应当引起政府和社会的高度关注，防止未来出现类似情形。

除了善丰花园危楼事件外，其附近楼宇也曾出现过问题，包括利昌大厦、澳华大厦和广兴大厦等。而在 2011 年，新桥区也曾发生过巨富花园危楼事件。上述楼宇出现的问题，除了各楼宇本身可能出现的结构问题外，还存在另外一个问题，也是这些楼宇的共同情形，即均与施工地区紧邻。其中，与善丰花园等四座大厦相邻的苏豪荟施工地盘，在其打桩后便有居民反映上述大厦出现异常状况；而巨富花园出现问题的大厦，也有居民表示该楼宇的异常状况始于旁边旧楼拆除工程。一方面，人们质疑各楼盘开工前是否已评估对邻近楼房可能产生的影响，并作出相应的预防如巩固邻近楼宇等；另一方面，这两处楼盘的土质较软，其原本为淤泥地与菜地。此类土质松软的地区，在对其进行施工的时候，则比较容易影响到邻近楼房。虽然《都市建筑总章程》规定了楼宇清拆中应考虑到对邻近楼宇可能产生的影响，并应采取措施加以预防，但是实际操作中是否能够得到执行，则需要政府主管部门进行有效的监督管理。与澳门的情况相对照，如在美国旧金山等地，建筑工程在施工前均需先行测量邻近楼宇，并在施工的整个过程中对邻近楼宇全程监测，既保证工程安全，也保证邻近楼宇的安全，而相应的开支则占到总费用的 1%～2%。实际上，在香港和台湾也有类似的机制，值得澳门借鉴。

实际上，澳门一半以上的土地均来源于填海造地，此类土地能否承载澳门愈演愈烈的高楼林立？业内人士表示，填海而来的土地在土质上较为松软，基本上是软性或松散的沙质，此类土地的承受力一般并不是太强，在其上进行建筑，对于技术的要求往往也较高，包括楼盘的地基等，也需要考虑承受力度的大小。在填海造地后，对相应土地进行改良也是一个相当重要的阶段，而改良过程中需要充分的沉降，如路氹填海区的永利公司新址楼盘，为加速土地沉降，拟在主体工程建设前先行建造停车场以夯实土地，此种做法似乎比较可取，对于未来土防御液化、提高地层安全度等均有所帮助。

关于填海造地引发的土质问题，澳门岩土工程协会也曾呼吁政府加以关注，如尽快开展已获批的新城五幅地填海工程，以便未来填海而来的土地有更多时间得以沉降，兼顾安全与效率。对于填海地的沉降，最需要的还是时间。

四 土地承载状况与澳珠整合

(一) 澳门土地承载状况[①]

作为一个微型经济体，澳门的土地资源紧缺，全澳土地总面积不到30平方公里，如此狭小的空间却居住着50多万人，年生产总值逾2000多亿澳门元，土地承载压力可见一斑。目前，澳门闲置的空间已经相当有限，未来该地区经济发展趋势为适当程度的多元化发展，因此必然需要拓宽目前已有的行业领域，而新兴行业的兴起与扩大必将导致更大的土地需求。故此，有必要重新审视目前澳门的土地承载状况，在了解现状的前提下为澳门经济下一步的多元化寻找土地空间作为支撑。

1. 土地规模狭小，供需矛盾突出

在经历过多次填海造地后，目前，澳门土地总面积达到29.9平方公里，包括澳门半岛的9.3平方公里、氹仔岛的7.4平方公里、路环岛的7.6平方公里以及路氹填海区的5.6平方公里。不过，澳门现有的土地仍然十分狭小，其土地总面积也仅为香港的1/37、深圳的1/67，而在经济快速发展的背景下，土地的承载空间极为有限。在土地类型上，澳门的陆地尚有较大一部分为丘陵与台地，对于这部分土地的规划与利用，客观上存在一定的限制。在土地制度上，澳门呈现多元化的态势，土地在市场上的流通并不十分充分，难以实现完全的市场配置，这在一定程度上也影响到土地对于整个澳门经济与社会发展的承载力。

在土地的供需上，与内地的深圳地区相比，澳门经济总量达到深圳地区的1/6，不过，如果平均到土地面积上，则澳门每平方公里土地上的生产总值为深圳的12倍；而在人口上，澳门每平方公里上的人口总量更是达到了深圳的42倍。因此，在目前已有的经济发展程度上，澳门的土地压力已经非常之大，若想进一步拓宽投资领域与规模，实行经济多元化，在土地空间上可谓极其有限。

2. 填海造地为澳门拓宽土地面积，但未来填海空间已相当有限

在进行填海造地之前，澳门的土地尚属于天然状态，1840年全澳土地

---

① 陈相：《澳门经济适度多元化的路径和策略研究》，暨南大学硕士学位论文，2012。

总面积仅为4.76平方公里，包括澳门半岛的2.78平方公里、氹仔岛和路环岛的1.98平方公里，而且当时的土地类型更多的是丘陵。经过100多年的填海造地，澳门的海岸线向外延伸，例如，东南部海岸线延伸近一公里，东北部、北部海岸线延伸五六百米，而氹仔岛的东北部、西北部、中南部均为填海形成的新海岸，而路环岛的西北部、东北部也出现面积较大的填海区域。与1840年相比，如今的澳门土地中，整整25平方公里均为填海而来，可见填海造地乃是拓展澳门土地资源的最重要的方式。填海得来的土地在类型上均为平地，适宜进行城市建设，这些土地对于澳门土地紧缺的局面有所缓解，为该地区经济、社会的进一步发展提供了更多空间。

不过，值得注意的是，填海造地在为澳门提供土地资源的同时，对于当地的自然环境也产生了一定的影响，包括生态破坏、自然景观的改变等。经过多次大规模的填海，如今澳门天然的海岸线许多已经不复存在，而当地的地质结构也产生了较大变化，土地资源的自我保护能力尤其是针对海洋环境变化的自我保护能力，已经有所削弱；同时，热岛效应在澳门也相应增强。长远看来，这种情况并不利于澳门的稳定发展。故此，填海造地这种拓展土地资源的方式并不宜滥用，将来澳门的人地矛盾已不能完全以填海造地来解决；而离开填海造地这种主要手段，澳门的土地空间又难以进一步扩大，对于未来的经济多元化等发展趋势造成障碍。

3. 人口密度大，人地矛盾突出

澳门土地面积虽小，但是人口总量却非常之大，平均每平方公里的人口数量达到了1.84万人，是深圳的42倍；这一人口密度与内地相比，是后者的130倍，与世界人口密度相比，更是接近其361倍。如今，澳门的人口密度已经在世界上位居前列。在目前的人口总量下，澳门人口仍持续增长，年均增长率达到2.39%，是内地人口增长率的3倍多。而根据特区政府的最新人口政策，未来澳门人口还将以更加迅猛的趋势增长，届时土地承载的压力无疑还将更为严重。

4. 土地资源使用结构不均，生产、生活用地紧缺

从土地资源的使用结构来看，澳门存在较为严重的结构失衡问题。

首先，由于历史原因，澳门半岛作为澳门的主要经济、社会中心，承载着澳门90%以上的人口，包括澳门的主要行政、经济、交通等网络，均主要分布于此；然而，从土地总面积来看，澳门半岛却只占全澳土地总面积的

1/3。至于氹仔岛和路环岛两个离岛地区，由于此前的交通问题，以及各项基础设施相对滞后，离岛地区的开发程度总体上较低。

其次，具体到各类型用地，也存在较大的不均匀问题。关于商业用地，由于澳门主要以第三产业为主，因此商业用地配置较少，仅占土地总面积的0.67%，即0.2平方公里；关于工业用地，主要分布地域为澳门半岛，具体包括其西部、东北部，面积为0.9平方公里，不过，工业用地并非独立区域，而是与住宅用地、商业用地相混杂；关于住宅用地，包括高级住宅区、平民住宅区，共2.7平方公里，而平民住宅区的各项基础设施与环境条件等相对较差，人口也更为密集。2009年，整个澳门的土地用于生产和生活的部分共为3.8平方公里，仅为土地总面积的10%，情况较为窘迫。

5. 以服务业为主导产业，未来产业发展与土地的矛盾突出

从经济结构上看，澳门几乎没有第一产业，其产业类型仅包括第二产业和第三产业，而这两大产业结构也并不均衡，2010年，澳门第二产业占本地生产总值的比例为7.4%，而第三产业占本地生产总值的比例则达到92.6%，可见第三产业在澳门的经济中占据绝对优势地位。然而，作为澳门主导产业的第三产业，其发展基础并非第一产业和第二产业的充分发展，主要倚重博彩业，在产业链条上存在不完整性，产业链相对较短，也很难带动其他产业的进一步发展。因此，从整体上看，澳门产业基础仍然较为薄弱。

2011年，澳门特区总收入当中，博彩税收的比例达到88.41%，一直以来，博彩业都是澳门当之无愧的龙头产业，也是当地土地资源承载的最主要的产业。就该产业本身的特征，以及未来澳门发展趋势而言，经济的适度多元化乃是发展的方向，而其他行业的发展必将产生更大的土地需求，这对于目前土地资源极度紧缺的澳门而言无疑是一大挑战，产业发展与土地矛盾日渐突出。

6. 未来澳门土地承载状况之展望

其一，未来澳门土地空间仍难摆脱狭小的现状，其中包括已有的土地面积与可能增加的土地面积，都十分有限，土地问题将成为制约澳门经济、社会进一步发展的障碍。自20世纪90年代初以来，在填海造地的政策下澳门土地总面积有所增加，至今已达29.9平方公里，与以往相比翻了一番；不过，应当注意到，21世纪以来澳门土地面积的增长速度已经有所下降，甚至有趋平之势，按照目前的这种趋势，澳门未来能否像以往一般通过填海构筑大量土地，已不无疑问。土地空间的客观限制，对于未来澳门的经济多元化与社会进一步发展等问题背后的土地需求，均难以满足，该地区土地资源的供需矛盾恐怕还将日益严峻。

其二，未来澳门的人口总量还将持续增长，人地矛盾将会更加突出。近20年来，澳门的人口规模日益扩大，其总数量由36万余人增长至50多万人，增幅超过一半。照此趋势，未来该地区的人口规模还将进一步扩大，而人口增长必将对土地空间存在更多需求，届时人地矛盾不但难以缓解，而且无疑还会进一步激化。

其三，未来澳门的经济将会进一步发展，对土地资源的需求也将更为迫切。生产总值乃是衡量某一国家或者地区在一定时期内经济状况的重要指标，而自20世纪90年代以来，澳门的经济状况稳步上升，其生产总值由300多亿澳门元升至2000多亿澳门元，经济发展速度相当惊人。在此趋势下，未来澳门的经济还将进一步向上发展，加上一定程度上的经济多元化策略，对于其发展的物质载体——土地空间的需求，无疑将会更加迫切。

（二）提高土地承载力的对策概述

通过上述有关澳门土地承载状况的分析，可见该地区的土地总体上处在严重超载的状况中，而且未来这种状况还会越演越烈，并且终将成为该地区未来经济、社会发展的障碍。因此，通过各种手段提高澳门土地空间的承载力，已经成为摆在特区政府及社会各界面前的一件迫在眉睫的事情。

1. 适当填海造地并联合横琴开发土地资源①

土地问题历来是特区政府及社会各界关心的头等大事，对该问题的处理，直接影响到澳门土地上承载的经济、社会等方方面面。为提高澳门的承载力，显而易见必须想方设法拓展澳门可利用的土地资源，此乃该地区未来发展的一大重要基础。在目前的情况下，澳门拓展可利用土地资源的途径主要包括以下两方面：

其一，采取以往的填海造地方式。作为拓展土地资源的主要方式，特区政府一向非常重视填海造地活动，未来的填海活动仍将继续进行。不过，此种方式虽然能够直接增加澳门的土地面积，但是毕竟有违自然规律，对于澳门生态环境可能造成的影响，已如前述。故此，在具体的填海造地实践中，

---

① 陈相：《澳门土地综合承载状况研究》，《广东广播电视大学学报》2012年第2期。

宜更加重视工程对于生态环境各方面影响的事前分析，通过各种手段将对自然环境的破坏减小到最低程度。与填海造地相似，未来澳门亦可适当考虑建设海上人工岛，并通过现代科技手段将其与澳门相连接，力求在尽量不破坏本地区自然环境的前提下，达到土地空间的拓展。

其二，联合横琴开发土地资源。在物理上增加澳门固有土地面积，所能达到的程度毕竟是有限的。因此，未来澳门的发展，不妨另辟蹊径，将眼光投到邻近区域，如横琴岛。通过澳珠两地合作，将澳门的部分资源移至横琴岛继续发展，一方面能够有效减少澳门土地承载，另一方面也能实现双方的共赢。如今，这一设想已经付诸实践，其中的成功案例便是澳门大学横琴校区的建设。不过，由于涉及未来发展中两个地区的利益分配问题，仍有待两地政府进一步磋商，同时也需要中央政府的相应支持政策。

2. 进行合理规划，提高澳门土地利用程度①

目前，澳门的土地承载力不足，一方面与土地资源紧缺的客观事实密不可分，另一方面也与该地区缺乏合理的规划、导致土地利用不甚合理有关。因此，为提高澳门的承载力，在现有的土地面积下进行合理的规划，也相当必要。在规划的类型上，既包括长期的规划，也包括近期的规划，两者应相互结合。其中，长期规划旨在重新安排整个澳门的土地利用局面，一是将澳门半岛地区的工业区、商业区、居住区进行合理有效分离，以便形成一定的规模经济；二是提高对于文化古迹类土地的保护，可考虑通过建设历史文化景观来拓展旅游资源；三是完善交通建设，在交通通道的设计上，可考虑适当向空中发展；四是对于旧区内的生态园林等进行合理的重新布局，以优化澳门环境美观，促进可持续发展；五是科学开发离岛地区，包括氹仔岛和路环岛，对于各功能区分布进行合理设计，防止与澳门半岛重复的建设；六是加强与外界沟通交流途径，如港珠澳大桥、深水港等的建设。为实现上述相对较为长远的规划，有必要首先分阶段逐步推进，即制定短期规划进行铺垫，以渐进方式来实现长期规划。

3. 加强澳门环境治理②

环境保护得当乃是维护土地资源承载力的重要保障。近年来，澳门特区

---

① 陈相：《澳门土地综合承载状况研究》，《广东广播电视大学学报》2012 年第 2 期。

② 陈相：《澳门土地综合承载状况研究》，《广东广播电视大学学报》2012 年第 2 期。

政府对于环境治理问题日益重视。不过，如前所述，在未来澳门经济寻求适度多元化发展的过程中，澳门经济、社会给仅有的澳门狭小土地空间带来的压力将越来越大，相应地，也将引起越来越多的环境问题。为提升澳门土地资源综合承载力，从环境治理的角度看，需做到以下几方面：一是完善该地区的环境保护立法，进一步建立健全环境问题的预防与治理机制；二是在城市建设的过程中，践行园林绿化，努力净化发展环境；三是及时升级各种环境治理的技术、设施，以更高效率进行环境治理；四是重视水质治理，重点包括澳门周边的海域；五是与珠海乃至珠三角各城市相联合，充分合作以对该区域环境进行综合治理。

4. 促进澳门与外界的各项交流[1]

澳门作为亚太地区著名的微型经济体，其在许多资源的获取上都需要不同程度地依赖于外界，而从外界获取发展资源包括生活物资等，实际上也是减轻本地土地压力的方式之一，对于提升澳门土地承载力也有所帮助。因此，在未来的发展中，澳门仍需要继续加强对外联系与流通，具体而言，需做到以下几方面：一是推进港珠澳大桥、深水港等的建设，以此进一步拓宽澳门与其他地区流通的途径；二是加强经济平台建设，促进澳门与国内外经济联系，推动与各地的资源流通；三是进一步巩固澳门的龙头产业即博彩业，在此基础上寻求经济适度多元化，并实现产业升级；四是在吸引外资方面，需要进一步完善澳门的投资环境，以此加快资源在澳门与外界之间的流通速度；五是在流通载体方面，需进一步支持、发展澳门的物流业。

5. 创新空间拓展模式，充分利用立体空间与海洋空间[2]

在承载空间的拓展上，除了利用土地规划、土地租赁、土地置换等方式开拓土地承载空间之外，还可以转变思维，创新空间拓展模式。具体而言，除土地表面外，还可以充分利用空中、地下等立体空间，以及海洋空间，以此来增添澳门经济、社会发展的承载力，而上述设想通过现代高新技术，其实现也并非不可能，对此也并非没有先例，如通往澳门大学横琴校区的海底隧道，即是充分利用海洋空间的成功实践。不过，利用这一方式拓展承载空

---

① 陈相：《澳门土地综合承载状况研究》，《广东广播电视大学学报》2012年第2期。

② 陈相：《澳门经济适度多元化的路径和策略研究》，暨南大学硕士学位论文，2012。

间，在一定程度上也受制于自然条件、科学技术条件等因素，安全有效地利用立体空间与海洋空间，前提是需要先进技术支持，并且应经过全面的综合考察论证，不可一蹴而就。

（三）澳珠整合，缓解澳门土地压力

1. 从澳门土地承载角度看澳珠整合的必要性①

解决土地窄小的基本路径是通过澳珠整合等方式，进行土地租赁和用地置换。目前，澳门的土地资源处在严重超载的状况中，而且在可预见的未来时间内，依赖填海造地方式，澳门土地资源的增长空间实际上相当有限，难以为该地区的经济多元化发展提供足够的土地空间，未来澳门的传统土地供给难以满足经济多元化发展趋势对承载空间的需求。故此，应当开拓其他方式为澳门产业多元化发展增加承载空间，而其中的重要途径即利用澳珠整合契机，充分发挥土地租赁、用地置换等方式弥补澳门的土地空间不足。

在已有的实践中，由澳门支付租金进行土地租赁，取得租赁土地的使用权，用以承载澳门的部分经济发展，一方面能够有效缓解澳门本地的土地压力，另一方面对于租赁土地及其周边而言，也不失为经济发展的一大契机。其中的成功案例便是澳门大学横琴校区的建设。对此，中央政府也表示出明确的政策支持，国务院通过《横琴总体发展规划》，并指出开发横琴岛的同时以期促进澳门经济适度多元化发展。在粤港澳未来的进一步合作中，在经济一体化更加深入的背景下，土地租赁将成为澳门产业土地承载空间的重要来源，也将进一步促进经济发展中的有关各方实现共赢。

在产业结构更新换代的过程中，澳门的部分新产业得到崛起，部分旧产业需要升级，而另一部分旧产业则相应衰退，甚至面临被淘汰。对于效率过低、阻碍澳门经济进一步发展的企业，特区政府可以采取适当措施引导其关闭；对于已经进入衰退期、不符合澳门经济发展趋势但又不至于关闭的企业，特区政府可以与其他地区合作，通过土地置换的方式引导这部分企业向外搬迁，在合作地区继续寻求新的发展，或者进行产业转型，这不仅有利于澳门产业结构的优化，也可以为澳门未来的多元化发展腾出一定的空间。而就目前澳门的现状而言，这些相对落后的产业仍然占有较大空间，因此，土

---

① 陈相：《澳门经济适度多元化的路径和策略研究》，暨南大学硕士学位论文，2012。

地置换将成为澳门拓展产业承载空间的重要方式。

2. 澳珠整合缓解澳门土地压力的实例

区域经济的一体化已经成为经济发展的趋势，在此背景下，澳门、珠海两地政府均意识到澳珠整合以实现优势互补的必要性与紧迫性。在城市的定位上，两地有望相互叠加，并在同城化的进程中实现利益的交汇——一方面，澳门自身的发展优势可以帮助强化珠海的国际旅游城市地位；另一方面，珠海对于澳门进一步发展其世界旅游中心地位可以在空间上与多样性上提供帮助。2009 年 12 月 15 日，港珠澳大桥正式动工；未来澳门的轻轨也将衔接广珠城际轨道。上述交通网络的建设对于未来澳门融入珠三角区域、实现澳珠同城等提供了基础建设上的支持。据调查显示，目前澳珠两地居民的生活范围已经开始相互交融，多达数万人次长期频繁地往返于两地之间。未来这一趋势还将日益加深，因此，澳珠两地政府宜考虑在公共服务领域加强合作，例如食品、水电、置业、医疗、环境等方面的保障，以便使两地居民能够真正享受到澳珠同城化之下的生活便利。实际上，珠海的地位相当于澳门与珠三角和内地乃至东盟合作的桥头堡，因此突出珠海作为珠三角西部中心的城市位置，提升珠海的经济发展水平，对于澳门而言无疑也将一同受益。目前，澳珠整合的这一重要性已经越来越受到重视，加快澳珠同城化进程的呼声也日益升高，对于澳门而言，实现经济的适度多元化在很大程度上应当将澳珠关系纳入一同考虑。在珠海方面，政府的政策也相应调整，为推动澳珠同城化还专门成立了政府工作小组。随着横琴岛的开发，澳珠两地的整合呈现出前所未有的契机。如果未来两地政府能够在此基础上制定更为明确细致的规划与目标，并建立规范的合作机制，将对澳珠整合提供更为全面的制度保障[①]。

（1）澳门客商珠海排队租地——CEPA 催生珠澳跨境工业区，土地出让面积已逾 7 万平方米[②]。

随着《内地与澳门关于建立更紧密经贸关系的安排》（CEPA）的签署，广东与澳门两地大胆创新经济合作模式，2003 年年底奠基设立珠澳跨境工

① 张守营：《2010 年澳门蓝皮书〈澳门经济社会发展报告（2009～2010）〉指出——横琴岛助推澳珠整合》，《中国经济导报》2010 年 3 月 20 日。

② 刘可英：《澳门客商珠海排队租地》，《南方日报》2004 年 6 月 2 日。

业区，并于 2004 年 3 月底正式动工。该合作形式在相似的广东与香港的合作过程中是未有的，可谓开启了粤澳合作的新时期，因而备受关注。据了解，随着跨境工业区的建立，出现澳门客商到珠海竞相排队洽谈投资的盛况。仅仅在跨境工业区动工后的两三个月内，工业区内的珠海园区便已与澳门投资者签订多份土地使用权出让合同，涉及出让的土地总面积超过 7 万平方米，达到珠海园区工业用地的一半以上，并使得珠海方面考虑调整招商方案，适当提高投资门槛。

2003 年 12 月 9 日，CEPA 下的珠澳跨境工业区正式奠基，这意味着广东与澳门尤其是珠海与澳门的经济贸易合作进入新时期。该跨境工业区位于珠海的茂盛围与澳门的青洲之间，第一期的总面积为 40 万平方米，包括澳门园区的 11 万平方米与珠海园区的 29 万平方米，两个园区之间拟设专门口岸通道加以连接。作为广东与澳门经济贸易合作的重要载体，珠澳跨境工业区主要利用了澳门作为 WTO 成员以及关税区的地位，整合珠海与澳门两地的各自优势，在发展项目上倾向于纺织品、服装进出口加工业等附加值较高的行业，同时配套发展服装设计、物流、展览等相关产业，以期将珠澳跨境工业区发展成为具备一定国际影响力的时装设计与展销平台。珠澳跨境工业区建成后，两地的纺织、服装产品可减少正常程序下的繁杂报关活动，同时其花费在运输上的时间也可大为节省，真正实现珠澳两地在贸易成本与贸易机会上的互补。据国务院批复，珠澳跨境工业区中的珠海园区作为保税区之延伸，采取保税区运行模式并实行封闭管理。

2003 年 12 月 19 日，珠海政府公布跨境工业区中珠海园区的优惠政策，包括海关监管方面的备案制管理以免除关税及许可证、对进口自用设备材料等免关税与该环节的增值税、对货物进出口实行简化后的新通关模式、对缴纳关税及进口环节税的产品及材料无内销限制；外汇管理方面实行多币种计价结算、允许现汇的保留自用、允许境内外金融及保险机构在园区内设立分级机构或办事处；检验检疫方面规定从澳门园区入境的货物除废物原料之外均可免于品质检验、从珠海园区出境的部分无关内地品质体系的货物免于品质检验或卫生检验。珠澳跨境工业区一经奠基便引起两地业界强烈反响。有专家指出，该跨境工业区的最大优势体现在澳门的 WTO 成员和关税区的独立地位，使其免受 WTO 成员规则针对内地各政策措施制约，因此珠澳跨境工业区的设立可谓是一国两制下珠澳实行资源整合与经济一体化的有益尝试。

2004 年 3 月 28 日，珠澳跨境工业区正式动工建设，工程进度迅速。珠海园区招商工作开始后，收到的反响十分热烈。据悉，虽然该地区土地租金比周边的珠海工业区高出许多，但招商后的较短时间内便已吸引澳门投资者与其签订多份土地使用权出让合同，涉及的总面积超过 7 万平方米，超过珠海园区一半以上的工业用地面积。有关人士表示，在较短的时间内成功出让如此大面积土地使用权，且受让方均为澳门客商，足以表明澳门投资者对于珠澳跨境工业区前景的信心。

面对澳门投资者对珠澳跨境工业区的投资热潮，珠海政府提出品牌工业区的发展方案。珠海园区 29 万平方米的面积对于澳珠经济整合的相应需求显然无法完全满足，因此珠海政府在招商方面主张走进取路线，以充分利用跨境工业区这一稀缺资源，发展品牌工业区，提高该区域内的物流、资金流、信息流，以期能够起到总部经济的作用。有关人士认为，对于珠澳跨境工业区的内涵认识，根据国务院的相关批复，应认为珠澳跨境工业区是纺织、服装加工业等高附加值产业的基地，具有一定国际影响力的时装设计与展销平台、以欧盟及拉丁语国家为主的投资中心与出口基地。从澳门与珠海的优势来看，对于澳门而言，其作为亚太地区的唯一葡语使用地区，对于拥有两亿以上人口的葡语国家乃至以葡萄牙为入口的超过三亿人口的欧盟市场，均有较好的开拓前景，包括澳门每年举办的葡语地区商业国际会议也对两地招商引资及对外经贸具有重要桥梁作用；对于珠海而言，其直接拥有内地 13 亿人口的巨大市场，无论对珠海或者澳门的经济贸易均有着极大的吸引力。因此，珠澳跨境工业区对于两地的经贸发展具有桥梁作用，并且联系着欧盟、拉丁语国家以及中国内地的巨大市场。为把握好这一发展契机，珠澳跨境工业区宜合理制定招商门槛，选择高水平且具有创新能力的企业进入。而在珠澳跨境工业区的建设上，紧抓 CEPA 发展机遇，许多工作无须囿于常规的繁杂程序，而能够以较高效率进行。珠澳跨境工业区的发展不仅对两地有所裨益，同时也具有长远的意义，作为两地合作的尝试，如果试验成功，还可推广至相似的其他合作方面，如横琴岛开发等。

（2）横琴岛澳门大学新校区以租赁方式转让土地使用权[①]。

2009 年 6 月 27 日，全国人大常委会授权澳门特区政府对横琴岛澳门大

---

① 龚小磊：《横琴澳大新校区由澳门管辖》，《中国证券报》2009 年 6 月 29 日。

学新校区进行管辖，位于横琴岛的澳门大学新校区将与横琴岛上其他区域隔离管理，横琴岛澳门大学新校区以租赁方式转让土地使用权给澳门特区政府。由此，珠海横琴岛的开发取得突破性进展。

横琴岛的开发由来已久，1992 年即被广东省定为当时扩大对外开发的重点开发区之一。1998 年，横琴岛又被定为珠海地区的五大经济功能区之一。不过，上述开发似乎均停留在讨论阶段，横琴岛的土地审批程序经多年冻结，多数仍未实际开发。据悉，横琴岛多年来未得以开发的主要原因便在于管辖等问题上。而横琴岛澳门大学新校区的建设，使得该地区的开发进程有了实质性突破。横琴岛澳门大学新校区与澳门实行自由通行，并不受内地边检等监管；校园区域内均由澳门管辖，适用澳门有关制度，只有在出现严重事故或者发生灾难性事件时，珠海的公安、消防等方可介入协助。由此足以表明特区政府对于该区域的管辖权限之大。实际上，中央政府授权特区政府在内地的部分土地上实行管辖，并非没有先例，例如 2006 年全国人大常委会便曾授权香港特区政府对深圳境内的香港口岸区域实行全面管辖，包括法律制度及执法力量等，均由香港方面进行封闭管理。不过，像横琴岛澳门大学新校区目前实行的以租赁方式转让土地使用权的实践，则实属首创。据有关专家分析，澳门大学横琴校区的这一制度规划，具有重大前瞻意义，其管理模式充分体现出一国两制下的试验精神，具有很强的示范效果。

作为珠海第一大岛，横琴岛与澳门毗邻，离澳门的最短距离仅有 200 米。该岛土地总面积为 86 平方公里，接近澳门土地总面积的 3 倍。在其发展的规划中，横琴岛乃是澳门空间拓展与经济多元化的重要支持。在澳门产业升级的需求下，未来横琴岛还将发展科技等行业，并通过粤港澳技术合作，将其科技创新的成果与澳门及珠三角其他地区分享，以此促进澳门等地区的产业升级或转型。在商贸服务等方面，横琴岛的发展也将为澳门拓展国际商贸平台提供更多空间。在澳珠整合发展机制下，横琴将成为澳门发展第三产业的重要后台服务基地乃至总部基地。在旅游业方面，横琴也可为澳门特色旅游资源注入新血液，通过与澳门旅游业相配套，共同发展旅游市场，成为澳门旅游路线的延伸，每年可望吸引近千万名游客。在交通运输方面，未来包括京港澳高速公路、广东西部沿海高速公路、金海高速公路三条高速公路均可连接横琴通向外界的交通，而在轻轨方面，广珠城际轨道与澳门轻轨也将在横琴实现零距离换乘。在澳门大学横琴校区也可能设全天通行通道连接澳门。为鼓励投资,未来横琴的产业政策与信息化政策也将更为开放,包括在电信业务上,横琴岛和澳门两地的通信资费也可望更加优惠,因此在 CEPA 框架下将允许两地电信运营商进行合作经营横琴电信业务。

横琴岛澳门大学新校区的建立,源于澳门大学原有校区面积无法与在校学生数量相匹配,澳门大学的进一步发展受阻,而澳门由于土地狭小而难以提供更多土地用以学校扩建,因此特区政府向珠海方面提出在横琴岛建设澳门大学新校区、并按澳门法律进行管辖的建议。澳门大学横琴校区占地面积约为 1 平方公里,与澳门特区之间由全天运作的隧道相连,包括师生、雇员以及澳门居民和访客均可通过该隧道自由进出新校区而无须办理边检手续。澳门大学横琴新校区比原有校区大将近 20 倍,可容纳 1 万名以上的学生。随着新校区的建设,澳门大学将增加多个学院以完善学科发展。作为弹丸之地,澳门的发展需要内地予以支持,包括横琴岛的开发等均可在不同程度上提升澳门的发展。澳门大学横琴校区的建设对于珠澳整合并实现同城化均有长远的示范意义,对澳门而言是土地空间的支持,而对珠海乃至内地也是一件好事。有专家指出,《珠江三角洲地区改革发展规划纲要 (2008~2020 年)》赋予珠海作为珠江西岸核心城市的地位,而横琴岛的开发建设无疑为珠海的发展输入新的活力,对于未来珠海的经济发展乃至珠江西岸经济圈的发展均有提升作用。不过,也有专家指出,珠海的经济总量毕竟是有限的,即使加上澳门经济总量,其在珠三角的占比也有限,因此对于横琴岛开发对珠三角经济的带动作用也不宜过度高估。

(四) 澳珠合作拉动内地发展——以珠海横琴为例①

珠海经济特区与深圳经济特区同年设立,至今已逾 30 年。对于珠海而言,其未来进一步发展是否有新的动力来源?对此,有观点指出,在珠海经济特区未来的发展过程中,横琴岛将充当新引擎的角色。2011 年 7 月,经国务院批准,在针对横琴岛的政策中,赋予横琴更多优惠政策,实行的力度比经济特区更大,具体包括实行分线管理,即对于横琴与澳门间的部分口岸

---

① 李文生:《思维创新奏响横琴改革强音》,《深圳特区报》2012 年 9 月 25 日。

实行一线管理，而对于横琴与内地间的部分则实行二线管理。其中，一线管理将更为宽松，而二线管理则相对严格，对于人口与货物等的管理也将分离，在具体的管理上均实行分类原则。作为一种新型的通关模式，分线管理在我国目前已有的通关管理模式中的开放程度最高，将为横琴的改革与创新历程增添新活力。

除了分线管理这一管理模式之外，横琴岛在建设模式上也有所创新，其中的典型是澳门大学横琴岛校区的建设，在操作上可谓超乎常规。横琴岛澳门大学新校区的具体建设模式为澳门出钱，珠海出地，即由特区政府租用横琴岛超过 1 平方公里的土地，投资建设校区的资金达 60 亿元人民币。这种建设模式在内地实属首创，得到全国人大的批准，由国家主导、珠海与澳门具体落实。由于该模式的创新意义，在具体的操作上，也不拘泥于陈规，甚至是超乎常规地进行运作。例如，在报批程序上，由于在包括新校区选址、占地面积、投资资金等各方面形成协议时已经是 2009 年 8 月份，而根据上级要求，该项目需要在 3 个多月内即澳门特区回归十周年之际完成奠基，而根据常规的建设报批程序，有关手续的报批时间至少为半年，根本无法达成上述目标。因此，经珠海政府与澳门特区政府协商，决定打破常规，由澳门方面进行报批，该报批在澳门政府中的程序较为迅速，报批完成后由珠海政府进行认可，不再二次审批，由此大大节省了审批时间。再如，在工程的施工上，该项目也具有相当大的特殊性，许多具体事项均需要与澳门政府进行协商，其中涉及某排洪渠的迁移问题，具体的每一个细节均需要双方进行充分协调，协调前后又要经双方层层通过，这对于原本紧张的工期又带来许多不便，因此，为节省时间以保证工程按时完成，珠海政府打破常规，与澳门特区创新对接机制，实行更为迅速高效的制度，尽可能地简化烦琐程序。

在产业发展模式上，由政府当"老板"合办产业园。横琴的开发，最终还是需要以产业为支撑。"粤澳合作中医药科技产业园"这种合作模式创新之处在于，由横琴新区出地、澳门出资，双方共同成立粤澳合作中医药科技产业园开发有限公司。为了注册该公司，珠海政府此前特别成立了"大横琴投资有限公司"，而澳门特区政府也特别成立了"澳门投资发展股份有限公司"，珠海方面出地 50 万平方米，澳门方面出资 6 亿人民币，双方股份比例分别为 51% 和 49%，收益比例另外约定。产业园建成后，将借助澳门大学与澳门科技大学在中医药科研方面的优势，从事中医药研发、检测、生产和经营等。作为粤澳合作开发的横琴岛产业园区第一个产业项目，中医药产业园得到众多中外中医药名企的青睐，珠海与澳门特区的这一创新合作模式也起到了很好的示范效果。

从地理上看，横琴岛地处珠海市南部的珠江入海口，距离澳门最短仅200米，距离香港也仅34海里。横琴新区于2009年12月16日挂牌成立，成为继上海浦东新区和天津滨海新区之后国家设立的第三个新区。该区的发展规划中，提出经过10～15年的建设，要将横琴岛打造成为：其一，"开放岛"，以连接港澳，实现该区域的共同建设与发展；其二，"活力岛"，经济繁荣、适宜居住和就业；其三，"智能岛"，文化知识密集、科技信息发达；其四，"生态岛"，实现资源节约型和环境友好型的建设。具体而言，规划重点发展第三产业，到2020年，该产业增加值占该地区生产总值的75%以上，达到以服务业主导的发达国家中心城市的水平；同时，发展高新技术产业，届时该产业增加值占该地区工业增加值的80%以上。对于横琴岛的发展前景，有意见指出横琴新区相比于浦东，在政策优惠上力度更大，包括分线管理和针对港澳人士的税收优惠等，这些突破对于横琴未来的发展均非常有利。横琴岛的建设不仅有利于澳珠合作，同时也有利于港珠合作，三地之间的合作在港珠澳大桥建成之后也有望相应加强。同时，未来横琴岛的发展路径没有必要复制深圳经济特区的有关经验，后者在高新技术产业、金融行业等均有自身的优势，而横琴新区则应当将目光投向第三产业，尤其是澳门大学和澳门科技大学在包括中医药研究等方面的优势，均可为横琴岛所利用，进而有助于横琴发展医疗业、教育业等，以大力提升各项现代服务业。

（五）利益博弈下的粤澳合作[①]

2013年1月，政协第十一届广东省委员会第一次全体会议在广州召开，31名澳区广东省政协委员赴穗参会。作为澳区委员的主要议题之一，粤澳合作问题一如既往地成为澳门社会关注的热点。其中，有澳区广东省政协委员指出，《粤澳合作框架协议》签署以来，两地具体合作进程与社会预期相

---

① 陈家辉：《粤澳政府合作进程过于缓慢 利益博弈恐怕是最根本原因》，《讯报》2013年1月25日。

比，显得较为缓慢，包括通关的便利化未能顺利开展、横琴的开发仍显滞后等，两地合作协议的落实进度并不理想，因此需要借该次前往广州开会之机，向广东省政府反映粤澳合作过程中遇到的问题。

确如该委员所言，粤澳合作进程并不尽如人意。2011 年 3 月 6 日《粤澳合作框架协议》签署至今已近两年，协议中提出，到 2015 年"跨界基础设施网络初步建成，横琴开发取得重大进展，珠澳协同发展全面展开，共建优质生活圈和区域融合发展成效显著，珠江口西岸国际都会区基本建成，澳门经济适度多元发展初显成效"，如今距离实现这一目标的 2015 年越来越近，而目前粤澳合作走到了哪一步，大家有目共睹。协议提出共同在横琴建设面积约 5 平方公里的粤澳合作产业园区，如今也只有 0.5 平方公里的粤澳合作中医药科技产业园正式启动，至于其他 4.5 平方公里的产业园则始终处在规划阶段，具体何去何从，并不明朗。比较令人欣喜的是，澳大新校区建设还算顺利，工程已进入收尾阶段。不过，除了上述两个项目之外，粤澳合作的其他方面则大多仅有方向而尚未落实。

实际上，粤澳合作对两地的发展均有所促进，对广东而言，通过与澳门的合作，可以向中央申请更多优惠政策，在对外开放的过程中，由于有了政策空间上的支持，自身的经济发展也将更为有利；对澳门而言，粤澳合作的意义则更为明显，其中最为直接的就是为澳门的经济适度多元化提供更多弥足珍贵的土地空间。

既然合作发展对两地均为有利，为何现时两地合作进程趋于缓慢？究其原因，行政体制上的障碍是一方面，而利益的博弈则恐怕是最根本的原因。粤澳合作在很大程度上体现为珠澳合作，而从几十年来珠澳两地的关系来看，合作的态势其实并不活跃。国家将珠海设立为经济特区，本意是让珠海与澳门实现对接，但由于澳门产业单一，难以辐射到珠海，与澳门相比，珠海在其发展的过程中似乎更"钟情"于香港，与澳门合作的动力并不太强。此外，由于两地在政治地位、经济地位上的差异，客观上似乎也难以站在平等地位上进行合作，往往是从粤澳合作的高度来谈珠澳合作，部分项目更是由中央进行主导，其中横琴的开发过程就是例证。横琴由于其特殊的地理位置而成为珠澳合作的桥头堡，而在设立横琴新区前，与澳门的联系并不多，此前包括珠海市和广东省都曾提出开发横琴的计划，但始终未获中央首肯。近年来，从中央主导下的横琴开发中可以看出对澳门的特别照顾，从国家战略上看，横琴新区首先是中央支持澳门繁荣发展的政策工具，对珠海乃至广东的经济发展作用则被放在第二位。

五　澳门社会发展对土地制度的影响

（一）澳门社会发展概述

1. 管治时期

澳门被葡萄牙人占领的历史，最早可以追溯到 16 世纪中叶。最初，葡萄牙人仅是通过租赁方式居住在澳门。之后，包括西班牙、荷兰、英国等多次对澳门进行争夺，加上各国尤其是东南亚国家等对武器的需求加大，铸炮业曾一度在澳门兴盛，不过，此后该行业又因为历史原因而遭遇淘汰。19世纪 40 年代后，澳门原本处在经济支柱地位的对外贸易日益没落，鸦片战争使得内地和香港的对外通商均更为便捷，为各国商人提供了更多的活动区域，到澳门居留的外籍商人因此有所减少。而从澳门本身来看，该地区土地狭窄，其他各项资源也较为匮乏，因而从事经济活动也存在一定的限制条件。对外贸易衰落后，赌博、娼妓等行业兴起，苦力贸易和走私鸦片等不正当行业也更为猖獗，澳门的经济陷入畸形轨道。

2. 回归 10 年

1999 年，澳门正式回归。在此后的 10 年中，该地区的经济得到了跳跃式的发展，不过，经济结构不甚均衡，博彩业占整个经济的份额超过 70%，特区政府的财政收入大部分均来源于赌税。在"一赌独大"的局面下，澳门房价飞涨，土地紧缺而赌场也日益扩建，民居和其他许多建筑往往只能见缝插针。其中，土地资源的匮乏，对于澳门土地价格、房价、租金的飙升具有直接作用。在经济结构上，民众普遍认为博彩业在澳门经济产业中一枝独秀的格局将使澳门的经济缺乏可持续性。

3. 最新动态

旅游博彩业、出口加工业、金融保险业和建筑地产业四大产业是澳门原有产业的四大支柱。新一届政府表示，在未来，将积极推动澳门经济适度多元化发展，重点致力于发展博彩业之外的其他产业。具体而言，可以在既有的博彩业发展基础上，延伸发展与之相关的其他产业，例如旅游、餐饮、酒店、娱乐、零售等行业，包括由博彩业开展其他非博彩的业务等，从而将现有博彩业的产业链进一步拉长。围绕《珠江三角洲地区改革发展规划纲要

（2008～2020年）》的实行，未来政府在对博彩行业加强监管的同时，还将重点扶持其他产业尤其是新兴产业，包括会展物流业、文化创意业等，为新兴产业创造良好的发展条件，并促进传统产业的升级、转型。

为更好地实行上述政策，政府已逐步对现有的行政体制进行相应的调整，同时建立健全政府新闻发言人制度，完善政府响应机制以实现更高效率、建立健全财政储备制度等。此外，为提高施政的科学性，政府亦已建立专责政策研究机构，由其充当政府决策的智囊。

（二）博彩税缓解政府对土地收益的依赖

1. 博彩税在澳门税收中的地位与作用[1]

澳门的税收在种类上包括直接税和间接税，其中，直接税是澳门税收的主力，占到税收总额的80%～90%，而博彩税作为一种特别税，乃是澳门直接税中占比最大的税种。可以说，澳门税收的最主要来源即为博彩行业，博彩税对于澳门政府的正常运作具有保障意义。近几十年来，澳门博彩税的收入获得稳步增长：1985～1989年，仅1986年博彩税收入占澳门政府经常性收入比例不足30%，其余年份该比例均达到40%以上；1990～1999年，仅1992年博彩税收入占澳门政府经常性收入比例不足40%，其余年份该比例均达到50%左右，其中有3年该比例超过60%。其中，1989～1993年这几年在澳门政府财政收入的经常收入中，乃是澳门财政通过卖地取得收入最高的几个年份，卖地收入的增长率一度超过1倍甚至接近3倍，该项收入的金额以及占政府收入的比例也相应上升，尤其是1992年更是达到历史新高的35.21亿澳门元。在这卖地收入大增的几年间，博彩税收入占政府收入的比例仍然能够稳居榜首，仅于1992年几乎与政府卖地收入持平，而自次年起则又处在一枝独秀的遥遥领先地位。因此，博彩税收入在澳门的财政收入中的地位不言而喻，其稳定性和不可替代性对于澳门财政具有不可比拟的重要意义，即便是在1992～1995年该地区经济整体走下坡路乃至出现经济的负增长的局面中，博彩税收入仍然能够保持增长，这在很大程度上确保了政府财政收入增长的稳定性。1995～1997年，澳门博彩税收入占澳门政府经常性收入的比例均维持在60%以上，成为澳门财政收入中当之无愧的"定海神针"。如果没有博彩税收入维持澳门政府的大部分财政收入，对于澳门

---

[1] 郭健青：《过渡期的澳门财政与博彩税》，厦门大学博士学位论文，2002。

在政权交接前的这最后几年中出现的经济下滑以及各种社会问题，政府恐怕更难以应对，因为博彩税收入乃是澳门政府公共行政支出所需经费的一大来源，在经济停滞乃至下滑的情况下，如果政府本身运作出现财政上的困难，甚至连公务员的薪酬都不能按期支付，那么很可能引起公务员队伍的不稳定，继而直接影响到政府的正常运作，这对于经济不景气、人心不安定而又处在政权交接前的澳门而言实属不利，因此，离开占政府经常性收入60%的博彩税收入对澳门财政的支撑，会对回归时政权的顺利交接产生不利影响。

同时，澳门博彩税收入之高，使得该地区总体上得以实行低税制。在澳门的直接税中，博彩税收入比例一直非常高。1985～1999年，尤其在澳门的过渡期，多数年份中博彩税收入都占到澳门所有直接税收入的70%以上，而1991年、1993年及1997年这一比例更是达到80%以上，也就是说，在这些年份中，包括职业税、营业税、补充所得税、物业转移税、房屋税等直接税的收入总和不到博彩税收入的1/4，仅占直接税收入的20%左右。无论澳门的经济环境是蓬勃发展如20世纪80年代中期至90年代初期，或者经济停滞甚至下滑如90年代中期至90年代末，在这些期间内博彩税均占整个澳门直接税收入的80%左右，其在澳门直接税中的重要地位可见一斑。而澳门的直接税收入在澳门总税收收入中占的比例高达90%，因此博彩税对于整个澳门税收同样具有重要地位。从税收的平均年增长率来看，1988～1994年，除博彩税之外的直接税收入每年的平均增长率不足24%，而这一期间澳门博彩税收入每年的平均增长率则超过30%，比前者高出6%多，而由于博彩税收入占整个直接税收入的比例高达80%，因而博彩税的高增长率同时也提高了澳门直接税的增长率。同时，也正是由于博彩税占澳门税收尤其是直接税的比例之高，使澳门得以实行较低税率的税收制度。以过渡时期为例，对于博彩税之外的5个税种，税率最高不过15%，这在整个亚太地区都属于最低的税率，之所以实行如此低税率的税收制度，原因之一是政府为了吸引外商投资，而更重要的另一个原因即是博彩税的支撑。1990年实行31.8%的博彩税率，大大高于其余直接税的平均税率，而正是由于博彩税收入占直接税收入比例的80%，博彩税收入成为澳门税收的保障，使得澳门政府可以为吸引外资而实行低税率的营业税、补充所得税，并对职业税、房屋税、物业转移税均实行较低的税率，无论是在吸引外资方面或者是在发展较慢的工商业方面，均起到一定的鼓励作用，而这些政策的基础均依托于博彩税的收入支撑。在这一时期，澳门博彩专利税仅由实行专营的澳门旅游娱乐有限公司缴纳，但仅这一家企业所纳税款就足以令当时澳门约 20 万名职业税纳税主体、3.5 名所得补充税纳税主体以及其他的营业税、房屋税、物业转移税纳税主体均可以享受亚太地区最低的税率。在直接税中，按照博彩税占 80%、其他直接税占 20% 的比例，可以计算出澳门整个直接税的加权平均税率为 12%，澳门可谓实实在在的低税地区。因此，从澳门税收的整体而言，其基本上依靠直接税，而直接税又主要依靠博彩税，并在此基础上其他直接税均实行低税率。

2. 博彩税在澳门财政中的地位与作用[①]

由前述博彩税在澳门税收中的地位与作用，可见其在澳门财政中的地位与作用：澳门财政的一般收入中，一半以上均来源于博彩税，因此直接税收入尤其是博彩税收入是澳门一般收入的最主要组成部分。

在澳门的整个财政收入中，博彩税收入可谓是最稳定且占比最大的收入。1978～1982 年，博彩税收入在澳门整个财政收入当中所占的比例仅为 15%，而从 1983 年起则大幅上涨至 29%，从这一年到回归后的 2000 年，博彩税收入占澳门整个财政收入的比例最高达 41%，最低也有 28%，其余年份这一比例则为 30% 左右。其中，博彩税收入占财政总收入 41% 的 1997 年，如此高的比例是由于当年博彩税的税率提高了 1.8%，并从前一年起补缴，而 1996 年与 1997 年该项税收的增加金额一并计入 1997 年，因此才出现了博彩税收入占财政收入高达 41% 的比例；而博彩税收入占财政总收入 28% 的 1999 年，是澳门过渡期的最后一年，这一比例是 1994～2000 年中的最低比例，低于其他年份 30% 的比例，原因在于临近回归的澳门的社会治安存在较多问题，加大了游客到澳门旅游的顾虑，游客的减少使得博彩的参与者也相应减少，博彩税收入也就相应下跌，同时，这一年澳门的财政总收入金额创下历史新高，这也是博彩税收入占财政总收入比例下降的原因之一。1999 年，澳门财政总收入高达 169 亿澳门元，其原因在于时值澳门回归，葡萄牙政府归还中国澳门主权，结束在澳的治权，于是澳葡政府将此前的历年财政滚存一并计入当年的财政预算，而这一部分的金额就高达 28 亿

---

① 郭健青：《过渡期的澳门财政与博彩税》，厦门大学博士学位论文，2002。

澳门元，因此这一年博彩税收入在整个财政收入中的占比有所降低也是可以理解的。不过，就澳门的整个过渡期而言，1988 年博彩税收入在澳门整个财政收入当中的占比为 32%，所占比例比 1978~1982 年的相应比例翻了一番，在金额上更是从 2.53 亿澳门元增加至 9.45 亿澳门元，增幅超过两倍，可见博彩税收入的增长速度之快以及在澳门财政总收入当中的地位上升；而在 1988~1999 年的 12 年间，博彩税收入占澳门财政总收入比例的 30%~37%，历年的浮动幅度相对较小，不过，在金额上则从 9.45 亿澳门元上升至 56 亿澳门元，涨幅近 5 倍。可见博彩税收入乃是澳门财政收入中的稳定且长期持续增长的收入来源，对澳门财政发挥着不可替代的作用。

过渡期间的 1992 年，澳葡政府曾采取公开竞投方式大量对外批地，当年通过批地获得的财政收入几乎与博彩税收入持平，两者占澳门当年财政总收入的比例也相近。不过，从 1993 年起，政府批地的收入大幅降低，其中 1993 年批地收入尚有 23.5 亿澳门元，1994 年降至 20 亿澳门元以下，1995 年仅为 7.5 亿澳门元，1996 年为 8.5 亿澳门元，1997 年进一步降至 6.73 亿澳门元，1998 年更跌至 3 亿澳门元，根本无法与博彩税收入金额相比。在此期间，澳葡政府也曾尝试寻找博彩税以外的其他收入来源，以期增加政府财政总收入，改变既有的财政收入结构。不过，实际上除了 1991~1993 年的卖地收入占财政总收入比例较高之外，任何其他的收入均无法撼动澳门博彩税收入作为澳门财政第一大收入的这一地位。回归前的情形是如此，即便是在回归后博彩税收入在澳门财政总收入当中的地位也未曾改变，甚至其所占比例还有所上升，至今博彩税仍然是澳门财政最主要并且长期稳定的收入来源。

（三）人口政策与土地承载力①

回归以来，澳门的经济得到飞速发展，随之而来的是现时澳门的人口问题。一方面，澳门人口规模不断扩大，人地矛盾突出。根据统计暨普查局公布的数据，2011 年澳门总人口为 55.74 万人，每平方公里人口密度达到 1.84 万人，是世界人口密度最高的地区之一；人均土地面积不足 54 平方米，远远低于内地城市规划人均用地的下限（80 平方米）。其中，澳门半岛

---

① 陈家辉：《人口政策应与城规相协调 警惕成投资移民政策推高楼价》，《讯报》2012 年 12 月 28 日。

人口密度更是超过每平方公里 5 万人。另一方面，澳门的人口结构存在较大问题，人力资源不足等成为影响澳门继续发展的障碍。

为配合未来发展需要，特区政府开展人口政策研究，并于 2011 年 11 月 3 日公布《澳门特别行政区人口政策框架》咨询文本，进行为期 3 个月的公众咨询。不过，纵观该咨询文本，与其提出的提高澳门居民的生活素质和社会福祉之宗旨，似乎仍有一定差距。其中，咨询文本根据分析以往人口增长数据，预测在经济快速发展的前提下，2036 年的澳门人口将可能达到 85.2 万人，并提出提升人口素质、应对老龄化、人才居留、外雇管理的政策建议。然而，咨询文本似乎忽略了澳门的一个重要现实，即土地资源的匮乏问题。目前，虽经过多次填海造地，澳门的土地总面积也仅有 29.9 平方公里，加上每年有近 3000 万的入境旅客，如今环境压力已经非常之大，堪称人满为患。如果真如咨询文本所言，增加近 30 万人口，即使未来新增填海土地，恐怕也难以承载如此众多的人口。

实际上，人口政策不仅仅与土地空间紧密联系，与其他社会资源也同样息息相关，对民生影响极大。未来人口的增加，必然也伴随着外雇数量的剧增，届时外雇数量可能达到 15 万~20 万人。而到目前为止，本地居民与外来劳工之间的矛盾已呈现出激化的趋势，失业率降低的背后实际上是外来劳工的大量输入，而本地居民的发展空间反而受到一定的限制，在与大量外雇竞争的过程中，澳人的就业环境若得不到有效保障，恐怕将会进一步激化社会矛盾。

人口政策并非一项孤立的政策，而应当与城市规划相协调。即使是在人口压力相对较轻的离岛社区，人口的增长也同样已经凸显出社区设施滞后等问题。2012 年，工联离岛办事处及氹仔综合服务中心合作展开的调查显示，60% 的受访者认为离岛社区严重滞后，社区服务功能有待完善；公园设施供应不足，社区交通更是步入黑暗期；社区医疗也呈现出选择少、看病难的问题。因此，若缺乏社会资源长效供应的保障，人口规模的进一步扩大不仅无助于民生福祉，反而可能会进一步降低市民的生活素质。正如关翠杏议员指出的，应当首先明确澳门未来发展目标蓝图和清晰方向，研究相应的人口政策进行配合，方有意义，且制定人口政策立足点应当是人口素质的朝向，而不是人口总量的增加。

而十余年来政府对房地产业界一向存有政策倾斜，如今楼价高企已经成为澳门最为严重的社会问题之一，楼价升幅已经超越一般澳人的承受范围，再加上地产商多有兴建豪宅的倾向，本地居民置业的需求难以得到满足。在人口政策上，之前的置业移民政策对推高楼价起到了重要作用，如今虽已停止，但特区政府对于这一人口政策究竟存在何种问题，则似乎未曾认真审视、检讨，包括通过置业移民政策引入的新移民，其究竟是否符合澳门人口结构优化与发展方向，抑或只是稀释了澳门的社会资源，同样令人质疑。在今后的人口政策中，如果受利益集团左右而又再启动买楼移民的不动产居留政策，恐怕还将继续抬高楼价，人口政策将在某种程度上成为富豪的游戏，而对于广大的本地居民，尤其是社会中层与底层人士而言，其生存环境则无疑只会进一步恶化。

（四）自由行政策与土地承载力①

2013 年春节黄金周期间，旅客再一次逼爆澳门。在短短一周的时间内，来澳旅客多达 93.6 万多人次，比上年同期增长超过 15%；当中的内地旅客近 63 万人次，增幅超过 25%。如此庞大的人流对于土地面积不足 30 平方公里的澳门小城而言，无疑是一次巨大的考验，而在该次的旅游高峰期中，包括通关、交通、餐饮等方面均呈现出不少问题，原本并不充裕的公共资源显得更为紧张，不仅对本地居民的正常生活造成影响，过度拥挤也降低了旅客来澳旅游的舒适度。为此，特区政府表示将对澳门的承载能力和旅客接待能力进行评估，回顾和分析"自由行"的实施成效及未来的发展方向。

实际上，关于澳门的旅客承载力问题，此前社会上已经有所讨论，例如 2012 年 9 月份内地放宽广深等六城市自由行政策，当时就有意见指出，澳门旅客数量已达高位，自由行无止境增长将对澳门造成不利影响，建议对自由行政策进行适当限制；亦有意见认为，未来澳门的整个交通承载能力可以增加一倍。但是，不得不承认，到目前为止，澳门的交通承载力仍然非常有限，且就旅客承载力而言，显然不仅仅取决于交通承载能力。

（五）澳门社会发展中与土地有关的问题——以有关经济房的争论为例②

最近几年，澳门出现不少社会矛盾，经济房屋问题便是其中之一。据调查，澳门居民大多对特区政府在经济房屋上的有关政策有所不满。例如，政

---

① 陈家辉：《旅客为外资带来财富 成本由澳人承受》，《讯报》2013 年 2 月 22 日。
② 纪修：《澳门如何建经济房》，《南风窗》2011 年第 24 期。

府出资建造的首栋经济房屋——永宁广场大厦，在多次延误后终于在 2011 年的年中竣工，当时政府并未当即将其出售，亦未公开售价，而是等待新《经济房屋法》出台后再进行出售。第 10/2011 号法律《经济房屋法》于 2011 年 10 月 1 日起生效，根据行政长官批示，永宁广场大厦经济房屋的均价为 1256 澳门元/平方英尺。这一价格不及市价一半，属于比较低的价格，不过，由于之前政府曾经透露过该经济房屋售价可能为 1100 澳门元/平方英尺，而之后正式公布的价格却高出 10% 以上，因而引起坊间异议。

1. 澳门公共房屋的相关制度

在澳门，房屋市场可分为私人房屋市场、公共房屋市场。由于在经济运作模式上奉行自由市场交易，住房资源基本上通过私人房屋市场进行配置，因此在很长一段时间内政府并未制定具体的房屋政策加以干预。后来，随着澳门社会的发展，有关公共房屋及其相关政策得以诞生。澳门公共房屋的相关制度可追溯到澳葡政府时代。在公共房屋的分类上，主要包括两类：一类是社会房屋，政府兴建并直接出租给低收入家庭或者用于安置受灾家庭；另一类是经济房屋，政府提供相应的土地空间，由开发商投资兴建后低价售予低收入家庭。1928 年澳门的台山区曾发生贫民木屋区火灾，为安置灾民及为低收入家庭提供住房，澳葡政府即兴建了数栋廉租房屋，即台山巴波沙坊成为具有社会房屋色彩的最早例证。1936 年，澳葡政府又兴建了最早的社会房屋——筷子基坊。此外，在安置受灾居民的过程中，慈善团体及社会热心人士也曾出资兴建相应的临时房屋，如青州坊木屋区，该木屋区直到 2011 年才完成拆除工作。

在房屋政策方面，澳门公共房屋政策的历史可追溯到 1980 年。在此前的 20 世纪 70 年代，由于澳门经济发展迅速，土地价格以及房屋价格均大幅上涨，导致不少居民置业困难。为解决这部分居民的居住困难，澳门政府于 1980 年 8 月出台经济房屋政策，有关经济房屋的法律也由立法会相应出台。1984 年的经济房屋政策体现出"居者有其屋"的精神，其时，中等收入家庭购买房屋面临着巨大的经济压力，需花费 8 ~ 10 年的家庭总收入方可购买一套中等条件的房屋。澳门政府表示，在房屋政策上将对于偿付能力低的阶层特别照顾，通过提供更多的经济房屋、社会房屋，以降低偿付能力低而又有住房需求的市民获取此类房屋的难度。具体而言，澳门政府出台多项计划，包括为容纳更多贫民而建造社会房屋、为满足更多低收入家庭的置业需求而兴建经济房屋，总之，最终目标是使"居者有其屋"。在出台上述政策的同时，澳门政府也实施了相应的具体措施，例如，在税收和批地等方面提供优惠条件，与私人开发商进行合作，加大廉价房屋的供应，照顾低收入阶层，同时对澳门建筑业的发展进行扶持。当时，澳门政府的具体目标是在80年代内帮助经济能力相对较差的市民，使他们能够购买房屋用以自住，因此有关公共房屋的售价大致是市场价格的60%，具体从6万到12万澳门元不等。不过，在社会房屋政策方面，则是在此之后才正式制定。1988年澳门以法令的形式建立起社会房屋制度，继而，澳门政府于1990年成立房屋司，对澳门的公共房屋进行统筹管理；同时，有关公共房屋的法例经过历次修订，日趋完善。

回归以后，在公共房屋的有关政策上，澳门特区政府延续了澳葡政府时代的大部分政策。不过，由于回归后的前几年里，澳门的经济处在较为低迷的状态下，而早在回归之前，澳门的房地产泡沫便已经破灭，导致当时有为数不少的私人房屋难以售出，私人房屋市场的价格有所降低，甚至与经济房屋的价格相近，因此当时的市民对于经济房屋、社会房屋的需求量并不大，民众的住房问题相对不那么突出。在此期间，澳门特区政府在公共房屋的发展上也处于停滞状态，只有回归前政府批出的项目继续修建，至于其他新的公共房屋供应，则为政府所忽略。此后，中央对澳门的发展鼎力支持，随着"自由行"政策的推出，"非典"过后澳门的经济迅速复苏；而澳门博彩业的开放也吸引了大量的资金流入该地区。与此同时，澳门的房价出现暴涨，超乎普通市民的经济能力范围，不仅是低收入人士，即便是中等收入人士也难以应对如此高的房价，住房问题成为澳门社会的一大不稳定因素。特区政府重新启动公共房屋的兴建，并于2006年提出"三四五六"的公共房屋建设计划，即3年内兴建4000个公共房屋单位和5年内兴建6000个公共房屋单位。至于具体的公共房屋兴建模式，也有所改变，此前一般是政府提供土地、开发商投资兴建，现在则变为政府提供土地和资金、公开进行工程招标而兴建公共房屋。

2. 澳门经济房屋的定价争议

澳门经济房屋的具体定价是该地区居民关心的热点问题。以前的经济房屋一般是由政府提供土地空间，并与开发商签订兴建合同，由后者承担具体的房屋建造工程。竣工后将一部分房屋移交政府作为社会房屋或者公共设施，充抵土地溢价金；另一部分通常也是较大部分则以较低的价格售予低收入家庭。在经济房屋的买卖中，一方面对开发商售房的利润有所限制，另一方面购房者也得以减免一定的税费。因此，经济房屋具有三大特征，包括零用地费、低利润、低税费。具体到经济房屋的价格，以前的法律进行了规定，即不得超过该房屋交易时年租金的 20 倍。以前，经济房屋的价格实际上与私人房屋市场价格相若，而政府对于经济房屋的申购又设定了一些限制条件，例如：在用途上限于居住；6 年内小业主不能转售；申请主体限于居住满 5 年且无任何私人物业、未承批专有地段的合法居民。基于上述原因，部分中低收入家庭更倾向于从私人房屋市场购买房屋，以免受诸多限制，且房屋质量往往也更好。

2011 年澳门新修订的《经济房屋法》在经济房屋的定价上并没有具体规定，仅规定通过行政长官批示来确定。

住房问题关系千家万户，每一个澳门居民对于特区政府的房屋政策均十分关注。而据调查，澳门居民对于政府的房屋政策并不满意，住房问题成为澳门的一个社会矛盾。2010 年温家宝总理在澳门视察期间，多次对澳门居民的住房问题表示关心，并指出澳门特区政府应当致力于保障并且改善澳门的民生，让广大市民都能享受到澳门经济发展的成果；澳门特区政府财力相对雄厚，应当充分利用这一有利条件加大民生领域的公共开支，尽快建设公共房屋。然而，原本得到市民支持、有效实行了 30 年的经济房屋政策，如今经特区政府多加修改，不仅定价方式发生改变，对于申购者的限制也更为增加，而此前的诸多税费减免政策也已取消，上述变革在社会上引起了广泛争议，这一局面恐怕不是澳门特区政府所希望看到的。

（六）澳门社会发展与土地利用——以建筑地产业为例

澳门地处伶仃洋与珠江口磨刀门之间，地理位置优越。经过葡萄牙人 400 余年的管理，澳门在文化风俗、建筑风格等各方面均受其影响，处处显示出中西融合的特点。如今，澳门回归已逾 13 年，经济快速发展，社会稳定繁荣，是"一国两制"、"澳人治澳"、高度自治等方针政策的成功实践。旅游博彩业是澳门特区的龙头产业，而在未来的发展过程中，经济的适度多元化发展应如何实现？如何保障经济的健康发展？澳门未来的发展规划值得深思。

以澳门的建筑地产业为例，作为该地区经济的四大支柱之一，在 20 世纪 90 年代初，澳门土地价格、房屋价格飙升，建筑地产业相应地繁荣发展起来，新楼盘大量动工兴建，短短的数年间，澳门新口岸填海区耸起幢幢高楼。而后因大量楼宇空置，建筑地产业步入低谷。建筑地产业的出路，应从供求的双向关系中寻找，在已有楼宇得到消化前，减少楼宇的新建，控制新增房地产的供给，以引导建筑地产业回归健康的发展轨道。具体措施包括两方面。一是减少土地的供应量。在新住宅及商用楼宇的批地过程中，澳门政府严格控制甚至暂时冻结有关的批地计划，以减少此后若干年间的土地供应量。至于已经批出的土地，如果开发商在规定期限内尚未办理有关手续的，澳门政府可将相关土地收回。二是将有关批建程序予以冻结，即在几年内对于新住宅及商用楼宇的建设计划不再批准，已批准的部分如果未按规定时间缴齐土地溢价金的，也可将相关土地收回。同时，为解决楼宇大量空置的问题，澳门政府采取相应政策刺激市场需求，例如，推出置业利息补贴计划以鼓励市民置业，通过立法允许置业移民，以吸引外资消化澳门的空置楼房。对于澳门而言，其内部需求潜力毕竟有限，因而更需要拓展外部市场，例如，通过吸引港商来澳买楼、鼓励外地企业来澳开设后勤基地、允许部分内地居民来澳定居等，上述对策均是为 20 世纪 90 年代的澳门建筑地产业走出低潮而定制。可喜的是，回归后在中央政府的大力支持下，澳门经济实现了跳跃式发展，昔日的空置楼宇也早已销售一空，澳门的建筑地产业得以复苏。

第二节　澳门土地法沿革

一　澳门土地立法的演变

（一）葡萄牙土地管理制度主导时期（1928～1974 年）

1928 年中、葡两国重新签订《中葡友好通商条约》，该条约对于澳门问题并未提及，此后，澳门成为葡萄牙管治下的中国领土。葡萄牙人开始把大量的葡国法律延伸至澳门。土地管理制度也不例外，其中最早的应是与物业登记相关的法律及规章，即 1929 年经葡国第 17070 号国令核准的《物业登记法典》，该法一直沿用至 1999 年才被新《物业登记法典》所取代。其他与土地管理有关的法律有葡萄牙《海外省物业信贷法典》《葡萄牙民法典》《澳门建筑条例》，以及其他专为澳门土地管理而出台的各种条例等。

（二）澳门自行制定土地管理法例时期（1974～1987 年）

澳门自行制定土地管理法例时期开始于葡萄牙"四·二五"政变之后，葡萄牙开始实行非殖民化政策，封锁澳门的政策也因而产生影响。1976 年 2 月 17 日葡萄牙革命委员会制定了《澳门组织章程》，授权澳门立法会制定澳门本地区自身的法例。这些法例表现为澳督和立法会的立法，即澳门法律和法令。作为澳门土地管理基础法律的《土地法》就是在 1980 年颁布的，其他相关法例还有 1985 年 8 月 21 日重新颁布的《都市建筑总章程》、1984 年 6 月的《建筑、景色及文化财产的保护条例》《澳门公地占用及批地条例》《经济房屋法》《政府屋宇之出售与其有关承租人》《建筑安全与卫生章程》《居屋兴建之发展合约》等。

（三）法律本地化时期（1987～1999 年）

1987 年 4 月 13 日《中葡联合声明》签署，标志着澳门法律本地化开始，大量法律陆续制定、颁布或重新予以修订。澳门原有的土地所有权制度，即私有制和公有制共存的特殊局面，后经《澳门基本法》第 7 条加以承认。另一项重要的土地法律是 1994 年 1 月由第 3/94/M 号法令颁布的《地籍法》，借以确认地籍图的法律效力及进行有效的地籍管理。1980 年《土地法》和 1994 年《地籍法》相互结合，将澳门长久以来的土地登记面积与土地实际面积不相符合的问题予以解决。1992 年颁布了《因公益而征用的制度》，目的是在承认私有土地的基础上对其加以保护，并对道路等公共设施以及公园等公益设施的建设提供支持。此外，1993 年澳门还颁布了《租赁批地续期征税制度》和《批地溢价金征计制度》等训令。

（四）现行的澳门土地立法

现行的澳门土地立法主要包括以下两部分：一是澳门的立法机构制定的有关法律；二是葡萄牙制定并适用于澳门的法律，其中既包括在葡萄牙本地实行并延伸至澳门的法律，也包括葡萄牙制定并专门适用于澳门的法律。其中，澳门的立法机构制定的有关法律是到 1976 年澳门第一届立法会成立后才出现的，而此前则主要沿用葡萄牙的法律，或者适用澳门总督发布的各项命令。

现行的澳门立法中，涉及土地的主要有第 6/80/M 号法律《土地法》、第 12/92/M 号法律《因公益而征用的制度》、第 3/94/M 号法令《地籍法》，以及其他有关的条例、训令等。澳门在物业登记方面的现行法律制度，可追溯到 19 世纪 60 年代末，当时葡萄牙将其《海外省物业信贷法典》《民法典》以及《物业登记规章》的适用范围延伸至澳门，当时在澳门建立起的有关登记制度即与现行的制度相似。而在土地利用方面，因澳门本身具有的特殊性，葡国的有关法律则未直接延伸适用，直至 1980 年第 6/80/M 号法律《土地法》颁行前，仅适用部分条例，如 1965 年颁布的《空置地段占用批给》以及 1971 年颁布的《接纳以租赁方式作为供建造市区房屋地段的处理》等①。

1. 第 6/80/M 号法律《土地法》

作为澳门其他土地法律的基础，第 6/80/M 号法律《土地法》颁行后，澳门有关土地的立法活动可谓进入了新的历史阶段，而《土地法》本身也是澳门实现法律本土化的一大典型例证。《土地法》于 1980 年颁布，几经修改后形成现行的条文。该法分 14 章，共 203 条，涉及内容包括：土地的所有权；保留地和聚居地；无主土地的分类、占用条件和处置；土地的出售、批出与占用；土地的划界；承批人的权利义务；批出与占用的程序；主体替换与批出所衍生状况的移转；程序与批出的终止；登记；处罚；过渡条款等。

具体而言，《土地法》特别涉及以下内容：一是专门规定了保留地的设定，以用于政府确定的特殊用途，不适用于土地使用和占用的一般规定；二是规定符合条件的零碎地段可予出售；三是在土地处置方式上兼采不动产的租赁与长期租借；四是对于批给土地面积规定了一定的限制；五是对于批地的程序明确规定应采取公开拍卖的形式，同时规定了部分例外情形；六是对于不动产的处置规定了租赁到租借的转换；七是对于承批人的具体权利义务，抑制土地投机，尽可能地保障批出土地的利用；八是在"纱纸契"土地问题上，提出其后另外制定法律加以解决。

2. 第 12/92/M 号法律《因公益而征用的制度》

1992 年《因公益而征用的制度》分为 4 章，共 27 条，主要包括以下内容：一是确立了保护私人业权的原则，以及不动产及其权利透过合理赔偿可因公益而征用的原则；二是规定了一般情况下应当私法途径优先；三是明确了征用的界限；四是规定了征用目的之外的使用导致的索还权；五是明确了公益的声明及行政占有的核准；六是规定了被征用事物的所有人拥有索偿权

① 谭纵波、董珂：《澳门土地利用与规划体制研究》，《城市规划》1999 年第 12 期。

等。该法以保护私有财产为原则，同时也兼顾了道路等公共设施、公园等公益设施的建设需求。

3. 第 3/94/M 号法令《地籍法》

1994 年颁布的《地籍法》也是澳门有关土地的重要立法之一。该法令共 21 条，主要内容包括地籍图的制作与保存权限、地籍图的编号与式样、地籍图应载明的资料、地籍图的公布方式与相关程序、土地的划界、地籍图的确定及其效力、地籍图的更正等。《地籍法》与《土地法》二者相互结合，对长期以来澳门存在的土地登记面积和实际面积不相符合的问题予以成功解决。

4. 其他有关规定

除上述三项立法之外，现行的澳门法律制度当中，与土地有关的规定还包括相关的法规、训令等，例如，1973 年第 22/73 号立法性法规规定有关政府空地以公开开投方式批给章程；1993 年第 219/93/M 号训令规定有关批给续期所引致之特别税项之金额计算、程序及缴付方式；1993 年第 219/93/M 号训令规定批给溢价金之计算方法等①。

二　《土地法》现状

（一）修改《土地法》的呼声

澳门现有的《土地法》实施已 30 年，虽经多次局部修改，但已与澳门经济现实脱节，亦不能适应大型项目土地批给的需要。随着澳门经济社会的发展，现行的《土地法》严重滞后，导致社会质疑合法但不合理批地，不单令政府形象受损，民间亦怨声载道，内耗不休，此种情况难以为继。特别是在欧文龙巨贪案被揭露后，社会上强烈要求修改《土地法》。

（二）土地法检讨与修订的启动

1.《土地法》修订草案

（1）2008 年第一轮公众咨询。

由于《土地法》条文与时代发展有差距，特区政府于 2008 年初启动《土地法》及其配套法例的检讨及修订工作，针对批地的方式、面积、期限、转让、程序，以及批地用途的修改、溢价金的确定、批地合同履行过

---

① 谭纵波、董珂：《澳门土地利用与规划体制研究》，《城市规划》1999 年第 12 期。

程中的监察机制等方面，拟定相应的修改建议。有关修改草案更于 2008 年底向社会作广泛的公开咨询。

在完成有关土地立法的初步检讨工作，并制定修改草案的咨询文本后，2008 年 11 月 10 日，特区政府向社会公开咨询意见，咨询期为 1 个月，并表示在吸纳各方建议后，拟定有关报告供未来修法参考，在修改法律的程序上则表示争取 2009 年予以启动。据运输工务司司长刘仕尧称，政府对于各界提出的有关意见、建议都将采取开放态度。

在此之前，有关土地立法的检讨工作始于 2008 年初，特区政府内部成立专门工作小组，组成部门包括运输工务司司长办公室、土地工务运输局、地图绘制暨地籍局，对土地立法中备受关注的八大问题进行研究，包括批地的方式、面积、期限、转让、程序，以及批地用途的修改、溢价金的确定、批地合同履行过程中的监察机制等，在研究的过程中，广泛收集社会意见，咨询了有关业界与专业团体等。在收集意见的过程中，有关单位提出了相关修改建议，例如，在批地的方式上，原则上实行公开招标、公开拍卖，至于以协议方式批地，只允许在例外情况下实行；为提高批地透明度，在批地前应将拟批土地及相应的发展资料进行公布；在批地的面积上，建议设定具体限额，自然人承批土地不得超过 2 公顷、法人不得超过 10 公顷，或者引入总量控制以代替批地面积限额，同时对土地的开发时间进行优化[1]。

（2）2010 年第二轮公众咨询[2]。

作为市民生存与发展的重要基础，土地资源在澳门相当珍稀，对于实行了 30 年的澳门《土地法》，有必要进行相应的修订，使澳门的土地利用更为科学合理、规范透明。继 2008 年进行第一轮《土地法》修订的公众咨询后，2010 年 12 月 15 日，特区政府又进行第二轮的公众咨询，咨询期为一个半月。此次公开咨询的草案主要指向以下修改方向：在土地程序上，采取强制性的公开招标方式；在批地用途的修改上，明确加以限制；引入公开听证的制度；在溢价金的确定上，增加具体的考虑因素；对于闲置土地、霸占

---

[1] 《澳门展开〈土地法〉公开咨询 争取明年进修法程序》，国际在线，http://gb.cri.cn/18824/2008/11/11/2685s2317394.htm。

[2] 《修订〈土地法〉第二轮咨询展开》，新闻局，http://www.gcs.gov.mo/showCNNews.php? PageLang = C&DataUcn = 49824&Member = 0。

土地等行为，加强处罚力度。

1980 年《土地法》颁布实施已经 30 年，此间也经过数次修改，不过，如今有关土地管理的社会关注度不断攀升，而社会上普遍认为现行的有关条文并不能满足当今社会发展的要求，因而《土地法》的检讨、修改工作也备受瞩目。而土地立法的修改涉及许多层面上的问题，修改程序也较为复杂，在立法技术上的要求比较高，因而不可一蹴而就，还需循序渐进。2008 年政府进行《土地法》修订草案的第一轮公众咨询，2009 年初，特区政府将《土地法》修订的部分理论与操作问题委托给来自学术机构的法律专家小组做进一步研究，同时结合第一轮公众咨询结果，以完善修改草案。随后，特区政府的工作小组对有关草案在内部进行研究分析和进一步完善，同时对执法部门的有关建议加以吸收，在此基础上拟订 2010 年的《土地法》咨询文本。

2010 年展开的《土地法》修改公众咨询，在修改方向上主要有七点：一是对政府管理土地时所应遵循的原则加以明确；二是对批地制度加以完善，特别是明确有关免于公开招标的情形；三是规定土地专用批给；四是对批地用途的变更进行限制；五是规定公开听证制度，以提高社会公众在土地管理中的参与度；六是在确定土地溢价金时，增加了予以考虑的因素；七是对霸占土地行为加强处罚力度。

其中，该咨询文本中对"国家土地"这一概念加以明确，同时在申请批地的条件上也有所增加。在土地的管理机制上，咨询文本提出优化制度，完善批地有关制度，例如，根据社会各界对土地批给程序的意见，明确规定批地应采取公开竞投方式，只有明确规定的部分情况可予豁免，以避免管理者在批地程序的选择上拥有过大的自由裁量权。

为加强对于土地的监督管理，在批地用途的改变以及批地的转让上，咨询文本进行了更为严格的限制，要求对于临时批给以及新批给但尚未发展的土地不得修改其用途，以抑制土地投机行为；临时批给的土地进行转让时须经特区政府审批，对于通过转让公司资本而变相转让土地的，咨询文本规定作为承批人的公司在转让资本时，如果转让比例超过 80％，也应经过特区政府审批。

在批地程序的透明度上，咨询文本引入了公开听证制度。此次咨询文本还增加了通胀指数和上一次公开招标的判给价作为确定土地溢价金的考虑因素，以使其更接近市场实际；为维护公共利益，政府若以交换方式批出土地的，其所得土地价值不得低于批出土地价值的 50%，土地差价由承批人以土地溢价金缴纳。

此外，咨询文本加强针对闲置土地、霸占土地行为的处罚力度，以减少土地闲置情形、促进土地利用，并确保土地不被霸占。咨询文本对土地工务运输局的检查以及监察的职责与权力加以明确，规定对土地状况的定期监察制度；同时，在土地闲置问题上也有所规定，包括承批人在土地的利用期限内任由土地闲置的，特区政府可将土地收回，同时对于土地的逾期利用加重罚款，罚款的金额与土地溢价金挂钩。至于霸占土地的行为，将被归入刑事罪行中的违令罪，处罚期和罚款均有所增加。

《土地法》咨询文本于 2010 年 12 月 15 日～2011 年 1 月 31 日公开咨询。咨询结束后，由特区政府将收集到的意见、建议加以梳理并进行分析，进一步完善《土地法》的修改草案，以推进修改程序；此外，特区政府对于《土地法》相关的配套法规与行政程序等也将展开相应的检讨和修订等工作。

2. 全面修订的前置工作

为确保澳门珍贵的土地资源得到恰当管理和有效利用，政府在《土地法》全面修改前，有必要率先研究修改部分有利于强化管理的条文或相关法规，以加强政府对土地管理和收回未能依约发展或被闲置荒废土地的权力，使政府可以对一些长期不发展的，以及只完成所谓水电或地基铺设工程就不再发展，又或不断以修改图纸拖延发展等的闲置土地加强管理，限期发展。此外，对土地的审批、转让、转租和更改用途等的审批机制，必须设定明确准则和依据，避免官员因弹性过大而无所适从或滥用权力。只要有针对性地对部分条文先作修订，才能尽快堵塞漏洞，保护澳门仅有的土地资源。此外，对于相当多数量长期未依约发展的闲置土地，政府除应依约执罚甚至收回土地外，经过多年的急速发展后，政府确有需要重新检讨土地政策和对土地的运用，亦需为增拨土地资源发展公共房屋，响应居民的居住和生活需求，作出长远规划。

3. 专家意见组

结合立法会意见，2009 年咨询考虑到《土地法》及其配套法例涉及利益广而深，对社会发展及土地的合理利用有极深远影响，土地制度问题亦较为复杂，立法技术要求高，因此，为了令修订后的法例能达到当初设定的"透过适当处理和使用有关土地，以促进澳门经济增长和社会发展，并改善居民的生活条件"的立法目的，政府于2009年初委托学术机构进行有关修订之研究，并成立了"专家意见组"展开工作。专家意见组打算向政府提交一份附立法理由与理论说明的立法草案建议稿，政府参考有关建议，正式草拟修订《土地法》草案，然后再征集社会意见和建议，深化完善草案内容。

（三）土地法修订的最新进展

2013年2月，社会各界期待已久的《土地法》修订案及《城市规划法》法案在立法会获得一般性通过，久经讨论的土地立法之修改和城规立法终于进入新的立法阶段。

第二章
澳门的土地所有制度

第一节　土地所有权概述

一　所有权思想的历史发展

所有权思想包括个人主义的所有权思想以及团体主义的所有权思想。其中，个人主义的所有权思想认为，所谓所有权，纯粹是一种私法权利，与身份无关，所有权人对于其所有物能够自由地进行占有、使用、收益、处分；团体主义的所有权思想则认为，所有权并非纯粹的私法权利，而是具有一定的公法属性，财产利用的形态不同，权利也不同，不仅包括利用权等，同时也包括身份权、人身支配权等，而所有权人对于其所有物的占有、使用、收益、处分均受社会与公益所影响。根据对法律思想影响较大的所有权思想的变迁，所有权思想的历史发展主要包括两个时期：一是第二次世界大战前的个人主义与团体主义的轮回；二是第二次世界大战后的个人主义与团体主义的调和[1]。

（一）第二次世界大战前：个人主义与团体主义的轮回[2]

古罗马乃是名副其实的现代法律思想与法律文化的源头。自古罗马时期，所有权思想的发展就开始了个人主义与团体主义的轮回。古罗马时期，商品经济相对发达（有人称之为"古代资本主义"），为了保护个人财产及其安全流通，罗马法注重个人主义思想。罗马的私法非常发达，罗马也很早（公元2世纪左右）提出公法的概念，但公法一直没有得到发展。罗马帝国衰亡后，日耳曼民族崛起，欧洲进入封闭的封建领主时代，团体主义色彩浓厚的日耳曼法占据主导地位。但是，随着资本主义商品经济的萌发，这种制

---

① 杨永芳：《土地法学》，河南大学出版社，2007，第75页。
② 杨永芳：《土地法学》，河南大学出版社，2007，第76~77页。

度就不能适应需要了。

18 世纪以来，受资本主义启蒙思想的影响，罗马法的个人主义思想又开始勃兴，天赋人权的思想甚嚣尘上。这种思想认为，所有权与生俱来，天赋所有人对权利标的物有完全支配的绝对权。

1786 年，以"自由、平等、博爱"为口号的法国资产阶级大革命取得胜利，1789 年法国《人权宣言》宣示所有权神圣不可侵犯。此一观念成为近代民法三大原则之一，即所有权绝对原则。根据这一原则，所有人对于其所有物均可自由地进行占有、使用、收益、处分，甚至可以加以滥用，而外界均无权干涉。但这一思想发展到极致后，出现了一些问题。如个人为了自己的利益，不惜破坏社会公益，或者毁坏社会的生存进化、环境污染、贫富分化造成的社会问题（如经济危机）等，都是个人的所有权思想的产物。

到了 19 世纪末期，这种个人的所有权思想日益被另一种所有权思想即社会的所有权思想所代替。后者认为，个人在行使其所有权的过程中，对于社会公共利益应当有所顾忌，不容个人肆意妄为而损害他人利益。于是，所有权观念相对化，认为所有权为附有义务之权利，所有权应受限制的观念于是产生。1919 年德国《魏玛宪法》规定，所有权附有义务，其行使应同时有益于社会公益。至此，法律思想关于所有权的观念发生了根本性变化，演化为排斥个人本位而代之以社会本位。私法上的所有权绝对原则遂修正为所有权限制原则。不过，社会的所有权思想给世界造成的灾害更大。如这种思想与法西斯思想相结合，产生了德国纳粹和日本军阀，给世界人民造成了无尽的苦难。

上述个人主义的所有权思想与团体主义的所有权思想之所以相互轮回，原因在于二者实际上均存在较大的局限。个人主义的所有权思想对于个人所享有的所有权过分强调，对于社会公益造成一定的弊端，容易引起社会问题，如贫富过度分化等，因此难免出现经济危机与社会动荡；团体主义的所有权思想则对社会所有权过分强调，以至于对个人的所有权加以抹杀，有碍个人自由行使权利、发挥其创造性，反而会对社会的发展形成障碍，特别是公权的泛滥更是给人类社会带来了灾难。

（二）第二次世界大战后：个人主义与团体主义的调和①

由于个人主义的所有权思想与团体主义的所有权思想存在上述局限，第

---

① 杨永芳：《土地法学》，河南大学出版社，2007，第 77 ~ 78 页。

二次世界大战后，人们逐渐重视将上述两种所有权思想加以调和，即主张所有权人在行使其所有权时，也应对社会公共利益有所顾忌；同时，承认保持所有权人适当的个人自由乃是社会发展进步的重要基础。上述思想反映了个人与社会之间的相互调和，成为所有权思想领域的主流。这一时期，所有权思想的影响主要体现在以下几方面：

1. 公法对所有权的影响

早在古罗马时期，法学家便已提出了公法与私法的有关概念，不过，公法真正得到发展，应当说是在 20 世纪尤其是第二次世界大战以后，其中又以宪法、行政法等的发展为代表。公法之中一般并不直接规定财产法的有关内容，不过，应当承认公法对于财产法的影响是具有决定性的。例如，国家的税收制度、征收征用制度、反垄断制度等，通过国家权力的行使，均对私人财产权利起到一定的调节作用。

2. 用益物权对所有权的影响

作为在特定范围内占有、使用、收益他人所有物的一项权利，用益物权体现出在法定条件下对抗所有权的核心内容。因此，用益物权一方面对物的使用人的权利加以保障，另一方面也在一定程度上修正了以往的所有权绝对原则。

3. 债权对所有权的影响

与物权的对世权、支配权属性相比，债权仅具有对人权、请求权的属性，因此在法律效力上一般弱于物权。不过，自近代以来，债法如合同法等得到发展与完善，与之相伴随的是债权的法律效力也有所加强，其具有的社会功能也得到进一步肯定，因而债权在其发展的过程中体现出其优越性，一方面出现所有权的债权化，另一方面债权也有物权化的迹象。以租赁权为例，不少国家对于土地的租赁规定了较长期限，在效力上也与物权相类似，体现出债权物权化的一大例证，即租赁权的物权化。

二　土地所有权的内涵

（一）土地所有权的含义与性质①

1. 土地所有权的含义

从所有权的一般属性而言，其指所有权人在法定范围内对其所有物享有

---

① 杨永芳：《土地法学》，河南大学出版社，2007，第 74 ~ 75 页。

的全面支配的物权。从财产权讲，土地所有权属于财产权的范畴，具有所有权的一般属性，因此，土地所有权可以定义为：土地所有者对其所有的土地依法享有的占有、使用、收益和处分的权利。

2. 土地所有权的性质

作为所有权的一种，土地所有权具有一般所有权的以下性质：

（1）全面性。

所有权的全面性，体现为所有权人在法定范围内对其所有物享有占有、使用、收益、处分的全面权利。

（2）整体性。

所有权的整体性，体现为所有权人对其所有物享有的权利并非占有、使用、收益、处分等权利的简单相加，而是一种统一的支配力。也就是说，并非集中了占有、使用、收益、处分等权利，就能够称之为所有权。所有权在权利性质上具有整体性，因此，其本身无论是在内容上还是时间上，均不可分割。至于在所有权之上设定用益物权、担保物权，也仅是新的、独立的物权设定行为，而非所有权本身的部分让渡；在所有权保留的交易中，所有权亦未分割，在价款付清前，所有权仍属于出卖方，买受方在陆续支付价款而尚未付清的过程中，并不因价款的部分支付而取得标的物的部分所有权，其享有的仅是一种期待权，即待其付清全部价款后能够取得标的物的所有权。

（3）弹力性。

所有权的弹力性，体现为所有权在内容上能够实现自由伸缩，因而也称为归一性，其基础是所有权的整体性。以土地使用权为例，所有权人在其所有的土地上为他人设定使用权后，其对该土地享有的权利自然需要受到他人使用权的部分限制；但是，一旦他人的使用权届满或者由于其他原因而消灭，则所有权人对其土地享有的权利又能够恢复到一开始的圆满状态。如果在具体的合同中，排除了所有权的这一弹力性，则有关约定因违反了所有权的固有性质而无效。

（4）恒久性。

所有权的恒久性，体现为所有权人对其所有物享有的权利不受时间限制，也不会因为时效的经过而消灭。除了因标的物灭失、所有人抛弃等事由而消灭外，能永久存续。

（二）所有权的权能①

所有权，为所有人对标的物直接支配的物权。所有人对标的物的直接支配并不止于抽象的存在，而通常表现为若干具体形式，这些形式即所有权的权能。所有权的权能，是指所有人对标的物直接支配的具体表现形式。它分为积极权能和消极权能。

1. 土地所有权的积极权能

在产权经济学中，权利由权能和利益组成。权能是可以做什么，利益则是权能的目的和结果。在现代社会，权能具有可分性。相对应地，利益也有可分性。根据我国大陆民法学普遍采用的"四项权能"理论，土地所有权可分解为占有权能、使用权能、收益权能和处分权能。

（1）占有权能。

占有权是指权利主体对土地的实际掌握和控制。这种占有既可以体现为所有人对土地的直接掌握和控制，也可以体现为所有人对土地在自己权利范围内的掌握和控制。占有权通常由所有人行使，但在有些情况下也可以由非所有人行使。比如，所有人可以将自己所有的土地交由他人占有和使用。但通常情况下，占有人、使用人不享有处分权。这是由权能的可分性决定的，同时也是所有人行使处分权的一种方式。

（2）使用权能。

使用权是指权利主体（包括所有人或依法取得使用权的使用人）按照自己的意志对土地加以利用的权利。这种权利不仅保障权利人的使用行为，同时还可排除他人的不法干涉。占有是使用的前提，所以法律对占有的保护也包括对使用权能的保护。现代社会，使用权能常常被法律界定为独立的权利，而被允许单独同所有权分离。

（3）收益权能。

收益权是指权利主体可以由土地的使用或者处分而获得经济利益。以土地所有权为例，所有权人可通过转让其所有土地的使用权乃至所有权而收取租金、转让费等。收益权是一项独立的权能，在土地的占有权、使用权转让后，所有权人仍可以保留收益权。

---

① 杨永芳：《土地法学》，河南大学出版社，2007，第78～80页。

（4）处分权能。

处分权是指权利主体在法律的范围内，按照自己的意志对土地的各项权能变化作出决定的权利。如土地所有人可以决定土地权利的出让、转让、出租、抵押等。而权利人对土地自然利用状态的改变则不属于法律意义上的处分。

以上四项权能中的占有权、使用权和收益权虽然在一定条件下可以与土地所有人分离，但是土地所有权人仍对该土地享有所有权。土地所有权的各项权能是在法律规定的范围内所享有的权利。所有人行使其权利，不是无限制的，而是有限制的。即使在实行土地私有制的国家，土地所有人的权利也不是绝对的。过去，英国普通法将财产权视为几乎与人身自由权一样神圣不可侵犯。但是，这一点现在再也不能成立了。现代的立法（如英国 1981 年制定的《强制获得土地法》）已经开始授权公共政府和其他团体强制获得私人土地和其他财产。土地所有人不得阻挠为了公共利益而进行的征用。此外，个人对自己的土地加以利用也不得损害社会公共利益，如不得在城市中心区或环境保护区兴建具有污染或影响城市形象的建筑。在我国内地，这种限制还表现在，所有人不得买卖或以其他形式非法转让土地所有权，以及对各类土地用途的强制性管制制度等。

2. 土地所有权的消极权能

在民法理论上，所有权的消极权能是指所有权人得以排除他人干涉的权利。至于排除干涉的方法主要为法律所规定的所有人的物上请求权，如兴建大厦遮掩了邻地阳光，那么，邻地所有人就可以依法要求停止建造或者获得补偿。

土地所有权与土地所有制的关系十分密切。土地所有制是人们在一定的社会制度之下占有土地的形式，是任何社会都必然存在的一种所有制形式。土地所有权由土地所有制决定，是土地所有制在法律上的表现。这种由国家制定的调整土地所有关系的法律制度便是土地所有权制度，它是国家根据统治阶级的意志或者依照全体人民的意志规定的一定土地所有制关系的法律体现。一定的土地所有权制度虽然由一定的土地所有制关系所决定，但它同时也反作用于土地所有制关系，促进其巩固和发展。社会主义土地所有权制度是巩固和发展社会主义土地公有制，保障社会主义建设顺利进行的重要法律武器。

三　土地所有权的特征

土地所有权具有以下几种特征①：

（一）特殊性

这种特殊性来自其自身标的即土地的特殊性。其一，土地乃是人类生存最需要的自然资源之一，并且具有有限性、耐久性、不可替代和不可移动性，无论哪个国家都应当坚持合理利用土地和保护土地的原则。其二，从生产资料的角度看，土地的稀缺性使得其所有权归属和利用程度等对于国家的经济制度乃至于政治制度的正常运行均有重大影响，一个国家的稳定与发展离不开对土地权属关系的合理界定与调整。

上述特殊性在内地的表现极为突出。其一，内地虽幅员辽阔，但是人口众多，可供利用的土地与人口相比更为有限，土地资源承载压力较大。以耕地为例，明显地少人多，后备耕地不足，而长期存在的破坏土地、浪费土地以及土地的退化、水土流失、污染等现象，均带来内地土地的危机。其二，从土地权属关系上看，作为社会冲突的焦点之一，土地问题引发的矛盾在我国历史上导致了无数动乱，甚至引起政权的更迭。在现有的土地危机下，土地权属关系相当敏感，如果不能建立一套公平公正、行之有效的权属与利用管理机制，土地危机问题就不可能从根本上得到解决。

（二）普遍性

以内地土地法律的有关规定为例，土地所有权在一般意义上具有以下普遍性：

（1）主体特定。在土地所有权的主体上，与澳门不同，内地宪法、法律规定只有国家和集体组织可以成为土地所有权人，其他主体均不享有土地所有权。

（2）客体不可移动。土地作为不动产具有不可移动性，对其设定权利或转移产权时，必须履行法定手续，如登记、转移实据、取得证明等。

（3）交易限制。与澳门有所不同，在内地，土地所有权的民事交易为法律所禁止，任何买卖、赠予、投资土地所有权的行为均属违法，不具有转

---

① 杨永芳：《土地法学》，河南大学出版社，2007，第 80～82 页。

移土地所有权的法律效力。

（4）权属稳定。由于土地所有权在主体上具有特定性，在交易上又存在较大的限制，因此内地土地的所有权往往处在一种非常稳定的权属状态。只有国家因公益目的通过征收集体土地、将其转为国有土地，才能改变土地的归属。

（5）权能分离。由于土地所有权具有高度稳定性，为最大限度地对土地资源进行利用，内地法律将土地所有权的一项重要权利即土地使用权与土地所有权相分离，规定土地使用权为独立的、可供交易的物权。

（三）财产特征

除了上述的特征之外，土地所有权在其行使的过程之中还表现出了一些与其他的财产所有权不同的特征。

（1）土地所有权的物权属性，即土地所有人不需要他人的积极行为，只要他人不加干涉，土地所有人自己便能实现其土地所有权，当然，土地所有权作为物权也并不是完全没有限制的，完全没有限制的土地所有权在任何社会都是不存在的。

（2）土地所有权是一种完全的权利。土地所有人对其所有的土地不仅有占有、使用、收益的权利，而且还有最终处分的权利，它是一种最全面、最充分的物权。

（3）土地所有权具有垄断性。这是土地所有权区别于其他任何财产权的最显著的特征。土地所有权的垄断性产生于土地的稀缺性和不可再生性。一旦某些人拥有了一定数量土地上的所有权，这些土地的所有权就具有了垄断性。土地所有者也正是凭借着这种垄断性而获取地租的。

与一般财产权不同，土地的所有权归属制度乃是一个国家或地区的重要社会制度。例如我国内地，一般财产所有权由民法直接规定，并在宪法层面上的公民财产权有关条文中明确加以保护，如我国《宪法》第13条的有关规定；而土地所有权不仅以民法为直接的法律渊源，而且以《宪法》中有关土地的条款为直接的法律渊源，我国《宪法》第10条对土地所有权归属直接作出明确规定。因此，内地的土地所有制度不仅具有民事领域上的维护民事主体合法权益的作用，同时也具有维护社会公共利益和土地利用与流转秩序的作用。

第二节　澳门的土地所有权结构

一　概述

（一）澳门土地所有制的变迁

受澳门的特殊地位及其历史上的原因影响，该地区在土地所有权归属的划分问题上并不明确，甚至是比较混乱的。从历史的角度看，葡萄牙人早在16世纪中期就已登陆澳门，不过，在其后直至1887年的300余年里，葡萄牙人并未建立起对澳门的明确占用与管辖的权利，仅以租赁的方式居留于澳门，因此，更不享有对该地区土地的所有权。在此期间，葡萄牙女王玛丽亚二世曾经企图管理澳门的土地，不过对于澳门本地居民的原有土地所有权及相关的买卖活动则未敢擅自干预。而在当时，民间进行土地交易仍须到香山县县衙加盖官印，盖有官印的买卖合同即为"红契"。1887年，清政府被迫与葡萄牙政府签订《中葡和好通商条约》，葡萄牙政府对澳门的统治被合法化，至此澳葡政府才将该地区的土地明确视为己有。1928年，根据《中葡和好通商条约》第46条的规定，该条约第40年期满，同年7月10日，国民政府通知葡萄牙驻华公使，正式声明条约已于当年4月8日起失效。1928年12月27日，中葡两国政府签署《中葡友好通商条约》，其中对于澳门问题并未提及。此后，澳门成为葡萄牙管治下的中国领土。

在土地权属上，澳门的土地包括地区所有与私人所有两种形式。1993年颁布的《澳门基本法》第7条对澳门土地的公有与私有并存的特殊土地所有权制度加以确认。澳门的这一特殊土地所有权制度无论是在中国历史上或者是在西方国家，如葡萄牙等均非常少见，相比之下，与香港以及改革开放后的内地土地使用制度比较接近。

澳门在葡萄牙管治下400多年，其土地制度，除主要随葡萄牙而属于大陆法系外，还受葡萄牙殖民地法律及清末土地制度影响。1999年前民事法律和1999年新《澳门民法典》均以《葡萄牙民法典》为基本法源和制度基础，其中物权篇中明确保障私有土地所有权，而《澳门基本法》保障澳门居民的住宅及其法人财产的取得、使用、处理和继承的权利，进一步保障私有土地的存在。澳门政府所拥有的土地，又称政府地，大部分为填海所得。

与这种私有土地和公有土地并存的土地所有制相伴随，澳门存在着两种不同的不动产物权制度：一是传统大陆法系中《民法典》规定的实体法一般制度；二是澳门立法会制定《土地法》规定的特别制度。从法律地位来划分，根据澳门 1980 年第 6/80/M 号法律《土地法》第 1 条的规定，澳门的土地分为本地区公产土地、本地区私产土地、私有财产土地，其中本地区公产土地、本地区私产土地为政府土地，私有财产土地则为私人土地。

（二）现行的澳门土地所有制

根据澳门现行的土地立法，该地区的土地根据所有权归属不同，可分为三种土地，即本地区公产土地、本地区私产土地、私有财产土地，前两种为政府土地，第三种为私人土地。对于此种土地所有制度，《澳门基本法》第 7 条也予以明确，即规定除特区成立前已确认的私有土地外，其他土地均为国家所有。

本地区公产土地又称公地，根据法律的规定，这部分土地作为公用，且其使用受相关法律规定。包括公共交通道路、公园和广场等公共场所的土地都属于本地区公产土地。

本地区私产土地是指那些既不属于本地区公产、又不属于私有财产的土地类型，例如，特区政府机关所在地的土地或者其使用中的土地，均属于本地区私产土地，因而也被称为本地区专用土地。本地区公产土地与本地区私产土地的具体差别，1980 年《土地法》并未明确加以区分，根据一般的理解，本地区公产土地的使用者一般并不特定，而本地区私产土地的使用者则为特定，即政府机关以及有关的机构等。此外，1980 年《土地法》第 7 条规定，在产权即用途上均未纳入私人土地或公地的土地视为无主土地，归入本地区私产土地，在法律允许的情况下可拨入公产或者批出。因此，无主土地也属于本地区私产土地，或者称为空置地，主要包括两部分：一是未进行过官方登记的土地，如以"纱纸契"为唯一凭证的土地；二是填海造地而来，且为未被批出、未使用的土地。

私有财产土地属于私人土地，具体包括以下两种土地：一是在官方进行登记的、为澳门特区政府所承认的私有土地，属于一般的私人土地；二是以"纱纸契"为凭据的土地，属于特殊的私人土地。具体而言，1980 年《土地法》对私有财产土地规定了三种情形：一是非公法人的私人作为土地的所有权人的，该土地则受私有财产相关制度制约；二是以长期租借方式承批都市房地产的利用权可因时效取得；三是如果有关的都市房地产上无权利凭证而由私人占有 20 年以上，则推定为长期租借，可因时效取得其利用权。上述情形中的时效，乃是指私人占有都市房地产 20 年以上，则即使未经登记，亦无凭证，也可以取得相应的权属。不过，以"纱纸契"土地为例，澳门政府往往未予承认，因其作为民间的约定，有关的土地所有权并未在政府机构进行登记，因而可信度遭到质疑。因此，1980 年《土地法》对于"纱纸契"土地的权属认定问题进行了回避。"纱纸契"土地主要分布在离岛地区，涉及的总面积近 18 公顷。在 1991 年以前，"纱纸契"的持有人可向澳门政府申请批地，缴纳相应的土地溢价金后，有关土地即可转化为正式的私家地，约有超过 90% 以上的"纱纸契"土地问题得以解决；而在 1991 年《土地法》修改之后，上述转化方式便无法发挥作用。对于获得确认的私人土地，有关土地的所有权人享有占有、使用、收益、处分等权利，上述权利均受法律保护，政府只有出于公益的需要才可将私人土地征为政府土地，而具体的条件及程序在《土地法》和《因公益而征用的制度》中均有体现。

二　澳门土地按其法律地位划分的所有类别

澳门土地总面积为 29.9 平方公里。现在澳门半岛的台山、筷子基、马场、黑沙环以及青洲山周围的土地都是填海形成的，东望洋山和南湾大马路以东、内港沿岸也是填海而成。而氹仔岛的填海区更大大超过原岛面积。澳门现行的 1980 年《土地法》根据权属的不同，将土地分为本地区公产土地、本地区私产土地、私有财产土地，本地区公产土地、本地区私产土地俗称"政府地"，私有财产土地俗称"私家地"。

（一）本地区公产土地

关于本地区公产土地的性质，1980 年《土地法》第 2 条进行了明确规定，即"凡法律定为公产土地且受有关法律制度约束者，一概属公产"。关于本地区公产土地的使用，随后的第 3 条规定应当以占用准照的方式进行临时性的使用、占用，前提是有关的使用、占用应当符合土地的性质。包括公共交通道路、公园和广场等公共场所的土地都属于本地区公产土地。

（二）本地区私产土地

关于本地区私产土地，1980 年《土地法》第 6 条将其界定为既不是公产、也不是私有财产的土地。本地区私产土地又称为本地区专用土地，例如，政府机关所在地的土地或者其使用中的土地。此处虽然采用了"私产"一词，但并非私人所有，仍是公有性质。本地区公产土地与本地区私产土地的具体差别，1980 年《土地法》并未明确加以区分，根据一般的理解，本地区公产土地的使用者一般并不特定，而本地区私产土地的使用者则为特定，即政府机关以及有关的机构等。此外，无主土地也属于本地区私产土地，或者称为空置地，主要包括两部分：一是未进行过官方登记的土地，如以"纱纸契"为唯一凭证的土地；二是填海造地而来，且未批出、未使用的土地①。

本地区公用土地在法定条件下可以纳入本地区专用土地，如《土地法》第 4 条规定，得透过法规将公产土地视作无主土地归并为本地区私产，不过需要受到法律的相应规定。

（三）私有财产土地

1980 年《土地法》对私有财产土地进行了规定，即非公法人的私人作为土地的所有权人的，该土地则受私有财产相关制度制约。私有财产土地在特定条件下可转化为本地区公产土地或本地区私产土地，对此，该法第 6 条第 2 款规定其"得由本地区政府为特定目的而取得，并按用途将之归并为本地区的公产或私产"。

私有财产土地属于私人土地，具体包括以下两种土地：一是在官方进行登记的、为澳门特区政府所承认的私有土地，属于一般的私人土地；二是以"纱纸契"为凭据的土地，属于特殊的私人土地。除了私有财产土地之外，本地区公产土地和本地区私产土地实际上均属于政府所有，《澳门基本法》第 7 条规定，除私有土地外，特区境内的土地均属于国家所有。澳门这种既包括私有制又包括公有制的土地所有制度，在古今中外均属罕见，不过，总体上还是接近于香港的土地所有制度以及内地改革开放后的国有土地使用制度②。

（四）《土地法》规定的几种特殊土地

1. 无主土地

关于无主土地的范围及其性质，《土地法》第 7 条规定："土地系未确

---

① 黄世兴：《澳门地籍管理与土地利用》，华南师范大学硕士学位论文，2003。
② 谭纵波、董珂：《澳门土地利用与规划体制研究》，《城市规划》1999 年第 12 期。

定纳入私有财产制度或公产制度，且未确定拨归任何公共或私人性质的用途者，一概视为无主土地。"无主土地归入本地区私产土地，同时，在法定情形下可以拨入本地区公产土地或者将其批出。

关于政府对无主土地享有的权利，《土地法》第 9 条规定，本地区可根据法律规定对其进行处置、用以兴建公共机关设施及人员房屋、用以参与混合型经济的公司、在遵守有关规定的情况下利用其产物等。

关于无主土地的分类，《土地法》第 25 条将其分为两种，一是都市地段或者具有都市利益的地段，二是农用地段。其中，前者的范围为该法第 21 条中的聚居地及郊区，但不包括农用地段。

2. 保留地

《土地法》第二章专门就保留地进行了规定。其中，该法第 10 条将保留地定义为不适用一般的使用、占用制度，而具有符合设立保留地之目的的特别用途的土地。关于保留地的性质，该法第 11 条规定，保留地标的原则上系无主土地，不过在特殊情况下也可以是本地区私产土地和本地区公产土地，但受特别制度约束的土地除外；此外，私有财产土地也可以成为特殊情况下的保留地。在保留地的设立方式上，该法第 12 条规定："保留地以法令设立，但应遵守都市化或农林利用的计划。"

保留地可以是全部保留，也可以是部分保留。根据《土地法》第 13 条，全部保留的保留地，其设立主要是为了保护自然环境，对于此类土地不能进行使用、占用，除非是为了对其进行养护或者出于科学以及其他公共利益而进行开垦等；至于部分保留的保留地，则可对其进行使用、占用，但应符合设立该保留地时针对的公共利益目的，具体包括该法第 14 条规定的建设经济房屋、居民用水设施、卫生场所设施、公共机关设施、水力发电与灌溉、绿化区、公共交通、旅游、森林保护等。

私人业权在法定条件下可归并于保留地，但应经过法定程序，即《土地法》第 15 条规定的公用征收程序或者设定行政地役；同时，被征用的私人不仅可以选择获得赔偿，在以该保留地设立混合型经济公司的情况下，被征用的私人还可选择成为该公司的股东，并且在该公司的参与价值至少为赔偿价值的 30% 以上，其余部分则可以获得现金赔偿。

此外，《土地法》第 16 ~ 19 条规定了保留地的共存、设立效力、划界、终止与失效。在用途相容的情况下，各保留地根据其设立规定相互配合存在；保留地的设立不影响此前的批出及完全所有权设立的权利，而临时使用、占用的许可则因保留地的设立而失效；保留地的划界应以规范性质进行，并有明显标志；设立保留地的目的不复存在时应以法令终止该保留地，保留地设立期限届满而未确定的，则保留失效。

3. 聚居地

《土地法》第三章专门就聚居地进行了规定。其中，该法第 20 条将聚居地定义为具备某些特点的居民集结地，至于其具体的级别和性质则交由特别法规定。在聚居地的具体范围上，根据该法第 21 条的规定，应包括都市核心及其扩展范围，同时，如果聚居地外围区域符合相应特征的则设为郊区，并设置其从属的人口核心。

《土地法》第 22～24 条对聚居地的设立、分类、地图或简图的修改进行了规定。根据有关规定，聚居地应通过法令设立，并明确相应地段；在分类上，聚居地应以其发展的状况、在行政上的重要程度以及规定的功能进行分类，具体的设立和分类规则由补充法规制定；分类后的聚居地，其地图或简图可以随时进行修改或者更正，有关的修改与更正并不影响其地段上的原有权利。

三 澳门土地制度的历史遗留问题——"纱纸契"

（一）"纱纸契"的含义

中国历史上的土地房屋契约文书的名称，有的是根据其是否已缴纳税款，盖有红色官印来订定，例如"红契""赤契""白契"；有的根据其法律地位，例如"官契"及"私契"；有的甚至以契约的拟定阶段作为名称，例如"草契"等。但"纱纸契"并不在上述范畴之内，该名称应是由葡萄牙语翻译过来的，是一个由外国引入澳门的名词。

从"纱纸契"的字义来看，"纱纸契"的"纱"字根据中文字典的解释是：①棉花纺成的细缕，可以捻成线，也可以织成布；②轻软细薄的丝织品；③稀疏得像纱布的类似织物。"纱纸"是一种以植物纤维为原料，且制造得轻软细薄如丝的纸，其品质特点有：具有极高的韧性、吸墨性强、光滑度高、洁白、细嫩、防虫蛀、清香味、色泽历久不变，不腐，保存年代久，因此中国人一般都会选择以此类纸来书写重要的契约文书。而"纱纸契"就应该是指那些写在这类纸张上的土地房屋契约文书。

"纱纸契"的葡文名称是"Escrituras de Papel de Seda",其葡文拼音是"Sa-Chi-Kai",与中文"纱纸契"一样;而在葡文之中"Escrituras"译作"契据、契约";"Papel"译作"纸";"Seda"译作"丝,蚕丝,生丝,丝织品,丝线;绸缎"。而根据1964年由澳门官印局出版的《中葡字典》,对"纱纸"一词的中文解释为:一种在澳门被称为"既轻而薄"的中式纸张。

葡萄牙人从事物的外观去称呼澳门居民的土地房屋契约,而不是以中国土地上所惯用的名称去称呼,例如统称它们为"土地房屋契约",其目的在于"去中国化",而葡萄牙在"纱纸契"这一名称之中隐含有多重意义:第一,否定澳门的中国居民手中"土地房屋契约"的权利;第二,否定颁授或承认这些权利的政府机关的合法性;第三,否定当时合法中国政权(即清朝政府)对澳门领土主权的客观事实,从而引申出占据澳门的葡萄牙人拥有澳门领土主权的结论[1]。

(二)澳门"纱纸契"源起

澳门的"纱纸契"源于中国古时出现的一种土地契约,远在清朝时期便采用这种立契方式,以"纱纸契"作为主要的土地业权凭据。澳门原居民先祖早于数百年前开始聚居而成黑沙村及九澳村,当时为香山县管辖,世代均以务农及渔猎为生,是典型之农耕渔村社会。澳门被葡萄牙占领前,氹仔和路环的土地契约办理,也是依照这种传统的立契方式。

自16世纪开始,葡萄牙人以租借为借口,逐渐侵吞澳门半岛。其后更以追捕海盗及于离岛区以剿匪为由,强行侵占氹仔和路环两岛。其间虽以葡萄牙女王当·玛丽亚二世(D. Maria Ⅱ)所设的制度为依据进行土地管理,但对原居华人的土地拥有权及买卖关系并未干预,因为当时路氹居民从不承认葡萄牙政府的管治。当时的民间买卖交易都须到香山县衙门立契,由政府盖印确认,其契据即今日所称之"纱纸契"。

澳门的"纱纸契"可以追溯到清朝时期,其在19世纪或者更早时期就已出现在澳门。在澳葡政府占领氹仔岛、路环岛前,这两个离岛上就存在不少"纱纸契"土地。因此,"纱纸契"是清政府被迫于1851年割让氹仔及1864年割让路环之前所授予办理的土地契约,当时清政府及民国政府均发

---

① 刘永德:《澳门地区"纱纸契"的法律探析》,华侨大学硕士学位论文,2009。

出田契，以证明该地归属（即红契，俗称"纱纸契"），而契内更清楚地列明地点、位置、面积、坐向、时间及买卖等有关证明。转卖之时更声明先召亲房人等及远亲近戚，待他们放弃之后，始卖与其他人。此乃相约成俗之例及不成文之规定，在中国已有上千年的历史，故"纱纸契"之身份地位实乃不争之事实。在葡萄牙占领澳门后，这种立契方式仍维持了一段时间。因葡萄牙在澳门所设之政府并未能有效地管理土地，至清光绪十三年（1887年），中葡签订《中葡和好通商条约》，清政府被迫承认澳门由葡萄牙管治，澳葡管治政府才明目张胆地把侵略的土地视为澳葡管治政府所有，承认"纱纸契"为合法使用权益。当市民对某地段能出示"纱纸契"时，则被视为私有地并可以进行交易。经辗转多年，大部分土地几经转手或发展，最后都在葡萄牙的管治政府下属机构登记局（今称物业登记局）作物业登记。不过，有关土地由葡萄牙进行管理是在氹仔岛、路环岛被葡萄牙占领之后，当时有一部分当地居民并未将其土地及房产的业权向葡萄牙管治政府下属的登记局进行物业登记，因此有关的登记部门并没有这部分土地的权属证明文件，此后，葡萄牙撤离澳门。不过土地及其上盖房屋的业权仍然由原居民代代相传，结果引发其后的社会问题。"纱纸契"的历史遗留问题到现今，仍未解决，尚有部分土地并未完成登记手续，仍以"纱纸契"为其拥有权的证明，因而离岛区不少土地亦因此未能发展。

（三）"纱纸契"的种类

澳门存在的"纱纸契"主要分为两种类型：一类是盖有清朝香山县政府红印的"红契"；另一类则是并未加盖官府印章，只由当地辈分较高或者社会地位较高的人士作为证人的民间土地买卖契约，称为"私人契"。

确切地说，"纱纸契"原指在葡萄牙占领氹仔和路环二岛之前，清政府发给岛上居民的地契。例如，黑沙村和九澳村原住民涉及"纱纸契"的有60多户，其中黑沙村有20户左右，始于清政府发出给两村纱纸农耕地面积约200亩。这些土地或房屋契约问题，一直没有得到妥善解决[①]。

此外，后来还出现了其他类型的契据，包括"禀纸契"和"默认契"。其中，"禀纸契"虽未办理澳葡政府规定的相关手续，但其上贴有澳葡政府

---

① 《纱纸契考验澳人智慧——尊重历史、实事求是从情、理、法方面解决问题》，《澳门早报》2010 年 11 月 12 日，http：//www.am853.com/?uid=98&qid=28&m=newsview&bid=184。

的印花，并且有中间人的签名。"默认契"则更为特殊，实际上没有任何实在形式的契据，有关的土地乃是当地居民通过开荒而取得，并且土地附近的其他居民对此没有任何异议，也无权属纠纷，因此有关土地默认属于开荒的居民。上述土地的产生，始于1958年"大跃进"时期，当时的澳葡政府鼓励居民大量开垦农地，生产粮食供应当时澳门居民的需求，故此出现部分开荒土地。不过，"禀纸契"和"默认契"土地并非严格的"纱纸契"土地，只是其将来有待解决的问题实际上与"纱纸契"土地相类似，因此可以考虑一并对其进行处理。

（四）澳葡政府对"纱纸契"的处理

1. 缺乏完整的治权

从16世纪中叶开始，澳门包括澳门半岛、氹仔岛、路环岛均逐渐被葡萄牙人所占领，严重侵犯了中国的领土主权。然而，不容置疑的是，在整个澳葡政府统治澳门的过程中，澳门的领土主权实际上一直都属于中国所有。

澳门学者吴志良在其文章中曾经明确指出，虽然从1849年开始，葡萄牙人就已对澳门进行全面殖民统治，然而其对澳门的管治在很长时间内一直没有得到清朝政府的承认，在澳门当地也有许多居民对澳葡政府的统治进行反抗。直到1887年，通过《中葡和好通商条约》的签署，葡萄牙人对澳门的殖民统治才获得承认，而且澳门的主权归属并未因此改变，仍然属于中国。尽管主权归属与管治权归属相互分离，葡萄牙人拥有的管治权实际上也很难完整地行使。

一直以来，澳葡政府对澳门实行的管治由于不够正统，也不够权威，因此表面上的统治多于实质上的统治，很难完全实现真正有效的行政管理。19世纪末期到20世纪中期，澳葡政府和中国的历代政府争端不断。而在1966年的澳门"一二·三"事件爆发后，当时的葡萄牙外交部长诺格拉（Franco Nogueira）不得不承认，葡萄牙政府在澳门实行的管治已经触礁搁浅，其中并无主权元素，而仅仅像在别人的监督之下管理一间物业。实际上，任何时候，葡萄牙政府在澳门均不享有完全、有效的主权。

2. 默认"纱纸契"的效力

澳门是中国的固有领土，当时由葡萄牙进行管治，400年来，葡萄牙殖民者都深知其本身的角色，而从未能如其他主权国家一样将土地视为国有，以进行有效土地管理。

例如，当 1864 年（清同治三年）葡萄牙殖民者以"捉贼"为幌子进入路环岛，开始对路环岛局部统治之时，已较 1553 年（明嘉靖三十二年）占领澳门半岛之时过了 300 余年。当时，黑沙村民和九澳村民的祖先已在这两地开始聚居，行政上由清朝的香山县沙尾村（即现在的珠海市南屏镇）进行管辖，两村居民世代以农耕渔猎为生，而其赖以生存的土地也历经清朝政府、民国政府进行登记加以确认，持政府颁发的红契（即"纱纸契"）作为土地权属凭证，对相关的土地一直享有合法、有效的所有权，经过世代传承及合法交易，一直沿用至今，在路环岛被葡萄牙人占领统治期间都能获得政府的默认，其享有的土地所有权效力未曾间断①。

3. 客观上难以进行有效管理

事实上，居住在澳门的葡萄牙人所占的比重不大，亦难作有效的管理。直至 19 世纪末期，才逐步开展房地产权属登记的工作。根据民事登记局的资料，首宗房地产物业登记是在 1869 年 1 月进行的。其间因澳门的华人占 95% 以上，他们绝不承认葡萄牙殖民政府的管治，一切交易的登记多在香山县衙门进行，其文件即现今仍未能解决其法律地位的"纱纸契"。因此，房地产已完成物业登记的并不多。其所根据的法律即为 1929 年经核准的《物业登记法典》，并一直沿用至今。直至 1984 年，因人口剧增，交易日增，乃由第 105/84/M 号法令将民事登记局的公证部门分离，成为立契暨公证署。至 1987 年再由第 16/87/M 号法令改组成为出生登记局、婚姻及死亡登记局、物业登记局、商业及汽车登记局和立契暨公证署，其制度迄今一直维持，而物业登记局则专门负责房地产登记工作，对每一物业赋予一个房地产标示编号，并将登记副本送交财政局以确保征税之执行。葡萄牙人占领统治路环岛和氹仔岛后，有关的法律制度也延伸到这两个离岛实施。多年后，澳门半岛有关"纱纸契"土地基本已经在政府进行登记，而在氹仔岛和路环岛，则尚有一部分"纱纸契"土地未在政府登记，原因包括"纱纸契"的持有人未对有关土地进行发展等。尽管尚未登记，这部分"纱纸契"也在私人手中世代相传，澳葡政府也未对其进行过多干预。

到了 1979 年，澳葡政府于当年 4 月 7 日公开表示将对路环岛、氹仔岛

---

① 《纱纸契考验澳人智慧——尊重历史、实事求是从情、理、法方面解决问题》，《澳门早报》 2010 年 11 月 13 日，http：//www.am853.com/?uid=98&qid=28&m=newsview&bid=184。

的土地进行测量，并确定相应的土地权属，其中对于"纱纸契"土地的合法性予以否认，当即引发路环岛、氹仔岛有关居民的强烈抗议。此后，当月26日，澳葡政府便召开记者会，要求有关"纱纸契"的持有者尽早进行土地权属的确定。

4. 具体处理方式

（1）征地中的处理。

根据现有的历史资料和有关的证明文件，可以获知当年的澳葡政府在征地的过程中，涉及离岛土地包括"纱纸契"土地时，均能够采取行之有效的办法加以处理，包括土地置换、补偿、建屋等方式。其中的实例，如当年澳葡政府因修建黑沙水库而向黑沙村居民征地、因建设天文台监测站而向九澳村居民借用位于鲤鱼山的一处土地、因兴建路环威斯汀酒店（包括其高尔夫球场）而涉及当地居民祖先墓地的搬迁等，在此过程中，根据官方的文件，对上述当地居民手中的土地均未认定为非法霸地。清华大学房地产研究所的张红教授在其文章中论及澳门土地时，也指出因历史上的特殊原因，澳门尚存在一些特殊的土地，包括"纱纸契"土地、私人租借地等①。

（2）不动产登记中的处理。

根据当时的法律规定，进行不动产登记时，涉及的财产价值未达到16000澳门元的，应事先向法官进行申请。具体的申请过程中，须提交申请书、契约以及所涉土地及其房屋尚未登记的有关证明，同时还应有证人（最多5人）加以证明。法官受理并审阅有关文件后，将该申请登报公示，无人反对的，由法官作出批准的裁定，有关申请人即可获得申请土地的所有权，并取得该幅土地的所谓"西契"；如果登报公示后有提出反对意见者，则有关申请人还应提交更多的证明材料，由法官进行裁决。此外，如果不动产登记涉及的财产价值达到16000澳门元的，当事人还需要聘请律师进行前述手续的办理。

同时，即使有关土地上没有任何权属凭证，在善意的情况下占用达到15年、在恶意的情况下占用达到20年，则有关的占有人可以通过"逆权侵占"的方式向法院申请取得该土地的所有权。

---

① 《纱纸契考验澳人智慧——尊重历史、实事求是从情、理、法方面解决问题》，《澳门早报》2010年11月13日，http://www.am853.com/?uid=98&qid=28&m=newsview&bid=184。

而其时的土地立法中也规定了"和平占有"制度，即私人通过公开、和平且不间断占有都市房地产 20 年以上的，则可以推定为长期租用该土地，并且根据民法上的时效制度可以取得该土地的利用权。

综上所述，直接通过不动产登记手续实际上已经基本能够解决包括"红契""私人契""禀纸契"土地问题；通过"逆权侵占"制度则可以解决"默认契"土地问题；而通过"和平占有"制度，则"红契""私人契""禀纸契""默认契"土地问题均能解决。不过，在存在以上多种方式解决"纱纸契"土地问题的情况下，现实中却还有部分持有"纱纸契"者既没有办理登记取得政府正式承认的土地所有权，也没有申请"逆权侵占"或者"和平占有"以获得正式的土地所有权。

（五）澳门过渡期的"纱纸契"

1980 年《土地法》的订定，表明澳葡政府将要对"纱纸契"土地问题进行立法加以调整，具体在《土地法》第 200 条规定："在总督于适当时间提交法律提案后，立法会将对载于通常称为'纱纸契'文件的交易所涉及的地段，订定法律制度。"

1987 年中葡两国签署《中葡联合声明》后，成立"中葡土地小组"，曾经研究过包括"纱纸契"土地在内的问题，当时澳门社会均十分期待"纱纸契"土地问题在回归前能够得到解决。可惜，直到 1993 年《澳门基本法》通过后，澳葡政府至回归前也一直没有制定相关的法律制度，因此"纱纸契"土地问题最后还是留给回归后成立的特区政府处理。

虽然自 1987 年 4 月 13 日中葡两国签署《中葡联合声明》，订明将主权于 1999 年 12 月 20 日交回中国后，葡萄牙根据《葡萄牙共和国宪法》所制定农业政策的目标——"确保土地与现有自然资源的合理使用和管理，保护其再生力"的精神，乃于 1980 年颁布《土地法》，其间不断根据实际社会变化进行修改，至 1994 年成为最后版本。此外，又制定《地籍法》，以进行地籍登记，以完整的、已管理好的土地物业名册，在主权回归时一并交回特区政府。然而，"纱纸契"问题，则不在《土地法》范畴内，而中葡土地小组也是把"纱纸契"问题拖延并留给后来的澳门特区政府解决。

自《中葡联合声明》生效至澳门回归的这段过渡期内，路环岛、氹仔岛居民曾自发于 1989 年成立"纱纸契关注组"，根据其在同年 11 月进行的调查显示，路环岛、氹仔岛存在的"纱纸契"土地总面积超过 40 万平方米。

四 回归后澳门特别行政区的土地所有权

根据"一国两制"的原则，回归后澳门特区的土地制度基本不变。《澳门基本法》第 7 条和第 120 条对特别行政区的土地制度作了原则性规定，主要内容为：澳门特别行政区的土地，除在澳门特别行政区成立以前已依法确认的私有土地外，属国家所有。因此，该地区的土地所有权既包括私人所有，也包括国家所有，而私人所有的土地所有权只有办理了相应产权登记的才能获得政府的正式承认。同时，自 1999 年 12 月 20 日中国恢复对澳门行使主权后，原属于澳葡政府所有的土地将作为公产被收归国有。而且，自澳门回归之日起，依据《澳门基本法》的规定，该地区不会再新增私有土地。

第三章
澳门的土地使用制度

第一节　澳门土地使用的发展与分类

关于土地，联合国粮农组织在 1976 年的《土地评价纲要》中指出，土地不仅包括地域表面与其上的大气、其下的土壤等各种基础物质以及相应的水文、植被等，同时也包含了该地域范围中此前与当前人类的各种活动结果，以及人类未来在利用土地的过程中对其施加的种种影响。而在我国，从古代起就有学者指出，土地乃是万物之本，如果人类对于土地能够进行合理有效的利用，便能够带来相应的经济、社会、生态等方面的效益。保护土地资源并对其进行科学的利用，对于人类社会的发展具有非常重大的意义。

实行"一国两制"的澳门特区，因为在政治上的特殊地位及特有的经济结构，回归以来其经济高速发展，2011 年该地区人均生产总值达到 531723 澳门元，处于世界各个国家及地区的领先水平。不过，在经济高速发展的过程中，澳门土地资源匮乏的特征日益凸显，在现有的土地利用模式下，澳门土地的承载力也越来越有限。在此背景下，有必要对澳门目前的土地综合承载力进行衡量，以检讨已有的土地利用模式，从而寻找途径对澳门土地的承载力进行拓宽。从土地综合承载力与土地资源承载力二者的关系来看，前者的内涵源于后者，但同时又具有新的内容，所谓土地综合承载力，乃是指在特定的时间、空间范围内，在特定的经济、社会、生态等环境中，土地资源对于人类各项活动所能够承载的规模与强度的阈值。土地综合承载力并不止于论证土地能够养活多少人，而是强调土地对于经济社会发展的容纳程度[①]。

澳门长久以来缺乏正式的土地使用分类标准，在研究的过程中出现了各不相同的分类方案。其中，有研究者在参考内地、港澳学者有关土地使用分

[①]　陈相：《澳门土地综合承载状况研究》，《广东广播电视大学学报》2012 年第 2 期。

类的研究成果后，结合澳门土地使用的实践，综合考虑分类目的、资料来源、绘图技术等诸多因素，提出将土地使用类型分为 21 类，包括：①住宅用地，即纯粹是住宅，建筑物多为五层楼以下或平房，如玫瑰山庄、三家村及卓家村等；②包含停车场的住宅用地，即在住宅用地内预留了停车场用地；③包含商业用地的住宅用地，一般为五层楼以下建筑物，二楼以上层数为住宅，而底层为商铺，如荷兰园新邨、氹仔平民新邨等；④住宅连商业及停车场用地，即同一座大厦内配置了"住宅、商铺及停车场"设施，如海洋花园、聚龙花园、濠景花园、花城等；⑤停车场用地，即纯粹是停车场用地，如北区贴近污水处理厂的绿色建筑物；⑥商业用地，即整座大厦都是用作商业活动的，如时运烧烤、木偶餐厅等；⑦体育用地，即体育活动用地，如澳门赛马会、澳门运动场、高尔夫球运动场等；⑧教育用地，如澳门大学、濠江中学等；⑨工业及仓储用地，如澳门南光发展有限公司工业中心、新南工业大厦、澳门百富电子有限公司、骏龙卷烟厂及利安澳门化工有限公司等；⑩水塘及水库，如南湾湖、路氹填海区水塘等；⑪建设用地，即正在施工中的用地；⑫空置用地，即未开发用地，如路氹填海区未开发部分；⑬绿地，仅指山体绿化，如松山、大潭山、小潭山等；⑭机关用地，如氹仔污水处理厂、垃圾焚化炉厂、地球物理暨气象局、中国人民解放军驻地等；⑮公共设施用地，如公园（包括自然绿化带）、加油站（南光等）、社会设施（嘉模安老院、运动医学中心）等；⑯旅游设施用地，如凯悦酒店、新世纪酒店娱乐场等；⑰殡葬设施用地，如市政坟场、街市坟场、孝思永远墓园等；⑱道路广场，如飞机场圆形地、嘉乐庇总督大桥、路氹连贯公路等；⑲写字楼用地，即纯粹办公大楼；⑳对外交通用地，如澳门国际机场、港澳码头等；㉑其他[①]。

2010 年底，土地工务运输局曾举办以"澳门土地用途分类"为主题的研究工作坊，邀请内地学者、澳门社团代表等参与研讨。其中，来自内地的专家学者认为，在澳门未来的土地使用分类体系设计上，应当采用综合手段，维持土地开发利用尤其是重大公共设施的建设活动能够高效有序地进行，同时以总体规划维护生态保育区，并视新旧城区用地的不同加以配合管理，力求满足特区未来发展过程中在宏观上的战略指导与在微观上的开发控制等不同程度的规划要求。作为城市规划管理与城市建设的直接依据，法定图则应

---

① 黄世兴：《澳门地籍管理与土地利用》，华南师范大学硕士学位论文，2003。

当对土地的不同用途加以限定,对土地开发的具体条件加以明确。土地工务运输局副局长陈宝霞在发言中指出,土地立法的修订主要会从批地的方式、面积、期限、用途修改、转让、溢价金确定方式以及批地程序、批地合同履行的监察等方面加以检讨,旨在完善土地管理工作;同时,在土地使用分类的问题上,特区政府也需要加以检讨和研究分析。当前澳门在土地使用上的分类主要包括商住用地、工业用地、非工业用地,以及其他用地等。在澳门经济社会快速发展的现状下,土地利用的规划有待进一步加强、完善,特别是有必要对将来土地使用的具体分类及其功能、性质加以严格划分,以便能够与城市的规划和发展需求相配合,真正实现澳门作为世界旅游休闲中心的这一定位,并使得本地市民的生活素质能够得到综合提升。在讨论会上,来自内地的专家、同济大学建筑与城市规划学院的教授赵民对包括日本、新加坡、英国、澳大利亚、加拿大、中国香港等在内的国家和地区在制定城市规划的背景、土地使用分类与实践经验等进行了介绍,并就土地使用分类与土地规划的对应关系举例阐述,指出如果土地使用分类标准过于单一则不利于实行有效的土地管理,世界多个国家和地区采取的主流模式乃是多种土地使用标准相混合。会上还介绍了对澳门土地用途分类方案的建议,由澳门的城市规划学会和内地的同济大学合作提出,认为未来澳门在设计土地使用分类方案时应当采用综合设计手段,将包括平行体系、双层体系、叠加体系在内的多种体系加以综合运用,力求满足特区未来发展过程中在宏观上的战略指导与在微观上的开发控制等不同程度的规划要求,对各个等级的分类形式与内容加以区分,以视新旧城区用地的不同加以配合管理。此外,在土地使用分类的结构和相应的规划体系上,应主要分为两个层次,一是总体规划,二是法定图则。其中,法定图则区分已建成的区域和新区域两部分的图则,有关政策可以纳入其组成内容,编制完成后将置于规划体系内的详细规划层面①。

第二节　澳门土地使用的现状与特征

一　澳门土地使用的现状

经过多次填海造地,到目前为止澳门的土地总面积为 29.9 平方公里。

---

① 《专家学者就澳门城规集思广益 土地分类宜综合设计》,《华侨报》2011 年 1 月 3 日。

不过，其中路环岛等地区的山体绿化地占据了较大面积，路氹填海区等地区的空置土地也相对较多，实际上长久以来澳门投入城市建设的土地面积不到15平方公里，其中还包括城市建设中的绿化面积，如公园等。因受到该地区自然地形的客观约束，以及人口密集等影响，目前澳门的主要用地类型，包括其规模、比例、分布情况等，可以归纳如下[①]：

1. 纯粹的住宅用地

澳门尤其是澳门半岛经济发展迅速，与此相应的是对土地资源的需求明显加大，而经济的进一步发展又受到土地供应的制约，因此分布在澳门半岛的纯粹住宅用地并不多，大部分住宅用地位于氹仔岛和路环岛。在这两个离岛，住宅用地占离岛总用地的比例达到近13%，占离岛的城市建设用地比例更是接近30%。在具体的分布上，澳门半岛方面住宅用地主要位于南部的西望洋山、妈阁山、东望洋山附近，属于澳门较为高级的住宅区；澳门半岛的筷子基、青洲、台山等地则是收入较低阶层的住宅区；马场、黑沙环地区也发展为住宅区。在氹仔岛和路环岛，住宅用地的规模则比较大，不过长期以来受到交通条件、市场环境等影响，居住环境并不十分理想。

2. 包含商业用地或停车场的住宅用地

此类用地上建设的大厦，一般将低层、近道路的部分用于商业用途，街区内部、高层则用于居住和设立停车场，这种规划方式乃是澳门充分利用城市土地的一个特色。此类用地在澳门半岛分布广泛，占据该地区城市建设用地的较大比例，具体而言，在用地规模上占澳门半岛总用地的比例为20%以上，占澳门半岛城市建设用地的比例近25%。其占澳门总用地比例的近8%，占澳门城市建设用地比例的13%。将住宅、商业、停车场相混合的这一用地模式，非常适合澳门未来城市发展、建设过程中的用地方向。

3. 停车场以及包含住宅、商业的停车场用地

由于土地资源的紧张，澳门专门开辟为停车场的土地并不多，大概占总用地的0.36%、城市建设用地的0.55%。根据统计暨普查局资料，2011年行驶车辆为206349车次（汽车：95151车次；电单车：111198车次），每1000人拥有的汽车数量为171辆，按土地面积计算，则每平方公里的土地

---

① 黄世兴：《澳门地籍管理与土地利用》，华南师范大学硕士学位论文，2003。

上就有 6901 辆车，如此高的密度，在世界范围内均位于前列。大街小巷到处停满了车辆，这成为澳门的又一特色。这也引申出另外一些问题，例如，停车场的利用是否充分、停车位置是否充足？此外，交通管理方面的问题也需引起有关部门的高度重视。

4. 商业用地和政府部门用地

商业用地和政府部门用地这两类用地的总面积占澳门总用地比例近 2%，占澳门城市建设用地比例逾 3%。在商业用地方面，主要分布于南湾大马路、苏亚利斯博士大马路、殷皇子大马路、新马路东部等地，包括高层商业大楼也大多集中于此，以金融行业为例，澳门的 20 多家银行大部分在这些地区设总行或者办事处。在政府部门用地方面，特区政府总部、民政总署，主要政府部门包括行政、财政、经济、教育、邮政等办公机构，以及立法会等均设在上述地区。这些地区可谓澳门的政治、商业、文化中心。在新口岸的发展中，上述商务中心区域也开始向东延伸。

5. 旅游与公共设施用地

旅游博彩业乃是澳门的龙头产业，因此相应的旅游与公共设施也是澳门未来必不可少的基础支持。包括酒店、公园、各种活动中心等设施在内的用地总面积占澳门总用地面积比例超过 5%，占澳门城市建设用地比例近 9%。而澳门 2011 年入境旅客就有 28002.3 千人次，而酒店入住率为 84.8%。而旅客主要来自内地、香港、台湾等地，入境旅客人数仍然不断增长，中央政府对内地居民赴港澳旅游的政策放宽后，内地赴澳旅客进一步增加，在如此庞大的旅客人数下，旅游与公共设施的供应显得尤为重要，在澳门未来的发展中，特区政府宜对现有的旅游与公共设施用地进行重新评估，无论在数量上还是质量上都应与澳门未来城市发展的目标相配合。

6. 工业与仓储用地

20 世纪 70 年代，澳门的工业得到多元化发展，进入全盛时期，不过占据市场主导地位的仍然是加工业，包括服装纺织业、人造花业、电子业、玩具业、皮革业等。但是，因为资源匮乏、市场狭小，原材料的进口和产品的出口主要依靠海外市场。在内地进行改革开放后，不少厂商到内地寻求商机，而相比之下，澳门的工业技术相对较为落后，劳动力价格也比内地更高，还需加上较高的水电费、运输费等，而仓储、转运等业务也并不发达，该地区产品竞争能力较弱，工业的进一步发展受到影响。因此，澳门的工业与仓储用地在规模上并不大，占澳门总用地比例不到2%，占澳门城市建设用地比例不到4%。在工业区的分布上，主要位于澳门半岛的黑沙环、渔翁街、提督马路等地区；另外，澳门半岛的西部和南部也散布有一些传统的小工厂。

7. 绿地

由于将城市建设中的绿化用地包括公园、街道绿化带等列入公共设施用地的范畴，在绿地的用地类型上主要是指山体绿化地。澳门山体绿化面积约占总体土地面积的22.59%，与城市绿化面积相加后绿地总体面积占澳门总体面积的约32.5%。在澳门半岛方面，绿地主要是各丘陵和岗地，此外也有分布在市区的球场等。由于城市用地较为紧张，澳门半岛在进行绿化时主要以中小型公园以及街头的人工绿地为主，不过在填海造地方面也预留了一些比较大型的城市公园用地。自然形成的山体如青洲山、妈阁山、望厦山、西望洋山、东望洋山等也是澳门半岛绿化的组成部分。在绿地的比例上，澳门半岛的绿地占该地区总用地比例近13%，占澳门总用地比例超过4%。不过，在大堂区西部、花地玛堂区北部、风顺堂区中部与北部、花王堂区北部等地区的绿化则相对较差，生态环境有待改善。在离岛方面，氹仔岛的大潭山、小潭山以及大部分路环地区如九澳山、叠石塘山、炮台山等，山体植被的保持较好，形成的绿地面积较大。氹仔岛在新建的大楼之间也对绿化带、公园用地进行了预留，城市发展的空间布局较为合理。两个离岛的绿地占离岛总用地面积的41.5%，而占澳门总用地比例近30%。作为澳门的城市之肺，离岛的绿地对空气中存在的污染颗粒具有过滤、净化作用，因此在未来的离岛发展中，特区政府应将生态保护作为提高市民生活素质的一个因素加以考虑。

8. 未建设用地与空置用地

作为澳门未来城市建设的用地来源，未建设用地与空置用地占澳门总用地比例超过20%，主要分布于路氹填海区。对于澳门而言，城市的发展与土地空间的扩展紧密相连，土地狭窄乃是澳门既有的客观事实，因此对于仅有的可用于城市建设的土地应当在保护生态环境的前提下发挥其最大效益，同时也应考虑寻找更多的方法拓展土地资源。

二　澳门土地使用的特征

澳门特殊的历史发展进程与自然地理、人口规模，加上城市建设以填海造地为主的用地演变，使该地区在土地使用上，包括不同用地的比例、分布、利用强度等诸多方面均具有明显特征。总体而言，澳门总体用地在规模上较小，农业用地尚未分出，土地的使用属于城市型。目前，澳门仅剩一部分尚未开发的填海地，以及难以开发的绿地，此外并无可供进一步开发的土地资源，土地空间的扩展成为澳门土地利用规划当中的一大问题。

（一）澳门土地使用的整体特征①

1. 土地资源匮乏，人均用地少

虽然经历了多次大规模填海造地，但是迄今为止澳门的土地总面积也仅有 29.9 平方公里，相比内地的城市，这一土地规模显得非常之小。而且，在土地类型的结构上，丘陵、台地占据了相当大的比重，进一步加剧了城市建设可用土地的紧张局面。而该地区人口密集，2011 年全澳人口密度达到每平方公里 1.84 万人，远远高过内地城市人口密度，因此，澳门地区的人均用地非常有限。

2. 土地利用强度不均

澳门半岛、凼仔岛、路环岛、路凼填海区在土地利用强度上存在极大的差异，大部分人口和建筑分布在澳门半岛，1/3 的土地集中了 80% 以上的人口，澳门半岛承载着极大的土地压力；而在凼仔岛、路环岛、路凼填海区，人口相对较少，建筑物多为低层建筑，数量也较少，土地的利用强度相对较弱，未能将其应有的土地承载潜力完全释放。

3. 滩涂丰富，以填海造地为特色

在地理位置上，澳门紧临南海，且地处伶仃洋与珠江口磨刀门之间，因雨量丰富、流域内的流水量大，水流中携带大量泥沙沉积于沿岸，使得澳门半岛、凼仔岛、路环岛周围分布了大面积的浅滩，低潮时甚至有不少浅滩露出水面。正是因为澳门周围广布浅滩，使其能够顺利进行多次填海造地，如今澳门一半的土地来源于填海工程，对澳门原有的土地面积和土地承载力均有所扩展。

4. 商业为主、工业为辅的土地承载状况

在产业比例上，2010 年澳门的第二产业占该地区产业结构比例为 7.4%，第三产业占该地区产业结构比例为 92.6%，至于第一产业则几乎不

---

① 陈相：《澳门土地综合承载状况研究》，《广东广播电视大学学报》2012 年第 2 期。

存在。因此商业与工业占据该地区经济发展的主导地位。无论是澳门半岛的各个购物中心，还是澳门各个区域的酒店、赌场等，均彰显出商业在澳门土地布局中的影响力。在工业方面，既有形成规模的跨境工业区，也有与商业交叉的家庭作坊，不过在澳门，工业主要是对商业的补充。

（二）　土地利用结构上的特征①

澳门的土地利用结构特征主要体现在以下几方面：

1. 道路交通用地比例较高

澳门土地狭小，人口非常密集，在人均土地面积上远远低于内地同等规模的城市。不过，在道路交通方面用地比例较高，占澳门城市建设用地比例超过20%，形成纵横交错的道路交通网。澳门道路狭窄，但不同道路之间的间隔相对较小，这种道路系统乃是因为历史原因而逐渐形成，不过至今也能够适应澳门的经济活动，道路交通比较顺畅，道路交通网也成为澳门的一个城市特色景观。此外，在对外交通上，澳门拥有不同的水陆空交通方式，在对外交通设施上的用地占澳门城市建设用地的比例超过10%。

2. 住宅、商业、停车场混合用地比例较高

在澳门，住宅连商业用地、住宅连商业连停车场用地、住宅连停车场用地这三种混合住宅、商业、停车场的用地比例较高，占澳门城市建设用地比例超过7%，成为澳门土地使用类型的主体。此类建筑物一般是低层部分用于商业活动，高层部分则作为居住用途，同时附有部分停车场。这种充分利用土地、商住结合的用地方式，使澳门活跃的商业活动和高密度的人口居住得以并存。

3. 人均居住面积小

如前所述，澳门专门用于居住的纯住宅用地较少，即便把住宅、商业、停车场混合用地也纳入居住用地的范围，合计占澳门城市建设用地比例也仅为30%，与内地同等规模城市的人均居住用地规模相比差之甚远。因此，在未来的土地利用规划中，逐渐对人均居住用地规模进行适当提高成为一大任务。

4. 工业用地较少

澳门的产业结构呈现出服务业占绝对优势的特征，至于工业则占比较

---

①　黄世兴：《澳门地籍管理与土地利用》，华南师范大学硕士学位论文，2003。

少，因此在土地使用上，工业用地也相对较少，规模相当有限，占澳门城市
建设用地的比例不足4%，与内地大部分城市的工业用地占25%～30%的比
例形成鲜明对比。

5. 绿地、水塘、水库等用地较为合理

澳门的氹仔岛、路环岛存在较大面积的绿地，因此绿地占澳门总体用地
比例较高，超过30%；而且澳门有较好的气候条件，配合科学的管理，城
市绿化效果显著。此外，围海形成的南湾湖，以及澳门观光塔等设施也为市
民提供了水上休闲场地。绿地、水塘、水库合计占澳门总体用地比例
近37%。

（三）土地利用分布上的特征[①]

澳门的土地利用分布特征主要有以下几方面：

1. 澳门半岛集中了大部分人口和建筑物

受历史因素的影响，在20世纪70年代以前，澳门的城市建设大部分都
在澳门半岛进行。澳门半岛集中了澳门大部分的人口和建筑物，因此，不论
是在城市发展上，还是土地利用程度上，澳门均呈现出不均衡的状态。

2. 土地利用的复合模式

在澳门的土地使用类型中，住宅用地和商业用地相混合的用地类型成为
主体，二者的混合既包括平面混合也包括立体混合，因而在土地利用的分布
上，居住区域和商业区域难以明确区分，即使是对某一特定地段的用途进行
确定时，一般也很难确定一项单一用途。此外，在一些存在家庭式工厂的地
区，土地利用的复合程度更高，不同用途的混合更为复杂，成为集居住、商
业、工业多种用途为一体的土地利用类型。

（四）土地利用强度上的特征[②]

澳门土地资源稀缺，而人口众多，人地矛盾非常突出。近几十年来，随
着经济的发展，澳门的人口剧增，而在很长一段时间内，澳门旧城区尚有不
少土地未充分开发。因欠缺系统明确的城市规划，旧区改造很难有实质性推
进，尤其澳门半岛部分拥挤、混乱的街道对澳门整体的城市形象有所影响，
同时也在某种程度上加速了旧区经济的衰落。在氹仔岛和路环岛方面，由于

---

① 黄世兴：《澳门地籍管理与土地利用》，华南师范大学硕士学位论文，2003。
② 黄世兴：《澳门地籍管理与土地利用》，华南师范大学硕士学位论文，2003。

开发时间相对较晚，土地的利用程度仍有完善空间，但由于自然环境的限制，能够用于城市建设的土地具有局限性。澳门的土地利用强度特征主要有以下几方面：

1. 人均用地少，土地利用强度高

在土地的使用上，澳门的人口规模之大与土地规模之小形成鲜明对比，人均用地少成为澳门土地利用的一大特点。在如此狭小的土地空间中，想要同时提高居民的居住水平和环境质量，发展新兴产业，保护历史风貌，实属困难。加上土地利用分布上的不均衡，澳门半岛的人均用地更少。

2. 建筑密度、人口密度、容积率高

在对土地的利用强度进行衡量时，通常会用到建筑密度、人口密度、容积率作为衡量的标准。而在澳门，特别是澳门半岛，建筑密度、人口密度、容积率均达到非常高的程度。不仅仅是物质空间，在社会空间上，都体现出澳门土地利用强度之高。毫不夸张地说，澳门地区的土地利用潜力已经挖掘殆尽，土地利用强度接近极限。

3. 自然环境对土地利用强度的缓解

在建设用地方面，澳门的土地利用强度非常高；不过，因为自然环境的限制，部分地区的地形不利于开发，因此保留了大量的绿地，对于澳门高强度的土地利用有所缓解。目前的绿地大多分布于各种类型的建设用地之间，以丘陵、山冈的形式存在，如同澳门的城市之肺，为澳门整体土地利用强度的缓解发挥了重要作用。

第三节 澳门的土地使用权结构

一 回归后澳门的土地使用权概述

根据《澳门基本法》第 7 条，回归后澳门特区境内的国有土地均交由特区政府进行管理，包括有关土地的使用权限均属于特区政府，并可以将其予以批租，所得收入也由特区政府支配。因此，除了回归前已经依法确认属于私人所有的土地之外，澳门的土地在所有权上虽然属于国家，但特区政府享有土地的使用权。现行澳门《土地法》规定，政府可以直接开发或使用土地，也可以将土地租赁或租借给私人使用，即私人可拥有一定年期内的土地使用权。回归后，作为"一国两制、高度自治"的体现，特区政府按照有关土地立法继续批租土地，并对土地的具体使用进行监督管理。

同时，根据《中葡联合声明》和《澳门基本法》的规定，对原澳葡政府批出的使用年期超过 1999 年 12 月 19 日的土地契约，澳门特区政府将予以承认和保护。也即《澳门基本法》第 120 条的有关规定，特区承认并保护回归前批出或者决定的年限延续到回归后的土地契约及其权利，回归后特区政府则可以依照有关土地立法进行土地的新批或者续批。

二 土地使用权的主体

除了澳门政府之外，关于土地使用权的主体，澳门《土地法》第 39 条第 1 款规定："下列者得取得土地之权利或领取占用土地之特别准照：a）任何国籍之自然人，但受法定限制之国籍者除外；b）经合法组织的任何国籍之法人，但不妨碍法律规定的限制；c）对不动产之所有权具有权利能力之葡国公法人；d）外国公法实体，如在国际协议中有所规定，且其权利能力符合其本国法及本地区法律。"此外，该条第 2 款还规定了外籍实体在成为澳门的土地使用权主体之前，应当声明放弃外国法律的管辖，接受澳门法律约束。

三 不同土地类型的使用权

澳门的土地按照性质不同，可分为私家地、政府租借地、政府租赁地、政府公共土地、临时性使用式占用地及民间交易性质土地（纱纸契地、尝产地和私人租借地）等。这些不同性质的土地，有不同的使用特点和限制条件。

（一）私家地

私家地即私有财产土地。私家地的土地产权及其地上物的产权均归私人所有，可自由转让、买卖、按揭等，且改建地上物时无须办理改用途、补地价手续，是产权最充分、受限制最小的土地。有的地块的土地所有人将土地出租给他人兴建楼宇，但并不将地权卖断，其土地所有权与楼宇所有权分属于不同业主。开发商在买入有关土地的使用权后，楼宇的兴建才能得到政府批准。

（二）政府租借地

政府租借地也即永久性批出的土地。政府租借地并无使用期限，但是在用途上则存在一定的限制。在承租土地时，承租人应当一次性缴足有关土地的使用权价款以及土地溢价金。在使用有关土地时，承租人应当严格履行批地合同的约定，并逐年缴纳土地税。在政府租借地上的开发活动完成后，有关的建筑物由承租人享有所有权，在政府有关部门进行登记后，可以自由交易。建筑物转让后，有关土地的使用权也一并转移。当土地承租人欲改变土地用途时，需向政府申请变更土地用途，经核准及补交溢价金后，方可进行改建工作。

（三）政府租赁地

政府租赁地也即有期限的租赁地。政府租赁地不仅有使用年限的限制，同时也有用途上的限制。其使用年期一般不超过 25 年，期满后每次可续期 10 年。承租人需向政府一次性缴纳溢价金，并严格按照合约条文进行开发、建设。每年承租人还需向政府缴纳土地租金。目前，澳门政府多以这种有偿、有限期的租赁方式进行土地批租。

（四）政府公共土地

政府公共土地也即用以兴建公共设施的土地，包括公共道路、公园、广场等。此类土地的取得和使用均受专门法律规定。

（五）临时性使用式占用地

临时性使用式占用地也即临时用地，是由政府通过准照批出供临时使用的土地。有关土地在使用的期限上一般限于 1 年，并且逐年续期、缴纳租金。有关土地的使用限于指定用途，在其上兴建的建筑物只能是临时性的，而非永久性的建筑物，不得进行转让、按揭。政府在收回临时用地时，只需要提前 60 天通知临时用地的承租人便可以将土地收回，并且无须赔偿。

（六）民间交易性质的土地

此类特殊性质的土地乃是源于澳门特殊的历史背景而产生，具体包括"纱纸契"土地、尝产地、私人租借地等类型。具体而言，"纱纸契"土地主要是氹仔岛、路环岛的部分有清朝官契或者民间私契的土地；尝产地则是已经在政府有关部门进行登记，土地产权归属于全体成员共有的家族性土地，其成员不得将土地进行个别转让；私人租借地是私家地的土地所有人将其土地租给他人使用并收取租金的私人土地。此类土地的交易量一般较小，

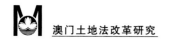

且仅在民间进行交易。

四 使用权人的权利与义务

除了一般的使用土地和缴纳租金的权利与义务之外，澳门《土地法》第7章专门就承批人的一些具体权利与义务作出了规定。

（一）与划界、规划等相关的权利与义务

《土地法》第98～102条针对土地使用权人与划界、规划有关的权利与义务进行了规定。

1. 划界申请人的权利

根据《土地法》第98条的规定，在进行临时性的划界时，划界申请人并不享有任何针对有关土地的权利；但是，临时性划界可以对涉及同一地段的新的划界行为加以排除。

2. 接纳有关的计划、规划

根据《土地法》第99条的规定，政府在进行土地利用的规划、计划时，涉及批出地段的，则承批人应接纳有关的计划、规划；此外，政府为合理使用自然资源而对批出地段定出条件的，承批人也应当予以遵守。

3. 相连地段划界

根据《土地法》第100条的规定，如遇相连地段划界，需对承批地段进行掘坑的，承批人应允许有关的掘坑行为；在与邻近地段进行地形的测量或者与承批地段有关的地图绘制中，承批人也应为有关工作提供必要的协助。

4. 地役

根据《土地法》第101条的规定，对于存在于承批地段并且记载在相关图则、卷宗内的地役，承批人应予以保存；在邻居前往聚居地，除承批地之外，欠缺更方便、更舒适的通道时，承批人应向其提供就近的交通路线。

5. 标识的保存

根据《土地法》第102条的规定，承批人对有关标识负有保存义务，包括承批土地的周界、周围的其他标识、编号等，应使其容易辨别；如果承批土地内存有三角测量、水平测量标识，承租人也应使其状况保持良好。

（二）使用权人的利用义务

利用取得的土地，不仅是土地使用权人的权利，也是其义务之一。对此，《土地法》第103～107条作出了具体规定。

1. 利用土地的义务

根据《土地法》第 103 条的规定，在临时批出的期限内，对于与土地利用相关的法律以及合同的约定，承批人均应遵守。

2. 利用的具体认定

根据《土地法》第 104 条的规定，所谓土地利用的最低限度，在有核准的经营计划时，应执行该计划；如果没有核准的经营计划，则应执行合同或者规章对有关批出土地类别的要求。所谓土地的完全利用，则是指批出的土地全部用于批出的用途。此外，只有承批人进行的活动才能认定为利用。

3. 土地利用的程序

根据《土地法》第 105 条的规定，如果批出用途为都市房屋的兴建，则批出凭证中应当载明有关土地利用的程序。如果批出凭证中没有载明有关土地利用程序的，土地利用的各项最高期限如下：一是应当从批地公证书的日期起 3 个月内提交建筑图则；二是建筑图则核准后，应当从核准的通知之日起 6 个月内提交结构图则；三是结构图则核准后，应当从核准的通知之日起 30 日内开始施工；四是应当按照建筑准照的规定期限完成工程。承批人不遵守以上期限的，如果合同规定了相应的处分，则承批人应受该处分；如果合同未规定相应处分的，则逾期 120 日内，每逾期 1 日罚款 100 澳门元，逾期超过 120 日的，罚款加倍，不过以 60 日为限度。此外，为保障上述处分的效力，如果建筑图则、结构图则遭拒绝，有关期限的计算并不因此中断。如果承批人提出批出实体能够接受的理由，则不适用有关处分的规定。

4. 土地利用的完成

根据《土地法》第 106 条的规定，临时性批出的土地，以兴建住宅、工商业房屋为用途的，完成批准图则载明的建筑物内外工程，且履行了管制批给的特别负担后，视为土地利用的完成；临时批出的土地，以农业为用途的，完成批出土地的全部开垦或耕种后，视为土地利用的完成。

5. 批出用途和土地利用的修改

根据《土地法》第 107 条的规定，对批出土地的用途或者土地的利用进行修改的，应当经行政长官许可。针对有关的修改请求，使用自由裁量进行审议，且结合如下情况加以考虑：一是申请用途是否属于原来用途的同一行业；二是申请用途对地区发展有无贡献；三是申请人已经履行的负担；四是修改用途的请求是否含有投机意图；五是新的利用申请是否与有关规定相符。批出用途或土地利用的申请获得批准的，原批地合同应相应修改，租金或者利用权价金也应强制修订。

（三）土地使用权的变动

《土地法》第108～110条规定了土地使用权变动的3种情形，包括当事人的舍弃、批出面积的减少以及公用征收。

1. 当事人的舍弃

根据《土地法》第108条的规定，对于批出的土地或者批地申请，当事人均可舍弃，但在其舍弃后，有关程序中的剩余款项和有关土地上的改善物将归于批出实体。

2. 批出面积的减少

根据《土地法》第109条的规定，在临时性批出合同的公证书日期起1年之内，承批农用土地者可以请求减少承批土地面积。在进行减少承批面积的请求书中，应附有相应的地形简图，以标明缩减后的承批土地。有关请求得到批准之后，应当根据前述地形简图对有关土地进行临时性划界。此外，如果缩减承批土地的请求涉及批出用途的修改，则不能获得许可。

3. 公用征收

根据《土地法》第110条的规定，对于已经批出的土地，批出实体可以进行全部或者部分的征收，前提是以公共利益为目的。在征收已批出的土地时，原则上提前通知承批人的期限至少为6个月，对于承批人在有关土地上进行的必要、有益的改善物之价值，征收人应予支付。如果经承批人同意，可以向其批出同一法律状况下、可供类似利用的土地，但不应妨碍前述补偿，且承批人没有任何负担。对于改善物的价值，如果不能达成协议的，则在检查并且存放认为应付之款项后，征收人即可对有关土地进行占有，其后再通过法律程序确定损害赔偿金额。承批人提取征收人存放的前述款项，并不成为对征收人所估计的损害补偿额的默认。

（四）权利的保留

根据《土地法》第111条的规定，在任何土地批出的过程中，只要涉及矿藏、石矿、水源等权利的，则这些权利均保留予批出实体。不过，土地的承批人可以对流经承批土地的水流进行利用，前提是不妨碍批出实体的有关权利。对于流经承批土地的水流方向，承批人不得进行阻碍或者改变。

第四章
澳门的土地流转制度

第一节　政府批地

一　概述

（一）政府批地及其程序

澳门的绝大部分土地均属于公有土地，批租制是该地区土地供应的主要方式，由特区政府根据地区经济社会发展需求投放土地，掌握土地进入市场的主动权。根据所有权归属的不同，澳门的土地可以分为公有土地和私有土地。在数量上，私有土地较少，其所有权可以自由买卖、移转；公有土地则占据绝大部分，土地使用权的出让主要为批租方式，在使用期限上通常为 25 年，期满可以续期，并缴纳相应的土地溢价金，但土地的所有权则永久地属于国家，并由特区政府控制。因此，政府在土地的批租上处于垄断地位。政府批地的方式主要有以下三种：其一，公开竞投，即政府划出某一块空置土地，对其面积、用途、底价进行规定，由符合条件的土地需求方进行公开竞投，出价最高者获得有关土地的使用权；其二，密封竞投，即在竞投过程中，政府将拟批出土地的位置、面积、用途等进行公布，但不透露底价，土地需求方通过密封标书竞投，有关土地使用权一般由出价最高者取得；其三，协议批租，即不通过竞投而通过洽商批出土地使用权，具体由土地需求方向政府主动申请某一地段的使用权，政府在多个申请者当中选择土地的承批人，通过磋商对有关土地的用途与价值加以确定，最终政府通过免竞投租借或租赁方式批出土地[①]。

---

① 启东：《澳门土地资源稀缺与房地产开发》，《中国市场》1998 年第 9 期。

（二） 批地方式的改革

在 1991 年之前，澳门政府在批出土地时主要采取协议批租的方式，由于此种方式具有非公开性，与市场的公平竞争原则相悖，导致该地区稀缺的土地资源被不合理地集中到少数人手中，未能发挥其应有的作用，从而引起社会上的不满。1991 年，澳门《土地法》修改后，对于商业性质用地，规定必须公开竞投批出方为合法。这一修改对于土地的批给活动产生了积极影响，从当年 11 月至翌年 4 月，在仅半年的时间里，澳门新口岸有 11 幅土地通过公开竞投的方式批出，涉及面积超过 5.7 万平方米，批地价格均高出底价数倍，共计成交价 38.5 亿澳门元。通过公开方式批出土地，不仅增加了批地收入，同时更有利于合理配置土地资源，赢得社会各界的认可。如今澳门可供建设的土地已经非常匮乏，土地批量从 1992 年开始越来越少，而该地区的生活、生产活动对土地资源的需求却有增无减。但是，长期以来，与香港的地价相比，澳门的地价总体上仍相对较低，因此保障了该地区房地产行业在较长一段时间内的稳定发展，对澳门的整体经济与社会发展状况均有所裨益①。

（三）《土地法》的规定

澳门《土地法》对土地的流转作出了以下规定：①对于不足正常建筑用途的零碎土地可予出售，前提是有关零碎土地应当和拟取得人拥有的土地相连，并且对于其他相连土地的所有人、承批人均没有可利用之处；②在处理都市性土地或者具有都市利益的土地的方式上，把不动产的租赁和长期租借制度相并列；③对于承批人所承批土地的面积规定了上限，但出于地区利益规定了一些例外情形；④对批租土地的租金调整进行了规定，同时明确了承租人的异议解决程序；⑤规定了土地批给的公开竞投程序，以及特殊情况下的免除公开竞投情形；⑥规定了政府对于不动产的租赁转为长期租借的权限；⑦规定了对加速土地利用有帮助的转租；⑧对于"纱纸契"土地问题，规定日后另行立法调整。

二　政府批地的类型

澳门的土地市场包括政府批地的市场和民间的土地买卖市场两类，与

---

① 　启东：《澳门土地资源稀缺与房地产开发》，《中国市场》1998 年第 9 期。

内地土地流转的一级市场和二级市场相似。在政府批地方面，土地的来源主要为空置地，即无主土地，其中一部分是诸如填海造地等通过人工方式取得的土地，一部分是诸如"纱纸契"土地等产权未明确的土地。在具体的批地类型上，政府根据法律规定，通过四种方式将土地批出用于商业开发建设。

（一）土地的出售

1. 澳门《土地法》规定的土地出售情形

根据澳门《土地法》第 29 条的规定，无主土地可用于出售。具体而言，第 30 条第 1 款规定，只有不足正常建设用途的零碎土地和长期租借或租赁方式批出土地可用于出售。其中，零碎土地可予出售的前提是有关土地和拟取得人拥有的土地相连，并且对于其他相连土地的所有人、承批人均没有可利用之处；长期租借或租赁方式批出土地可予出售的前提是有关土地和相连的私人土地组成一地段，并且其上已经建设了经核准的房屋。

在土地出售的具体制度上，根据《土地法》第 43 条的规定，零碎土地的出售无需经过公开拍卖；土地的买受人应当对有关土地进行利用，在合同规定期限届满后，或者合同未规定期限的情形中买受人取得土地超过 3 年后，买受人无法证明对有关土地进行利用的，该土地出售可予解除，且买受人对有关土地的改善无偿归于公有。其中，关于免于公开拍卖的方式，很容易造成主管官员的腐败，给一些人造成可乘之机。

2. 回归后政府出售土地条款的废止

值得注意的是，回归后，根据《澳门基本法》第 11 条第 2 款的规定，澳门特区的任何法律规范均不得与基本法相抵触；根据该法第 145 条第 1 款的规定，回归后特区原有法律规范继续生效，但与基本法相抵触的除外，具体是否抵触由全国人大常委会进行认定；根据《全国人民代表大会常务委员会关于根据〈中华人民共和国澳门特别行政区基本法〉第一百四十五条处理澳门原有法律的决定》第 4 条的规定，列于该法附件三的澳门原有法律中部分与《澳门基本法》相抵触的条款，不采用为特区法律，而该法附件三中对于澳门《土地法》中涉及出售土地的条款明确规定因与基本法抵触而不采用为特区法律。也就是说，回归后特区政府不能再以出售方式批出土地。

（二）土地的长期租借

1. 土地的长期租借概述

在进行土地的长期租借中，一般先进行 5 年以下的临时批租，承批人如果在规定的期限内完成土地的最低限度利用，且有关土地已进行地界的划分，则临时批租可以进行转化，批租变为确定性，承批人对有关土地的使用权成为一种无期限的权利。因此，对于承批人而言，在效果上，长期租借实际上与购买土地所有权相类似。从形式上看，澳门土地的长期租借和内地的国有土地有偿使用具有相近的思路，不过，由于长期租借对于使用期限并未限定，如果土地的使用条件不变，长期租借实际上更接近于有偿转让土地所有权。

长期租借土地的承批人应当缴纳相应的利用权价金和地租。其中，利用权价金的确定有标准的核算表，根据土地的位置和批出用途计算，在公开拍卖的场合则执行拍卖结果确定的价金；在支付方式上，应当在临时性批出合同签订前一次性付清；在招标程序中，投标者还应当缴纳相应的保证金，具体可以通过现金缴纳，也可以通过政府规定的银行担保形式缴纳。至于地租，则通过现金缴纳公库，从临时性批出之日起按年支付。

此外，关于租借的特别条件，澳门《土地法》第 48 条第 1 款规定，为维护地区利益或者第三方权利，租借批给的合同中应当引入溢价金等特别条件。至于溢价金的金额订定方式、程序、结算等，则由补充法例进行规定。溢价金的金额确定应当对有关土地的所处位置、批出用途、开发成本和利润加以考虑。根据该法第 33 条的规定，每一用地主体通过长期租借方式承批市区土地的面积上限为 0.5 公顷，承批郊区土地的面积上限为 2 公顷。

2. 土地长期租借的特点

与土地的租赁方式相比，土地的长期租借方式具有以下几方面的特点：

（1）从临时性批出到确定性批出，且临时性批出具有期限的限制。

根据澳门《土地法》的有关规定，在土地的长期租借程序上，应当先通过临时性批出，再转为确定性批出。在失效的法定条件上，根据该法第 166 条的规定，长期租借中的临时性批出，其失效的法定条件与都市性土地或具有都市利益的土地的临时租赁之法定失效条件相同。在期限上，根据该法第 44 条的规定，长期租赁中的临时性批出期限一般不超过 5 年，具体根据土地的特征确定。

（2）转长期租借与地租赎回之禁止。

根据澳门《土地法》第 45 条第 2 款的规定，对于长期租借的土地，转长期租借和地租的赎回均不为法律所容许。

（3）部分长期租借土地具有实际使用期限。

除了长期租借中的临时性批出具有不超过 5 年的期限之外，对于长期租借中的确定性批出，澳门《土地法》并未规定其使用期限，因此长期租借的土地一般不具有使用期限的限制，类似于永久租赁。但是，在《中葡联合声明》签署后，根据其附件二中的有关规定，澳葡政府当政期间批出的土地使用权续期年限不得超过 2049 年 12 月 12 日，因此，对于当时批出的一部分长期租借的土地，实际上规定了期限限制。

（4）承批人需缴纳利用权价金和地租。

根据澳门《土地法》第 46 条的规定，长期租借土地的承批人应当缴纳相应的利用权价金和地租。其中，利用权价金实际上是土地使用权的对价，按照核算表或者拍卖结果计收。地租实际上是年租，政府基于其土地所有权人代表地位而长期收取土地收益，按年向承批人收取相应的金钱。不过，长期租借土地的地租和以租赁方式批出土地的租金有所不同，长期租借土地的地租主要是通过少量金钱的逐年收取来体现政府作为土地所有权人代表的地位，更多的是一种象征意义[①]。

（三）土地的租赁

1. 土地的租赁概述

通过租赁方式批出土地时，与土地的租借方式类似，均需要经过临时性批出，待规定期限内完成有关土地的最低限度利用，且土地划分已经确定后，再转化为确定性批出。在土地的租赁中，承批人除了需要遵守相应的法律规定之外，也需要对租赁合同的各项规定予以遵守。在一般情况下，不得对租赁的土地进行分组或转租，除非被认定为对承批土地的利用有加速作用。此外，如果承批人曾向信用机构进行长期或中期借款，后又不遵守对该

---

① 韩旭至：《澳门土地批给制度研究——以"两种土地批出方式"为视角》，《湖北第二师范学院学报》2011 年第 10 期。

信用机构所承担的义务，则为了推动和加速对承批土地的利用，可以将有关土地转租给该信用机构。

在租金方面，通过租赁方式取得土地使用权的承批人应当缴纳租金，租金按年计算，至于具体的支付则可根据补充法例的规定按月支付或者提前支付。在具体的金额上，根据公开竞投的结果确定，或者由行政长官订定，并在租赁合同上予以记载。在出现法定情况，如租期届满、分租等情形时，租金的金额可以进行调整。

在租赁期限上，与长期租借制度不同，租赁土地的使用权具有期限限制。根据澳门《土地法》第54条的规定，租赁期限的上限为25年，具体的租赁期限应在批给文件中载明；租赁期限届满的，可以进行续期，但每次续期的上限为10年；租赁期限，包括其后的续期，可以进行分段处理，以配合租金的修订。此外，根据《中葡联合声明》附件二中的有关规定，澳葡政府当政期间批出的土地使用权续期年限不得超过2049年12月12日，因此有关的租赁合同续期的年限应受相应限制。

在租赁土地面积上，根据澳门《土地法》第34条的规定，在租赁方式的批地中，同一主体可以获得的批地面积每次上限为2公顷，合计上限为10公顷，且与批出地段的具体分类无关。之所以规定租赁土地的面积上限，乃是出于避免市场垄断的目的。

此外，土地的租赁中还存在一种例外情形，即土地的无偿批出，承批人无须缴纳任何费用，但是不得将承批土地进行转让、转租，除非获得土地委员会的许可。在缴纳使用权价金、地租或者租金后，土地的无偿批出可以转化为有偿批出。无偿批出土地的承批人一般是公益性社会团体，包括学校、慈善机构以及其他非营利性社会团体。土地无偿批出后，如果承批人不按照批出目的、批出期限使用有关土地的，则无偿批出将失效。

通过租赁方式批出的土地，原则上可全部或局部转为租借方式，但在以下情况下不能转变为租借方式：①租赁地段面积在市区内超过0.5公顷，或在市郊超过2公顷；②有分租情况存在；③未按批给目的将地段全部利用。

2. 不同地段以租赁方式批出的特点

澳门《土地法》把以租赁方式批出土地分为都市性土地或者具有都市利益的土地、农用土地以及无偿批出的土地三种类型。

（1）都市性土地或者具有都市利益的土地。

都市性土地或者具有都市利益土地的租赁具有以下几方面的特点①：

其一，土地的租赁与土地的租借方式类似，首先为临时性批出，待规定期限内完成有关土地的最低限度利用，且土地划分已经确定后，再转化为确定性批出。不过，与土地的租借方式不同，关于租赁土地临时性批出的具体期限，法律并未作出明确限制。

其二，与土地的租借方式不同，通过租赁方式批出的土地在特定条件下可以进行转租。根据澳门《土地法》第50条的规定，仅在以下两种情况下可以对租赁的土地进行转租：一是土地的转租被认定为对承批土地的利用有加速作用；二是如果承批人曾向信用机构进行长期或中期借款，后又不遵守对该信用机构所承担的义务，则为了推动和加速对承批土地的利用，可以将有关土地转租给该信用机构。其中，第二种情形实际上是将土地的转租作为债务人向信用机构履行债务的一种方式。实际上，上述两种情形最终都是为了加速批出土地的利用。

其三，土地的租赁具有期限限制，根据澳门《土地法》第54条的规定，租赁期限的上限为25年，具体的租赁期限应在批给文件中载明；租赁期限届满的，可以进行续期，但每次续期的上限为10年。

其四，都市性土地或者具有都市利益的土地之租赁实行年租制。在政府批地的类型中，存在年租制和批租制两种类型。其中，批租制是指政府将土地使用权批出后，一次性收取批地期限内的全部租金；年租制则是指政府在将土地使用权批出后，并非一次性收取全部租金，租金将按年进行计算。在澳门，政府批地既有批租制也有年租制，一般情况下是批租制，对于都市性土地或者具有都市利益的土地则采用年租制。

其五，与其他的批地方式不同的是，都市性土地或者具有都市利益的土地在通过租赁方式批出后，可以转为长期租借。不过，根据澳门《土地法》第58条的规定，只有以下两种法定情形的土地租赁可以转为长期租借：一是用于并入已经批出地段的土地；二是有关土地和拟长期租借土地相连，并且对于其他相连土地的承批人均没有可利用之处的不足正常建设用途的零碎

---

① 韩旭至：《澳门土地批给制度研究——以"两种土地批出方式"为视角》，《湖北第二师范学院学报》2011年第10期。

土地。

（2）农用土地。

根据澳门《土地法》第 60 条的规定，对于农用土地的租赁，除该法特别规定之外，均使用都市性土地或者具有都市利益的土地之租赁制度。其中，农用土地的租赁在以下两方面与都市性土地或者具有都市利益的土地之租赁制度存在差别[①]：

其一，在租金方面，农用土地的租金制度名义上是年租，但其与都市性土地或者具有都市利益的土地实行的年租制并不相同，根据澳门《土地法》第 61 条第 1 款的规定，农用土地的年租应当一次性缴纳，因此实际上实行的是批租制。与都市性土地或者具有都市利益的土地相同的是，根据该条第 2 款的规定，在租赁合同的每一段期限届满时，农用土地的租金也应当进行相应的修订。

其二，在租赁期限上，农用土地的租赁期限相对较短。根据澳门《土地法》第 61 条第 3 款和第 4 款的规定，农用土地租赁期限的上限为 15 年，而每次续期的上限为 2 年，相比于都市性土地或者具有都市利益的土地 25 年的租赁期限上限和 10 年的每次续期上限，农用土地的租赁年限和每次续期年限均明显较短。

（3）无偿批出的土地。

根据澳门《土地法》第 64 条的规定，所谓土地的无偿批出乃是承批人无须缴纳任何费用还能够租赁的特殊合同。土地的无偿批出具有以下两个特点[②]：

其一，承批主体的特殊性。根据澳门《土地法》第 40 条的规定，只有地方自治团体、法律承认的宗教团体以及公益法人能够成为无偿批出土地的承批人，也就是说，无偿批出土地的承批人应当具有公益性。

其二，限制条件较为严格。由于性质上的特殊性，无偿批出土地的限制条件也比较严格。一是在土地权利的负担设定以及土地权利的转让上，根据澳门《土地法》第 65 条第 2 款的规定，必须经过批出实体的许可，承批人

---

① 韩旭至：《澳门土地批给制度研究——以"两种土地批出方式"为视角》，《湖北第二师范学院学报》2011 年第 10 期。

② 韩旭至：《澳门土地批给制度研究——以"两种土地批出方式"为视角》，《湖北第二师范学院学报》2011 年第 10 期。

方可进行上述设定和转让行为；二是在批地面积上，根据该法第 67 条的规定，无偿批出土地的面积除了受该法关于租赁土地面积的限制之外，还应当严格限制在能够达成预期目的所需的范围内；三是在效力上，根据该法第 68 条的规定，如果无偿批出土地的使用与其批出目的相偏离或者未能达成批出目的，或者在指定期限内未能完成有关利用，则无偿批出将失效。此外，根据该法第 66 条的规定，土地的无偿批出可以转为有偿批出。

（四）通过准照占用土地

通过准照占用土地，也称土地的临时占用许可，指针对临时使用土地的情况和不宜设置永久权力的土地，由政府发放准照，许可用地人临时使用有关土地，具体的情形可以是建设工程中原料与器材的临时堆放地、矿石采掘地等。通过准照占用土地，应以租赁合同作为基础，而合同的任何一方均可以提前 60 天通知对方解除合同。土地的临时使用期限为 1 年，用地人需要续期的，应当在期限届满前 60 天内申请续期，否则期满后准照将自动失效。在租金方面，通过准照占用土地，根据租赁合同的约定支付租金。在续期时，租金及土地的占用条件均可进行修订。在通过准照占用的土地上进行建设时，所建的建筑物或设施仅限于临时性质。在占用面积的限制上，通过准照占用的土地作为探石场的，同一主体占用面积上限为 1 公顷，如果通过准照占用土地用于其他用途的，则同一主体占用面积上限为 0.5 公顷。

三 政府批地的程序

（一）政府批地的一般程序

在土地的批给上，澳门政府一般通过公开竞投、密封竞投、协议批租的方式进行。

早在 1965 年，《土地占用及批给章程》对于政府批地明确规定应以公开竞投为原则；1973 年，《土地竞投法》再次明确这一批地原则。然而长期以来，澳门政府的批地方式均以协议批租为主。此种批地方式由于缺乏透明度，导致批地过程中容易产生不公正现象，甚至导致批地过程中出现其他流弊。1991 年 7 月，澳门政府曾修改有关法规，明确规定，凡是商业性用地均须通过公开竞投批出，同年 10 月也对《土地竞投法》进行了修改完善。上述两项举措在澳门批地程序以及土地市场的规范方面均有积极作用。然而在实践中，如果开发商无意参加土地竞投，实际上政府仍会以协议批租方式将土地批出，这样就很容易造成官员腐败问题[①]。

长期以来，特区政府的土地批给流程不够透明，很多土地批给没有充分的合理理由，《土地法》和土地委员会在维护公众利益方面较难起作用。澳门社会需要的不但是完善的城市规划法，更需要一部完备的土地规划法，让土地批给程序透明，让土地规划受限制，长期而言更要建立土地储备制度，基本保证澳门特区的可持续发展。

（二）公开竞投的免除

1. 土地出售中的情形

以出售方式批出中，《土地法》第 43 条第 1 款规定："按第三十条第一款所指条件出售零碎地段者，免除公共拍卖。"

2. 土地长期租借中的情形

以长期租借方式批出中，根据《土地法》第 47 条第 2 款的规定，以下情况的土地批出免除公开竞投：一是土地的租赁转为长期租借；二是土地的批出由无偿转为有偿；三是移转原来临时批出所衍生的状况；四是批出不足正常建设用途的零碎土地，前提是有关土地和长期租借土地相连，并且对于其他相连土地的承批人均没有可利用之处。

3. 土地租赁中的情形

以租赁方式批出都市性土地或者具有都市利益之土地的，根据《土地法》第 56 条第 2 款的规定，符合以下情况的土地批出应当免除公开竞投：一是续期；二是无偿批出转换为有偿批出；三是移转原来批出所衍生的状况；四是批出不足正常建设用途的零碎土地，前提是有关土地和申请人已租赁土地相连，并且对于其他相连土地的所有人及承批人均没有可利用之处。以上四种乃是强制免公开竞投的情形。此外，该法也规定了可选择免公开竞投的情形，根据该法第 57 条第 1 款的规定，以下情况的土地批出可以免除公开竞投：一是被认为对地区发展建设有利；二是用于建造供公益社团或房屋合作社的社员居住的房屋；三是用于建造供自治团体和行政公益法人的人员（现职与退休）居住的房屋。

以租赁方式批出农用地段的，《土地法》第 62 条第 2 款规定："下列情

况免除公开竞投：a）续期；b）死因移转原来批出所衍生的状况。"

此外，根据《土地法》第 141 条的规定，土地的无偿批出也免除公开竞投程序。

（三）批地的具体程序

根据澳门《土地法》的规定，土地的批出程序可以分为土地的新批给程序和批给的修改程序两部分。

1. 土地的新批给程序

土地的新批给程序，具体又包括普通程序和特别程序。土地新批给的普通程序适用于土地的有偿批出。申请人先向土地行政主管部门申请，由其取得相关部门的意见后决定土地批出。土地行政主管部门决定批出土地后，立即组织对批出地段临时划界，并订出批地合同条件。如果该地段批出依照土地法需要公共拍卖的，将组织公共拍卖，以便响应合同条件。当申请人接受合同后，土地行政主管部门将案卷交有关部门审查同意后，再送交行政长官批示并在特区公报上公布。

土地的无偿批出则适用于土地新批给的特别程序。根据澳门《土地法》第 141 条规定，无偿批出由申请人向行政长官申请，由行政长官决定是否批出。土地的无偿批出无需进行公开竞投。

值得注意的是，在土地的长期租借以及土地的租赁程序（无偿批出除外）中，澳门《土地法》设置了临时性批出和确定性批出。首先由土地的需求方提出申请，有关手续履行后，法定机关报行政长官初端批示；经行政长官批准后，将地段临时划界，随之进行或不进行公共拍卖。此后，法定机关再将批地案卷送请行政长官审核，由其决定此项批给及应遵条件，并订定临时性批给的期限。随后，土地的批给决定将送达出价最高的申请人，由其在法定期限内对是否接受批给作出声明。如果被送达人接受批给，批示将在政府公报内刊登后，被送达人获得对该地段的临时性批给。临时性批给的期限根据批出土地的特征而定，承批人如果在规定的期限内完成土地的最低限度利用，则临时批租可以进行转化，批租变为确定性。此种制度可以称之为"分阶段批给程序"。

2. 批给的修改程序

批给的修改，包括土地用途的修改或土地利用的更改。由于土地的用途及利用都是行政部门批出土地时应考虑的要素，故当发生改变时，行政部门当初决定批出土地的基础亦改变，因而有必要重新检视，故土地用途及利用的更改需要得到批出实体的许可。

根据澳门《土地法》第 107 条的规定，土地用途的修改或土地利用的更改均必须获得行政长官的许可。对有关修改或更改请求适用自由裁量，并将以下情形纳入考量：一是修改后的用途与原来的用途是否属于同一行业；二是用途修改后是否有益于地区发展；三是申请人已履行的负担；四是修改用途的申请是否有投机意图；五是修改后的利用和现行的规章以及都市性计划是否抵触。

第二节　民间土地交易

一　澳门民间土地交易概述

有关澳门土地交易的统计资料和相关论述中，关于民间土地交易的资料相对较少。不过，对于政府批出的土地可以变更业权人，相应的土地权利能够实现流转，因此实际上澳门民间土地交易大部分都是以变更业权人的形式来进行的。一般而言，在此类土地交易中，土地使用权的价格和政府批地的价格相近。

同时，在房屋的交易过程中，附带在房屋上的土地使用权也相应地转移，因此，这种地随房走的形式可以理解为土地使用权的转租，也属于民间土地交易的一部分。

另外，根据澳门《土地法》第 76 条和第 77 条的规定，本地区无主土地可以和私人实体与公共实体的土地进行交换，具体进行交换的无主土地可以将所有权进行交换，也可以根据用途通过长期租借、租赁或者准照批出。因此，澳门政府除了进行土地的单方面批给之外，也能够和私人进行土地交换，虽然在交换的过程中也采用政府批出地的方式，但是实际上类似于政府与私人作为平等的民事主体进行土地交易。不过，在私人所取得土地的价值超过其让出土地的价值时，获得土地的私人仍应通过价金或租金的方式补足差价[1]。

---

① 谭纵波、董珂：《澳门土地利用与规划体制研究》，《城市规划》1999 年第 12 期。

二 私有土地交易

对于私人业权土地,《澳门民法典》和《澳门基本法》均保障私有财产的取得、使用、处理和继承的权利,例如,《澳门基本法》第 6 条规定:"澳门特别行政区以法律保护私有财产权。"第 103 条规定:"澳门特别行政区依法保护私人和法人财产的取得、使用、处置和继承的权利……"

因此,澳门私有土地的所有权和使用权可以在市场上自由买卖。

三 批给土地交易

承批人在通过批给或占用许可取得土地的使用权后,可以将其进行转让,具体的转让包括更换和转移两种类型:更换是指从土地临时划界后,至临时批给合同签订前进行的转让;转移是指临时批给合同签订后的转让,也是严格意义上的土地使用权转让。对于政府批给的土地,在民间进行土地交易存在一定的限制。

根据澳门《土地法》第 142 条的规定,程序当事人的替换及批出所衍生状况的移转,应当具备以下原因:一是合伙;二是生前自愿进行的有偿或无偿的替换或者移转;三是法院的执行;四是死因承继。根据该法第 143 条的规定,程序当事人的替换及批出所衍生状况的移转,均应事先获得批给人的许可,否则有关移转不发生效力,但土地的租借或租赁在确定性批给的情况下进行转移的,无须经过批给人许可。

因此,凡向政府承批得到的土地,倘若该批给土地未被完全利用,即土地批给属于临时性的,则关系人不可以更换,权益不可以转移,也就是说,不能以更换关系人的方式在私人中买卖该地,但事先得到澳门政府许可的除外。至于完成利用的认定,根据澳门《土地法》第 106 条的规定,临时性批出的土地,以兴建住宅、工商业房屋为用途的,完成批准图则载明的建筑物内外工程,且履行了管制批给的特别负担后,视为土地利用的完成;临时批出的土地,以农业为用途的,完成批出土地的全部开垦或耕种后,视为土地利用的完成。完成利用后,租借或租赁的批给已经具有确定性,因而有关土地权益的转让可以免除事先许可,批地关系人可以自由转让,当然,有关受让人仍需履行原合同所规定的条件。

此外，通过准照占用的土地以及无偿批出的土地，其使用权也不得转让。

第三节　澳门的土地溢价金制度

一　溢价金的制度背景

政府土地批给优先考虑对澳门整体城市及经济发展有推动作用的申请。如土地修改用途，法例规定须征收溢价金。批出土地的溢价金主要是按照有关法律计算，能推动产业发展并带动澳门整体经济发展的项目，将作出个别优惠的适当考虑。《土地法》明确规定了批给利用期限、相关罚则，以及申诉机制等。至于改变用途的问题，具社会慈善用途的土地批给项目，批出时不会考虑修改用途，遇到特别的个案，按实际情况考虑，但这种情况很少出现。相反，一些具经济价值的项目，政府均以《土地法》规定征收溢价金（即补地价），法例亦规范改用途土地的溢价金征收事宜。

凡是政府地采用批给发展商使用的办法，则土地承批者在取得土地的同时，需要缴纳一笔款项，称批地溢价金。其金额的计算按照《批地溢价金的订定方法》所列的计算要素和方程式进行。

《批地溢价金的订定方法》第2条规定了批地溢价金额的计算要素，包括：①土地坐落点；②批地用途；③建筑物层数；④建筑面积，并考虑其使用方式及用途；⑤财务负担；⑥工程计划及监察工程的成本；⑦土地的利用或再次利用；⑧批地制度。

二　溢价金制度的不足

事实上，不少发展商已经把握时机，对长期未有真正履行发展义务的土地纷纷提出转用途的要求。虽然在现行的《土地法》中明确写明，政府有责任"设法确保所批出地段能被有效地利用，以消除投机手段"，而该等手段往往以申请改变用途作掩饰。政府也一直强调，回归后从未直接批出土地作为商住楼宇的兴建用途，全都是以修改合同的方式进行。大量修改发展合同的申请，反映出大部分发展商根本没有履行原来的发展承诺，而是抱着投机的心态"霸地"。基于法律制度的不断发展，通过股东转换、股票买卖和股权转让等五花八门的财技手法，《土地法》中有关转让的限制，早已名存实亡。对于任何形式的转让，都必须考虑对当时的审批决定的影响和项目的发展落实情况等因素。

虽然特区政府在 2007 年曾经对法规进行修订，溢价金提高了约 1/3，但仍与目前的市场价有一段颇大的距离，仍然有一些未能与时俱进且间接令公众利益受到侵害的条文规定，一是对工业用途属第一次批给并作为自用的申请，以及第二次批给即土地再发展或租赁合同修改等申请，溢价金只作纯利的 20% 计算，比原本的 40% 还要低一半；二是基于过往认定了酒店没有太大的市场价为由，酒店的溢价金是以单一价格计算的。

"回顾 20 世纪七八十年代，澳门的工业发展正是受惠于同样的土地政策，不少工业用地被批出，但后来澳门经济出现了结构性的转型，大量工业楼宇被空置至今。可以预见，在目前的倾斜政策下，发展商势必要求新批地及修改租赁合同，一窝蜂地兴建酒店旅游设施。为免历史重演，受到政策倾斜而获得土地发展权的项目，土地年期不应太长，且不能自动续期，政府更须视乎澳门的经济发展状况，重新考虑土地是否得到最有效的利用和为澳门的可持续发展发挥作用，要考虑强制性收回再作发展，以配合不同的经济发展周期。

在现时的法律制度下，相关部门对土地使用项目申请只会作出简单的经济预测，并未有较为详细的经济分析。例如，并没有结合澳门的行业发展作出整体性和相关性的经济分析，也没有与经济发展多元及就业市场的人力资源需求等因素结合考虑作出分析，只是简单地预测发展此土地对澳门的旅游业是否有利，或对澳门的经济发展有何长远益处，这是远远未为足够的。"[1]

另有议员认为，政府应适时修订《土地法》，清楚界定租借土地续期的期限，为批给合约的自动续期增设附加税项。除了妨碍经济发展，多名议员指出，批给土地延迟开发更会衍生市容、环境卫生等问题，期望政府加紧整治，以免影响城市景观。一些议员建议政府与时俱进，严格规范转让行为。溢价金的计算方式和结果是否体现公平和市场价，一直受到社会关注。政府

① 李从正：《全面检讨土地批给制度》（上），《澳门日报》2008 年 5 月 14 日莲花广场版。

应设法收回闲置土地，对于受政策倾斜照顾的行业，政府在履约批给土地的同时，必须审慎考虑该项目对土地发展面积的要求是否合理，而且不能只从经济角度考虑，更要从民生角度出发。

三 溢价金的第三次修订

为适应澳门房地产的最新发展，特区政府对批地溢价金的计算标准不断进行检讨与调整，于 2004 年、2007 年分别对土地溢价金作出修订，并在 2010 年开始第三次溢价金修订工作，新的溢价金计算标准于 2011 年 11 月 1 日开始实施。根据新的溢价金计算标准，批地溢价金在各种土地批给类型中有不同程度的提升。其中，高层住宅用途的土地溢价金升幅超过 90%，成为涨幅最大的类型，而其他用地类型的土地溢价金也有不同程度的涨幅，具体从 30% 到 50% 不等。

（一）各类土地溢价金调整情况[①]

根据第 328/2011 号行政长官批示，对《批地溢价金的订定方法》各附表、附件内容进行修订，调整批地溢价金的计算标准，其中，住宅、商业、酒店、私人停车场、工业、办公室等用途的建筑成本、价值、批地溢价金均有不同程度的提升。就批地溢价金而言，高层住宅用途的土地溢价金涨幅最大。各类土地溢价金的具体调整情况如下：对于住宅用途的涨幅最大，对于低层住宅（1～7 层），土地溢价金上涨幅度为 50%，对于高层住宅（高于 7 层），土地溢价金上涨幅度更是达到 93%；对于商业用途的土地，溢价金上涨幅度约 35%；对于酒店用途的土地，溢价金上涨幅度为 35%；对于私人停车场用途的土地，溢价金上涨幅度为 40%；对于工业用途的土地，溢价金上涨幅度在分层所有权制度的项目中为 50%，在单一所有权制度的项目中为 53%；对于办公室用途的土地，溢价金上涨幅度约 34%。

（二）区分高、低层计算以反映楼宇真实价值[②]

由于楼宇建筑成本和价值的上调，住宅用途的批地溢价金亦有相应的

---

① 《新批地溢价金明起生效 高层住宅用途土地溢价金升九成》，新闻局，http：//www.gcs. gov.mo/showCNNews.php？DataUcn＝57156&PageLang＝C。

② 《新批地溢价金明起生效 高层住宅用途土地溢价金升九成》，新闻局，http：//www.gcs. gov.mo/showCNNews.php？DataUcn＝57156&PageLang＝C。

调升。其中高层住宅的土地溢价金升幅超过 90%，造成这一现象的主要因素则是引入分级制的住宅楼宇价值计算方式。虽然根据原有法例，高低层分级计算的方式在住宅楼宇的建筑成本中已经有所体现，但是在住宅楼宇的价值方面，则未采用这一分级制度。在此次土地溢价金有关制度的修订过程中，基于近年来建成的高层楼宇和低层楼宇在价值上差距甚大，为反映楼宇的真实价值，有意见建议应当参考建筑成本的计算方式，对住宅楼宇的价值计算分高层住宅和低层住宅两个级别，其中高层住宅是指高于 7 层的住宅，低层住宅则是指 1~7 层的住宅。在本次修订中，在建筑成本方面，低层住宅楼宇提升了 24%，高层住宅楼宇则提升了 30%；与此相应，在住宅楼宇价值方面，低层住宅楼宇提升了 39%，高层住宅楼宇则提升了 63%。

此外，在商业楼宇方面，低层商业楼宇的建筑成本提升了 24%，高层商业楼宇的则提升了 30%，二者在楼宇价值上均提升了 31%；在办公用途楼宇方面，楼宇价值维持在商业楼宇价值的 60%；在私人停车场方面，建筑成本提升了 20%，价值提升了 28%；在工业用途楼宇方面，分层所有权制下的楼宇建筑成本提升了 33%、楼宇价值提升了 38%，单一所有权制下的楼宇建筑成本提升了 29%、楼宇价值提升了 36%。

（三）综合考虑多种因素，以贴近市场价格[①]

通过此次土地溢价金的修订，特区政府希望能够反映出物业的现实价值和土地溢价金的关系。为对土地溢价金进行检讨以使其金额与市场价格更加贴近，特区政府对土地溢价金的计算建立了恒常检讨机制，向业界、专业评估机构定期收集楼宇的有关数据，包括楼宇建筑成本和价格，根据收集到的数据适当修订土地溢价金的计算标准。此前，特区政府已于 2004 年、2007年分别修订了土地溢价金的计算标准，2010 年又开始第三次修订工作，全面检讨土地溢价金的计算标准。

具体而言，在修订的过程中，土地工务运输局向财政局、统计暨普查局、地产业界等收集了澳门不同用途的楼宇如住宅、商业、私人停车场、工业、办公室等的建筑成本及价值的有关材料，委托两家投资公司对不同

---

① 《新批地溢价金明起生效 高层住宅用途土地溢价金升九成》，新闻局，http：//www.gcs. gov. mo/showCNNews. php？ DataUcn = 57156&PageLang = C。

用途楼宇的建筑成本、价值进行评估，收集澳门最新的街道评级报告，根据以上材料进行研究分析，从而制定出新的溢价金计算表。为使土地溢价金的计算标准与市场价格更加贴近，在未来的《土地法》修订中，土地溢价金的计算也将予以调整，综合考虑多种因素如通货膨胀指数、上一次公开竞投的判给价，以及土地位置、用途、融资成本、建筑成本和楼宇价值等。

（四）修订生效前已核准的有效图则仍适用旧溢价金制度[①]

在此次土地溢价金的修订中，包括青洲、石排湾、北安、九澳高顶马路等区份的街道级别也得到提升，因此，上述区份的土地溢价金也会相应提升。新的土地溢价金制度于 2011 年 11 月 1 日起生效，在此之前已经获得核准的建筑计划和初研方案案卷仍适用于旧溢价金制度，除非有关图则已经超过批示期限。

四 未来溢价金制度的完善

正如土地工务运输局长贾利安所表示的，为了令溢价金尽量贴近澳门房地产市场的发展，政府以恒常机制持续检讨和调整《批地溢价金的订定方法》的附表及附件内容，定期向业界、专业估价机构及政府相关部门收集楼宇建筑成本及价格数据，并根据有关数据对溢价金计算的重要参数作出必要的修订。另外，政府也聘请不同地区的专家学者检讨现行溢价金制度，以及提供短、中期及长期的优化方案，包括如何能更全面地考虑溢价金计算的参数，尤其是通胀指数、公开招标的判给价、土地坐落位置、楼宇用途、建筑成本、楼宇价值，以及融资成本等，并作出分析和建议。专家学者提出可行建议，完善溢价金制度所需要的配套要求和条件，以及短期、长远优化溢价金的制度。政府亦将结合专家学者的意见和澳门实际情况，综合研究修订批地溢价金计算方式，使溢价金能反映现实状况，响应社会诉求[②]。

[①] 《新批地溢价金明起生效 高层住宅用途土地溢价金升九成》，新闻局，http：//www.gcs. gov. mo/showCNNews. php？ DataUcn＝57156&PageLang＝C。

[②] 《修改土地法完善溢价金制度》，《澳门日报》2012 年 3 月 24 日。

第四节　土地批租下的澳门土地基金

作为重要的生产要素，土地资源在生产的过程中能够产生相应的经济收益，而土地收益的分配对于土地的利用以及土地市场均有影响，特别是由政府进行土地供应时，土地收益分配的作用更值得研究。其中，澳门的土地基金制度可谓一个典型实例。

一　土地基金概述

（一）土地基金的性质

在类型的划分上，一般情况下基金包括公益性质的基金和投资性质的基金两种类型，前者的主要目的是发展公益事业，后者的主要目的则是取得投资收益。就土地基金的性质而言，由于其运营要素为土地，因此具有一定的特殊性，在土地基金的运营过程中，既体现出公益性质，同时又包含投资成分，属于公益性的投资基金。对土地基金性质的界定，直接关系到其设置、组织、监管，对融资结构和收益的分配也有决定作用，因此，土地基金的性质成为设立土地基金的关键问题。以内地为例，在土地制度上实行土地的所有权与使用权分离，在法定范围内，政府对土地享有占有、使用、收益、处分的权利。土地基金作为专门资金，对于土地的合理开发以及城市公共基础设施建设均有促进作用，在投资体制日益完善的背景下，未来有必要设立投资性的土地基金，不过在目前的情况下，公益性的土地基金仍应优先发展①。

（二）土地基金的来源

在资金的来源上，土地基金具有多种来源，主要包括以下三种形式：一是政府拨款，例如，澳大利亚、苏格兰、危地马拉的土地基金，其主要来源均为政府拨款；二是土地收益，例如，澳门、香港的土地基金，以及美国的永久土地基金，其主要来源均为土地收益；三是基金本身的盈利，

---

① 中国土地勘测规划院地政研究中心课题组：《留一份资金给未来——国内外土地基金制度运行实践及其启示》，《中国土地》2007 年第 2 期。

例如，澳大利亚土地基金（2004 年以后），其主要来源即为自身盈利。在这三种土地基金来源类别中，以土地收益作为土地基金主要来源更具优越性。首先，政府拨款毕竟是一种短期行为，不同时期政府的不同行为可能会对土地的利用以及土地收益的分配带来不利影响，如果以土地收益作为土地基金的主要来源，则由于其在时间上具有延续性，可减少上述不利影响；其次，以土地收益作为土地基金的主要来源，对于基金来源的持续性更有保证；最后，从土地开发与整理的角度看，积累不同时期的土地收益，再用于土地的开发与整理等项目，对于有关重大项目的实施有资金的支持作用[1]。

在土地基金的收集渠道上，存在不同意见，一是发行土地债权，通过投资的方式建立土地基金；二是通过政府拨款、政策性贷款组成土地基金；三是成立土地银行，由土地银行对土地基金进行运作。其中，第一种意见所指的土地基金实际上是投资型基金，以获取投资收益为目的，与土地基金以公益性质为主的特点不相符，不过，在投资体制完善后，有必要设立投资性的土地基金，不过在目前的情况下，公益性的土地基金仍应优先发展；第二种意见则受限于政府拨款的有限性，不利于土地基金的持续性；第三种观点由于需要设立土地银行作为新的银行形式，在已有的体制下存在较大难度。因此，目前土地基金的来源主要还应当是土地收益。

（三）土地基金的功能

从功能上看，土地基金具有以下几方面的功能：其一，在一定程度上代替政府行使有关职能，包括管理土地资产，以及土地市场的培育与规范等；其二，有利于城市建设资金的积累，能够长期有效地对基础设施建设发挥促进作用；其三，对土地收益分配的合理进行具有积极意义，例如，在分配时间上能够保证延续性；其四，对于城市规划的落实以及土地资源的配置效率的提高均有所帮助。以内地为例，近年来在部分地区开展的土地收储工作，对相应的资金需要长期大量占用，而土地收益基金的设立则能够为其提供资金的来源，对于政府在土地的整理、收购、储备方面的能力均有保障，基金内部的自循环对于政府的资金压力也有所减轻。在内地，通过将土地收益归

---

[1] 中国土地勘测规划院地政研究中心课题组：《留一份资金给未来——国内外土地基金制度运行实践及其启示》，《中国土地》2007 年第 2 期。

入土地基金，对于部分地方政府在土地管理中的短期行为，如土地的过度开发、寅吃卯粮等，也有一定的防止作用①。

（四）土地基金的管理

土地基金的管理包括基金的运作管理和基金的使用管理两方面，根据二者之间的关系，可以分为以下两种管理模式：一是土地基金的运作管理和使用管理相分离，由各自独立的组织机构分别负责，大部分国家的土地基金均按照这一模式进行管理；二是土地基金的运作管理和使用管理合二为一，同一机构对基金的运作和使用进行统一管理，例如，美国的永久土地基金。在管理组织上，土地基金的管理组织和政府的土地管理部门相互独立，因此能够使土地的经营活动和政府的土地管理职能相分离。根据国外的实践经验，在土地经营行为中，通过土地基金对经济主体进行扶持，能够最大限度地减少政府对有关经营活动的行政干预，对于土地市场功能的发挥以及土地资源的配置均有积极作用②。

二 回归前的澳门土地基金

在澳门，土地基金的性质完全是公益性质，其设定乃是基于特殊时期的特定目的。根据 1987 年 4 月 13 日签署的《中葡联合声明》，从其正式生效之日起至 1999 年 12 月 19 日，通过土地新批以及续批而取得的各项收入，澳葡政府需要在扣除土地开发的平均成本之后，将有关收入与回归后的特区政府平分，在特区政府成立之前，中葡土地小组的中方代表将代为管理属于特区政府的土地收入，具体则在澳门境内以"澳门特别行政区政府土地基金"的名义开户存款。在土地基金的管理中，中葡土地小组的中方代表坚持稳健、低风险、高回报率的原则，对澳门人民以及未来特区政府的利益进行了维护。在管理的透明度方面，专门聘请核数师于每年的第一季度对土地基金进行核数，并向澳门社会公布核数后的资产。澳门土地基金设立投资委员会、咨询委员会，对澳门各界的意见进行收集，积极寻找投资增值机会，保障土地基金在保持低风险的情况下获取最大经济效益。例如，在 1997 年

---

① 中国土地勘测规划院地政研究中心课题组：《留一份资金给未来——国内外土地基金制度运行实践及其启示》，《中国土地》2007 年第 2 期。

② 中国土地勘测规划院地政研究中心课题组：《留一份资金给未来——国内外土地基金制度运行实践及其启示》，《中国土地》2007 年第 2 期。

亚洲金融风暴中，通过研究利率走势，并向国际知名金融专家进行广泛咨询，于当年第四季度至次年上半年购买部分收益好、信用评级高的债权，在存款上也进行了精心的运作，至 1999 年，澳门土地基金达到了 101.85 亿澳门元的总值，而历年的土地收入在其中占 69.12 亿澳门元，其余的 32.73 亿澳门元均为土地基金管理中取得的利息与投资收益。土地基金对于澳门居民和特区政府均有重大意义，据悉，101.85 亿澳门元的土地基金总值相当于澳葡政府年财政收入的两倍；回归时，澳葡政府留给特区政府的储备金也仅有 8 亿澳门元。

澳门土地基金咨询委员会成立于 1994 年 11 月，组成人员包括澳门各界知名人士共计 27 人。该委员会的具体职责包括：承担土地基金进行重大投资时的咨询工作；听取基金秘书处关于土地基金情况的汇报；收集并反映社会各界对土地基金管理的意见、建议等。

作为自然的产物，土地资源的总量有限，如果在某一段时间内批出的土地过多，则在下一阶段可供批出的土地数量就会相应减少；土地收益如果缺乏可持续的有效管理，对其后甚至是下一代的发展也会有所影响。因此，对部分土地进行集中，成立土地基金，通过基金的管理保持长久、有效的土地基金使用与投资，在时间上实现土地收益分配的延续性，一方面对于土地收益的合理分配具有积极意义，另一方面对地区经济、社会的可持续发展也有所裨益，对此，澳门土地基金的设立与管理均有所体现。

三　回归后的澳门土地基金

澳门的土地制度与香港相类似，均为土地的批租制度。回归后，在"一国两制"的框架下，澳门特区基本上维持原有的土地制度。特区政府负责使用、管理特区境内的土地，既可以直接对有关土地进行开发使用，也可以通过批租的方式批给私人开发使用，由特区政府对土地收入进行支配。在回归的过渡期，为防止澳葡政府过度批地，根据《中葡联合声明》的规定，从 1988 年 1 月 15 日该声明正式生效之日起，澳葡政府通过土地新批以及续批而取得的各项收入，均需要在扣除土地开发的平均成本之后，与回归后的特区政府平分，并由中葡土地小组的中方代表进行管理。如前所述，至 1999 年澳门回归时，土地基金总值达 101.85 亿澳门元。

2000 年，根据特区行政长官的批示，上述 101.85 亿澳门元的土地基金自当年 4 月 1 日起正式移交特区政府管理。土地基金技术性移交工作历时三个多月，在移交文件正式签署后全部结束。从根据《中葡联合声明》设立澳门土地基金后，1990 年 9 月 8 日，葡方交付第一笔数额为 1.34 亿澳门元的款项给中方，至澳门回归，土地基金总值达到 101.85 亿澳门元。回归当天，中央政府将土地基金移交给特区政府，自此，澳门土地基金进入具体的技术性移交阶段，在十余年的土地基金管理中积累的大量法律文件等资料均有待移交；自 2000 年 4 月 1 日起，特区政府正式委托澳门金融管理局对土地基金进行独立管理。作为特区政府的储备，土地基金不得任意动用①。

---

① 王梅：《澳门特区政府管理一百零一亿土地基金》，《光明日报》2000 年 4 月 11 日。

第五章
澳门的土地征收制度

第一节　土地征收概述

一　征收理论的变迁

（一）征收理论的源起

征收理论最早源于古罗马，在其后的大陆法系发展中，通过荷兰著名法学家格劳秀斯的阐释，在当时较为发达的国家如法国、德国等，征收理论得到较大发展。例如，1789 年，法国《人权宣言》中明确指出所有权神圣不可侵犯，只有在以公共利益为目的且事先支付公正赔偿的情况下，才可以被征收。由此，公共利益目的作为征收的原则首次得到正式规定。在德国方面，在社会及法律的发展过程中，征收理论经历了从古典的征收理论到扩张的征收理论的变迁。下文将以德国为例，就征收理论的变迁进行介绍。

（二）古典的征收理论

1848 年《法兰克福宪法》草案中，古典的征收理论首次得到体现，在其后的 1874 年的《普鲁士邦土地征收法》中，古典的征收理论则成为成例。古典征收理论具有以下特征：其一，在征收标的上，仅限于物权，包括所有权和他物权，也即只有动产和不动产作为有体物能够成为征收的对象；其二，在征收方式上，采用行政征收制度，由行政机关通过行政行为进行征收，在法律体系上，财产征收也是归入行政法体系；其三，在征收目的上，限于公共利益，至于具体如何判断是否属于公共利益的范畴，古典的征收理论要求以公共或者公用事业单位的存在为前提，如政府机构、学校、水电厂等，当有关的公共或者公用事业单位对标的物有征收需要时，才能认为存在公共利益目的；其四，在征收补偿上，采用全额补偿，范围涵盖被征收物的损失以及因征收而产生的其他损失。此种观点实际上与私法上的损害赔偿理论紧密联系。古典的征收理论主张国家及其公权力机关应当尊重和保护私有财产，其出发点乃是私有财产的神圣不可侵犯，因此对于公权力侵犯私有财产权利的行为加以最大限度的遏制[①]。

（三）扩张的征收理论

1919 年《魏玛宪法》中，扩张的征收理论首次在立法上得到体现。根据该法第 153 条第 2 款的规定，对财产的征收只有在符合公共福利和法律规定的情况下才能进行；如联邦法律无相反规定，财产征收应当进行适当的补偿；对征收的补偿存在争议的，由普通法院进行审理。该条的规定同时也是征收制度首次以精密的技术性方式呈现在宪法上。与古典的征收理论相比，扩张的征收理论具有以下的差异：其一，在征收标的上有所扩展，不再仅限于物权，凡是具有财产性质的权利均属于征收制度的侵害范围，包括物权、债权、知识产权以及其他私法权利等；其二，在征收方式上，不再限于行政征收，也可采用立法征收；其三，在征收目的即公共利益的认定上，不再以公共或者公用事业单位的存在为前提；其四，在征收补偿上，不再采用全额补偿，只需要适当补偿即可，在实践中一般将适当补偿等同于市价补偿。此外，在征收的认定上，扩张的征收理论即使只是对财产权利的行使作出限制，但未对财产进行全部或者部分剥夺，也能够构成征收。与古典的征收理论以私有财产的神圣不可侵犯为出发点不同，扩张的征收理论的出发点乃是私有财产的社会义务性，即基于公共利益的需要，财产权利应受到法律的限制。扩张的征收理论成为现代多数国家征收制度立法的指导思想[②]。

（四）古典的征收理论向扩张的征收理论转变的背景

古典的征收理论向扩张的征收理论转变，在法哲学上具有深刻背景。在 19 世纪，自由放任主义乃是欧洲新兴资本主义国家奉行的经济政策，国家只充当"守夜人"的角色，对于经济的运行不加干预。在私法上，则强调当事人意思绝对自由；在法哲学上，则表现为自由主义与个人主义的法哲学。在这种法哲学观点之下，近现代的私法获得长足发展，确立起意思绝对自治、所有权绝对等私法原则。其中，所有权绝对原则实际上是以私有财产神圣不可侵犯原则为基础，在该原则下，私人财产权得以排除国家的侵犯，只有存在正当、充足的公

---

① 屈茂辉、张红：《论征收法律制度的几个问题》，《法学评论》2003 年第 2 期。
② 屈茂辉、张红：《论征收法律制度的几个问题》，《法学评论》2003 年第 2 期。

共利益需要的情况下，才例外地允许国家对私有财产进行征收，同时应当给予全额补偿。到了 19 世纪末，自由放任主义作为资本主义国家奉行的经济政策，带来了许多负面效果，造成严重的社会问题，如两极分化、贫富悬殊等。因此，产生并发展出团体主义、社会本位的思想，原本表现在 1789 年法国《人权宣言》、1804 年《法国民法典》中的个人本位思想日益为社会本位思想所取代，尤其在所有权思想领域，个人本位的所有权思想逐渐被社会本位的所有权思想所取代。根据社会本位的所有权思想，所有权对社会公共利益的增长应当具有积极意义，也即具有社会义务性。在《法律目的论》中，德国学者耶林（Rudolf von Jhering）提出，在所有权的行使过程中也应追求社会利益，而非仅仅以追求个人利益为目的，因此，他提出个人的所有权应当被社会的所有权所取代。后来，基于传统的日耳曼法精神，德国学者基尔克（Otto von Gierke）更加大力提倡社会的所有权思想。而在法国，狄骥（Léon Duguit）应当是社会的所有权最激烈的主张者，其提倡社会连带说，反对天赋人权说，提出只有对社会利益的促进才使得财产权得到尊重，而促进社会利益也是财产权人所负有的社会义务。经上述多位学者大力提倡，从 19 世纪末开始，所有权思想领域的社会本位逐渐代替个人本位而成为主流思想。对于立法者而言，财产权并非绝对不可侵犯，而是负担着一定的社会义务，公共利益的需要可以和私人的财产权利相对抗，对于财产的征收限制不应过严。因此，在立法的指导思想上，扩张的征收理论逐渐取代古典的征收理论，在现代国家的立法思想上占据指导地位①。

二 澳门土地征收制度简介

澳门虽然有时采用的是"征用"的表述，但实际上达到的是征收的法律效果，下文对澳门相关制度的介绍，如无特别注明，亦是在征收的意义上使用"征用"一词。

（一）土地征收的概念

在澳门，城市土地所有权包括私人土地所有权和公有土地所有权，政府为了公共利益的需要，可以依法对私人所有土地和批出土地作全部或局部征用。《澳门民法典》第 1427 条第 1 款规定："地上权因下列任一事实而消灭……公用征收。"该法第 1433 条规定："地上权因公用征收而消灭者，各

---

① 屈茂辉、张红：《论征收法律制度的几个问题》，《法学评论》2003 年第 2 期。

权利人均有权按其权利之价额取得有关赔偿之相应部分。"此外，根据澳门《土地法》第110条第1款的规定，政府对于批出的土地可以随时进行全部或者部分征收，前提是应以公共利益为目的。而在《因公益而征用的制度》第1条第2款中，则规定对于不动产及其权利可以因为公共利益需要、在合理赔偿的情况下被征用。该法第2条第1~3款规定，行使征用前应当穷尽私法途径取得的可能，通过司法途径取得不同权利人的财产或者权利的，在各项情况的处理中应当保持平等、公平、正义、无私。可见，在澳门的土地征收制度中，政府首先通过平等、公平和公正的私法途径取得土地所有权，当私法途径无法取得土地所有权时，方可进行征用。而在征收程序中，土地的征收则体现为政府的一种行政行为，需依托用土地的人请求方可进行。根据《因公益而征用的制度》第13~14条的规定，土地征收应经过公告、通知等法定方式及程序。

（二）土地征收的要件

土地征收是政府行使行政权力的表现。在此之前，首先应通过协议尽量以私法途径取得土地。在未能达成协议时，因为公益方可进行征收。《因公益而征用的制度》对土地征收的要件进行了严格限制，以使土地征收能够达到促进公益的目的，并对市民的权益也作充分保障。土地征收的具体要件包括：①必须有正当的当事人；②必须有法定征收的目的；③必须有限于法定征收的范围；④必须受征收地点的限制；⑤必须依法定程序；⑥必须作公平合理的补偿①。

（三）土地征收的目的

澳门土地征收的目的限于公共利益，具体情形可归纳如下：

1. 兴办公共事业

《因公益而征用的制度》第1条第2款规定："不动产及其当然权利，透过合理赔偿的款项，可因公益而被征用。"此处的公益一般情况下主要是指兴办公共事业，例如，交通事业、教育事业、慈善事业、公共卫生事业、政府机关等公共建设以及政府兴办的其他以公共利益为目的的事业。

2. 应对公共灾难或内部保安的需要

根据《因公益而征用的制度》第3条的规定，出于应对公共灾难或内

---

① 黄昭文：《中国大陆与澳门地区土地出让、转让及征用制度比较研究》，华侨大学硕士学位论文，2000。

部保安的需要，行政长官或者行政长官指定的公共实体因公益可以对有关财产立即进行征用，不需要经过一般的征用程序，只需对被征用人按照一般规定进行赔偿即可。

3. 施行重整计划或公益的设备或基建方案

根据《因公益而征用的制度》第 5 条第 1 款的规定，在施行重整计划或公益的设备或基建方案的过程中，可以一次性或者局部地对所需面积进行区域征用，以保障有关计划或者方案的实施。

（四）土地征收的限制

首先，土地征收须受到节约用地原则的限制。《因公益而征用的制度》第 4 条第 1 款规定，"征用应局限于实现其目的所必需者……"；第 5 条第 1 款规定："属施行本地区重整计划或公共利益的设备或基建方案时，得一次过或局部，以区域征用必需的面积来施行有关计划或方案。"

其次，土地征收还受到来自其他方面的限制，如第 83/92/M 号法令规定："对于澳门具纪念性、建筑艺术、景观及文化等财产，应着重保护其历史文化价值，因其至今仍为东南亚及世界其他地区中仅存之历史见证。"

（五）土地征收的种类

在澳门，因政府建设所需或兴办社会公共事业的行政、空间的范围或需用土地时间上的不同而有不同的类别。

1. 一般征收

一般征收，即一次性地单纯征收个别私有土地或批出土地。

2. 区段征收

区段征收，即为施行本地区重整计划或公共利益的基建方案时，将某一划定地区范围内的私有土地或批出土地全部进行征收。

3. 紧急征用

紧急征用，即因公共灾难或内部保安的需要，政府得以立即取得有关土地而无需任何手续，只按一般规定赔偿有关人士。

4. 附带征用

附带征用，即将兴办公共事业所必需的土地范围外的连接土地一并征用。《因公益而征用的制度》第 4 条第 2 款规定："当只需要征用楼宇的一部分，在下列情况，业权人得申请整体征用：a）倘剩余部分不能以比例确保整座楼宇所提供的相同舒适；b）倘剩余部分所确保的舒适对征用者没有经济利益。"

5. 保留征用

保留征用，即征用的预订，澳门征用土地所用于之目的一般限于现有者，但也可用于工期不超过 3 年的未来工程，对此，《因公益而征用的制度》第 4 条第 1 款规定："征用应局限于实现其目的所必需者，但是，按最高期限不能超过三年而经适当安排的分段施行计划，得考虑将来的需求。"

（六）土地征收的程序

根据《因公益而征用的制度》的规定，澳门土地征收程序一般可分为土地征收的申请、核准、执行三个步骤。

1. 土地征收的申请

在申请阶段，征用实体应当主动公开申请书，对该土地征收申请的合法性有任何意见的利害关系人均可借此表达意见。此后，征用实体应将公益声明申请书和各利害关系人对该计划的意见书送交行政长官进行申请。公益声明书内应简略指明将征收的财产有关的物业说明和房屋记录、权利、责任或负担、有关权利人的姓名、征收目的。在局部征收时，还应载明征收的总面积、分割的区域、取得期限及次序。

2. 土地征收的核准

由行政长官或其指定的公共实体，以公益为目的，核准由征收实体提出的申请。

3. 土地征收的执行

征收的公益声明书获得批准后，征收实体应最少提前 15 天事前通知各利害关系人，以便进行必要的工作。在征收实体为公法人、公共企业，或者是公共服务或工程的承批人的情形中，征收实体尚不能对征收土地直接占有，而应当经行政长官核准而对征收土地进行行政占有。

第二节　土地征收的法律依据

澳门有征用的专属法律。在澳门，土地的征收属于公用征收的一部分，因此有关土地的征收不仅要遵守澳门《土地法》的规定，更要遵守澳门有关征收的特别规定。目前，澳门法律体系中专门规定公用征收的法律有两部，分别是 1992 年澳门立法会颁布的第 12/92/M 号法律《因公益而征用的制度》和原"澳门总督"于 1997 年公布的第 43/97/M 号法令。其中，通过《因公益而征用的制度》，征收的制度框架基本得以建立；通过第 43/97/M 号法令，征收制度则得以进一步充实、细化。

一　《土地法》

澳门《土地法》所规定的公用征收具有两项功能，其一是将私人所有的财产（主要是指私人享有所有权的土地）征收为保留地；其二是批出实体将已批出的地段作全部或部分征收。

1. 将私人所有的财产（主要是指私人享有所有权的土地）征收为保留地

该法第 15 条关于私有财产归并于保留地的规定中，明确了：

（1）将任何私有财产全部或部分归并于保留地者，仅得透过公用征收或行政地役设定为之；

（2）设立保留地段的法规，应订明将进行的征收及有关限制；

（3）受行政征收影响的私人，有权选择相应的损害赔偿或以股东身份参与可能设立且业务涉及有关保留地的混合型经济公司；

（4）混合型经济公司的参与，不少于应得赔偿价之 30%，而私人有权以现金收取其余部分。

2. 批出实体将已批出的地段作全部或部分征收

该法第 110 条关于公用征收的规定中，明确了：

（1）批出实体可随时对已批出的地段作全部或部分征收，但以达成公共利益目的为限；

（2）对已批出的地段进行征收时，原则上须至少提前 6 个月通知承批人，征收人应支付承批人在地段上所作的必要及有益的改善物的价值。但在不妨碍该项补偿的情况下，如经承批人同意，得向其批出属同一法律状况且可作类似利用的地段，而承批人无任何负担；

（3）倘若对于改善物的价值未能达成协议，征收人经检查及存放认为应付的款额后，便可占有此地段，然后进行法律上其他程序以订定损害赔偿；

（4）所存放的款额由承批人提取，不得解释为默示接受征收人所估计的损害补偿额。

二　《因公益而征用的制度》

《因公益而征用的制度》共分四章，包括概则、公益的声明及行政占有的核准、索偿、最后条文，订立了征收的制度框架。

第一章概则中规定了：一般原则；以私法途径取得；在特别情况的征用；征用的界限；局部征用；索还权；行使索还权；属公法人的公用财产的移用；关于批给方面财产和权利的征用；行政地役权的组成；利害关系人的定义。

第二章公益的声明及行政占有的核准中规定了：公益声明；公开；公益声明的公布；毗邻楼宇的占用；行政占有；实现行政占有的条件。

第三章索偿中规定了：索偿权；征用财产价值的订定；赔偿金额的计算；付款方式；欠款额；征用的放弃。

第四章最后条文中规定了：补充法例；特别法例；撤销；生效。

三　第43/97/M号法令

第43/97/M号法令共分六编，包括公用声明及行政占有之许可、损害赔偿之内容、征收之程序、损害赔偿之支付、被征收财产之归还、最后及过渡规定，是对第12/92/M号法律《因公益而征用的制度》的充实和细化。

第一编公用声明及行政占有之许可中规定了：公用声明之申请；公用声明；紧急性质之赋予；行政占有许可之通知及公开；行政占有之实行条件；行政占有笔录；支付损害赔偿之担保。

第二编损害赔偿之内容中规定了：土地的分类；各类土地价值的计算方法；楼宇、建筑物价值的计算方法；部分征收中的价值计算；不动产租赁关系中的损害赔偿；有关职业业务中断的损害赔偿；对完全所有权之外的权利进行征收时的损害赔偿。

第三编征收之程序中区分友好征收和争议征收。其中，在友好征收部分规定了：应尝试达成协议；协议的内容；征收实体的建议；协议的形式；公证书的内容。争议征收中规定了引则和程序之步骤（仲裁、对不当情事之争辩、整体征收之请求、对仲裁之上诉）。

第四编损害赔偿之支付中规定了：损害赔偿的支付方式；通过财产或者权利的让与进行支付；损害赔偿金的存放；关于分期支付的规定。

第五编被征收财产之归还中规定了：卷宗之送交；措施之实施；决定之通知；判给之请求；征收人之反对；判给。

第六编最后及过渡规定中规定了：补足法例；废止；开始生效。

第三节　土地征收中的"公共利益"

一　征收目的概述

从征收的目的上看，主要包括商业征收和公益征收两种类型，在财产权利的变动中，商业征收采用合同方式进行上述变动，而公益征收则无需采用合同方式，直接根据法律规定的程序进行即可。在世界范围内，只要是确立了公益征收制度的国家，在其宪法和民法上一般均明确地将公共利益或者公共福利作为征收目的进行限定。以美国为例，美国宪法第五修正案限定"公共使用"作为征收的目的。不过，在公共需求日益扩展的背景下，为使政府在进行征收时免受"公共使用"的过于严格的限制，美国法院逐渐对"公共使用"进行扩大解释，使其涵盖"公共利益""公共目的""公共需要""公共福利"等内容。不过，尽管进行了上述扩大解释，但实际上仍然没有偏离公共利益这一征收的基本目的。此外，在美国判例法中，公益征收逐渐代替了公用征收的概念，征收的前提是进行公平的补偿，与以公益为目的的警察权力之行使相区分，尽管后者产生的实质效果无异于征收，但其行使条件则不包括公平补偿。在征收制度上，公益目的与一般意义上的公益有所区别，征收的公益是经过特别选择的公益，具体的征收的公益类型则由立法者来确定。在有关征收的立法中，立法者需要对国家、社会的各项需求进行严谨而周密的斟酌，其出发点仍是尽最大可能对人民的财产进行保障，在此基础上再决定政府何时能够运用征收的权力[①]。

二　土地征收中"公共利益"的界定

在土地征收的目的上，澳门和邻近的香港有所不同。香港的土地征收既可以是出于公共利益目的，也可以是为了商业利益而进行。而在澳门，土地

---

① 屈茂辉、张红：《论征收法律制度的几个问题》，《法学评论》2003 年第 2 期。

征收的目的仅限于特定的公共利益。至于"公共利益"的具体内涵，则应由立法机关进行界定，政府无权自行认定。只要未被立法机关纳入公共利益范畴的，则属于私人的自由空间，任何以公共利益的名义征收土地进行商业开发的行为，均为澳门的法律所禁止。澳门人多地少，建筑物中楼龄超过30年的房屋占了很大一部分，在区域经济的整合与发展中，同样面临征地拆迁等问题。不过，澳门的土地征收制度有着最基本的伦理基础，在法律保障上也相对健全，其立法精神在于寻求公共利益与私人利益二者之间的平衡点，特定的公共利益目乃是土地征收的前提。在澳葡时代，澳门的土地征收制度中曾经出现过"有偿征收"的情形，即政府有权依法通过有偿方式取得私人的土地权利，实质上和内地的"拆迁"制度相类似。在目前的澳门法律体系中，第12/92/M号法律《因公益而征用的制度》和第43/97/M号法令为专门规定征收制度的两部法律，从澳葡时代出台，到回归后根据"一国两制"政策而继续有效。这两部法律均明确规定土地征收应当以特定的公共利益为目的。因此，征收乃是公权力为了特定的公共利益需求而实施的对私人合法财产的一种合法剥夺，既没有惩罚性和制裁性，也与针对非法所得的扣押、没收、充公等完全不同。至于何为特定的公共利益，则不能由行政部门任意界定，而应受到基本原则与明确内涵的严格制约。在葡萄牙，关于"公共利益"的界定，公法学界几乎达成一致共识，在葡萄牙的行政法中，追求公共利益与保障居民权益乃是基本原则，对此，澳门《行政程序法典》也有所体现。利用公权力牟取私利的行为，不管采取何种形式，均属于滥用职权和渎职，相应的行政活动将归于无效，有关公职人员还将被追究责任。如果是追求公共利益，也应当以尊重和保障居民权益为前提，不仅要求有追求公共利益的正当目的，也要求采取正当手段，禁止为达到目的而不择手段。公共利益应当是法定而且特定的，对土地进行征收前，征收实体应当提交相应的征收申请，行政长官同意后，将公布有关的公益声明，宣布特定的土地将被征收，而被征收人则可以就此向法院提起诉讼。被征收人针对公益声明起诉到法院后，由法官对征收的正当性进行衡量，如果公益声明中关于特定的公共利益没有进行清晰、明确的表述，则法官将会因该形式有瑕疵而将其撤销[①]。

---

①　朱松岭：《澳门：只有立法机关才能界定公共利益》，《法制日报》2010年2月9日。

"公共利益"是澳门土地征收的唯一目的，根据澳门关于土地征收的法律规定，"公共利益"的内容主要包括以下几个方面：一是兴办公共事业，例如，交通事业、教育事业、慈善事业、公共卫生事业、政府机关等公共建设以及政府兴办的其他以公共利益为目的的事业；二是应对公共灾难或内部保安的需要；三是施行重整计划或公益的设备或基建方案。

三 公益声明

公益声明的操作程序为：首先由有意征收的实体向行政长官提出公益声明的申请，在此之前应知会被征收财产或权利的权利人；征收实体应主动将申请书公开，以便容许任何利害关系人对征收的合法性和机会表达意见；征收的实体应附同公益声明申请书及所有向其提出的书面说明送交行政长官，而倘若愿意时得附同对反应的看法；经行政长官同意后，将公益声明在澳门《政府公报》上摘录公布。在公益声明的内容中，应当对征收土地的有关物业说明与房屋记录进行简要描述，指明有关的权利、责任、负担、权利人姓名、征收目的等。在局部征收中，公益声明还应列明征收面积、分割区域、征收期限和次序等内容。进行有关公益声明时，应当通知利害关系人，并受到因征收实体或利害关系人的申请而在物业登记局内的登记所约束。

征收已批出的地段时，原则上应至少提前6个月通知承批人。承批人对公益声明不服的，可以向法院提起诉讼，请求法官将撤销公益声明或者宣告公益声明无效。

四 公共利益之外的索还权

如前所述，土地征收的前提是为实现特定的公共利益。那么，当此特定的公共利益并未体现在被征收的土地利用上，或者业已无须通过利用该土地来实现该特定的公共利益，则土地征收的前提丧失。针对这两种情形，澳门第12/92/M号法律《因公益而征用的制度》规定了原权利人的索还权。

1. 索还权的产生

关于索还权的产生条件，根据《因公益而征用的制度》第6条第1款的规定，在财产被判给征收实体三年后，征收实体未将其用于征收目的或者已经终止用于征收目的的，征收财产的原权利人享有索还权。由此可知，索还权的形成必须满足征收完毕三年的期限条件以及公共利益目的排除的条件，包括：被征收的土地自始至终未用于征收时表明的公共利益目的；被征收的土地曾用于该目的，而后已终止用于该目的。

2. 索还权的行使

针对索还权的具体行使，《因公益而征用的制度》第 7 条规定，被征用财产的索还，由发生该事实起计两个月期限内，向行政长官申请，否则失效；但不妨碍其由判给日起计 20 年内关于征用者对为私人利益目的出售财产时的优先权。索还申请提出之日起，90 天内未得到核准的，即视为索还要求不被批准。如果索还权只能与其他利害关系人共同行使，则申请索还者可以要求对其他利害关系人进行司法传达，其他利害关系人可以从被送达之日起 60 天内提出索还申请，如果其他申请人在此期限内未提出申请，则其后有关财产若被批准发还时，只发还给提出申请者而不发给未申请者。在程序上，征收财产的具体判给由具有一般审判权的法院根据补充法例的规定执行。

3. 索还权的终止

针对索还权的终止事由，《因公益而征用的制度》第 6 条第 2 款规定在以下三种情况下，索还权终止：

（1）由判给日起计经过 20 年；

（2）当透过新的公益声明，把征用财产用于另一目的时；

（3）当被征用物的业权人明确放弃时。

其中，在透过新的公益声明，把征用财产用于另一目的时，被征用物的业权人或其他利害关系人，得选择订定一项新的赔偿或可在上一个案内参照财物新用途的施行日期申请检讨该赔偿。

此外，在原本只需要征用楼宇的一部分，而业权人根据法律的规定申请全部征用的，则该申请不影响在索还楼宇时的权利，即仍可申请全部索还。

第四节 土地征收的程序

一 征收程序概述

作为被征收人合法权利的法律程序保障，公益征收的程序在征收制度中占据重要地位，在各国征收立法中均备受重视。在美国，《联邦行政程序法》实际上是在行政法上对美国宪法第五修正案中有关正当法律程序的具体化，因而政府在进行公益征收时，应当受该法中的正当法律程序规定所约束。而在法国，公益征收的程序也相当复杂，法国行政法将征收程序划分为两个不同阶段，包括行政程序阶段和司法程序阶段。其中，法国征收程序中的行政程序主要是对征收目的进行审批，并对可转让的不动产加以确定，具体应经过四个环节，即事前调查、作出行政决定以批准公用目的、调查被征收财产的具体位置、行政首长作出被征收财产可以转让的决定。对于前述环节中作出的批准公用目的以及被征收财产可以转让的决定，被征收人和其他的利害关系人如果不服的，均可以向行政法院起诉。法国征收程序中的司法程序则主要是对所有的移转作出裁决，并确定征收补偿金①。

澳门的法律在对征收程序进行规定时，对于民法的因素进行了吸收，即规定需地者应当首先与土地的权利人进行协商，争取通过协议购得有关土地权利，协议无法达成的，需地者再向政府提出申请，通过征收程序取得有关土地权利，即只有在穷尽一切私法途径后尚不能取得土地的情况下，才可以申请土地征收。在内地，则是在征地申请得到批准后，直接进入征地程序，由政府实行征收，没有涉及土地需用者与土地所有者之间关于土地所有权转换的协商。

二　私法途径的前置

根据《因公益而征用的制度》第 2 条的规定，经试尽以私法途径取得的可能后，方可行使征用；通过司法途径取得不同权利人的财产或者权利的，在各项情况的处理中应当保持平等、公平、正义、无私；如果知道谁是权利人和其他利害关系人的，应当向其提出取得的建议，进行出价并说明理由；权利人和有关利害关系人有 30 天的期限作出答复，并可以提出反建议，附适当的陈述理由；如果权利人和其他利害关系人在 30 天内没有作出答复的，则需地者可以立即申请启动政府征收程序。

三　例外情况下的径行征收

值得注意的是，并非所有的征收均需以私法途径前置，当出现法律规定

---

① 屈茂辉、张红：《论征收法律制度的几个问题》，《法学评论》2003 年第 2 期。

的特别情况时，则无须经过私法途径，可径行对有关土地予以征收。根据《因公益而征用的制度》第 3 条的规定，出于应对公共灾难或内部保安的需要，行政长官或者行政长官指定的公共实体因公益可以对有关财产立即进行征用，不需要经过一般的征用程序，只需对被征用人按照一般规定进行赔偿即可。根据该规定，当且仅当存在以下两种情形时，可径行征收，无需先行经过私法途径：一是公共灾难情形；二是内部安全需要。同时，实施这两种征收行为的主体也仅限于行政长官或由其指定的公共实体。当然，此两种情形下的征收仅仅免去私法途径的前置，而并未免去征收主体的补偿义务。

四　征收范围的确定

根据《因公益而征用的制度》第 4 条第 1 款的规定，征收的范围限于实现征收目的所必需的财产，但对于上限不超过 3 年且经过适当安排的分段计划，在施行的时候应当对将来的需求予以考虑。该法第 5 条第 1 款和第 2 款规定，属施行本地区重整计划或公共利益的设备或基建方案时，得一次过或局部以区域征用必需的面积来施行有关计划或方案。属局部征用时，宣告公益用途的行为应决定除总面积外，以区域划分和设定期限与取得的次序。

上述规定明确了征收的必要性原则。同时，出于对被征收人权利的保护与物尽其用原则，该法第 4 条第 2 款规定，当只需要征用楼宇的一部分时，在下列情况，业权人得申请整体征用：①倘剩余部分不能以比例确保整座楼宇所提供的相同舒适；②倘剩余部分所确保的舒适对征用者没有经济利益。

五　先补偿后取得

在澳门的土地征收中，需地者在取得有关土地权利之前，应当向被征收人支付补偿，否则不得对有关土地进行占有，有关土地权利也不能在物业登记机关办理权利转移登记。根据《因公益而征用的制度》第 5 条第 3 款的规定，如果补偿款项尚未支付或者存放，或者未订定分期付款或者实物支付制度的，楼宇的所有权仍归属于原权利人，并由其占有，但经核准为行政占有的除外。同时，该法第 17 条规定，未进行下列事项前，不能对征用财产进行行政占有：一是在知道谁是利害关系人时，应在银行存入由利害关系人收取的补偿款。知道谁是利害关系人，则应将征收补偿款付给具有一般审判权的法院法官。二是对"永志记录"应当完成检查，以记录有利于程序的决定而易于消失的事实数据。

第五节　土地征收的补偿和征地争议的解决

一　征收补偿的基础理论

（一）关于征收补偿的学说

针对某一项对私人财产权造成侵害的立法行为或者行政行为，究竟应当将其认定为征收行为而对权利人进行补偿，还是仅仅认定为对私有财产权的合理限制而无须补偿，二者之间如何具体区分？这一问题实际上是某一公权行为背后的补偿与否的认定问题。对此，学界存在不同的学说，以德国为例，针对这一问题主要存在以下几种理论主张[①]：

（1）个别处分理论，认为补偿与否的关键在于某一立法行为或者行政行为是否是针对个案作出的特别情况。如果一项侵犯私有财产权的规定乃是针对某种财产权作出的概括规定，属于同一种类的私有财产权均受侵犯，则并非征收个案，而是对私有财产权进行的基于社会义务的限制。

（2）特别牺牲理论，属于对前一理论的修正，一方面肯定了前述个别处分理论的基本观点，另一方面又将理论重心放在对宪法保护的平等权加以强调的基础上。该理论认为，对于私有财产权可以进行限制性规定，但不得违反平等原则；而在征收中则并不遵循平等原则，实际上只有少数人的财产权受侵害。由于受侵害的少数人为公共利益而作出牺牲，应将其负担进行均分，即应对受害人提供补偿。至于符合平等原则的限制私有财产权的规定，乃是基于财产权的社会义务性而作出的一般性限制，受害人并不特定，因而也没有必要提供特别的补偿。

（3）可期待性理论，或者称可忍受性理论，其认为征收乃是严重侵犯私有财产权的行为，因此，某一项规定究竟属于征收行为还是基于私有财产权社会义务性而作出的一般限制，具体的判断标准应当落在该规定在效果上

---

①　屈茂辉、张红：《论征收法律制度的几个问题》，《法学评论》2003年第2期。

的严重性、持续性等方面。如果对私有财产权只是极其轻微的侵犯的，则属于可期待或者可忍受的限制。如果对私有财产造成严重侵犯的，则属于不可期待或者不可忍受的限制，属于征收行为。由于将限制效果的严重程度作为判断标准，该理论也被称为"严重程度理论"。与此类似的理论还有"应保障性理论""实质减少理论"等。

在理论界和实务界，一般认为征收乃是被征收人因公共利益需要而受到的特别牺牲，特别是与拥有同类财产而未被征收的权利人相比，此种特别牺牲尤为明显。在公益征收中，与税收不同，被征收人并不负有特定的义务。与没收财产等处罚不同，被征收人并不存在违法或者过错情形。总之，被征收人完全是因为公共利益需要而作出的特别牺牲，而对于公共负担而言，应当遵循平等原则，对被征收人给予公平补偿，以弥补被征收人遭受的财产损失。从另一个角度看，财产征收在本质上与宪法对私有财产进行平等保护的原则相违背，通过征收行为，侵害了少数人的私有财产权，因此，基于宪法对财产权的保护，即从"存在保护"转为"价值保护"，宪法也应保障被征收人取得公平补偿。据此，在德国基本法上有着著名的"唇齿条款"，即任何有关征收的法律，必须对补偿条款加以规定，该法律才能有效并适用。这一原则对于征收补偿的不可或缺性进行了强调，对于立法者以及执法者而言，无补偿则无征收，此乃其必须遵守的底线。在宪法体系内，私有财产权的保护、征收与补偿三位一体，三者在经济上和法律上均不可分割。由此，征收补偿的重要意义可见一斑，其直接影响有关征收法律的效力，同时更是检验征收法律合宪与否的关键。

（二）征收补偿的原则

1. 概述

关于征收补偿的原则，在世界范围内一般有以下三种：一是充分、及时、有效补偿原则；二是适当补偿或者合理补偿原则；三是不补偿原则。其中，关于征收的不补偿原则，世界各国基本上已经不予认可。而在国际投资法领域，国有化征收中的补偿原则问题在发达国家和发展中国家之间存在较大分歧，发达国家一般主张充分、及时、有效补偿原则，发展中国家则一般主张适当补偿或者合理补偿原则。不过，在实际操作中，征收补偿原则的重要性往往没有想象中那么大，在不少国有化征收案件中，发达国家虽然坚持充分、及时、有效补偿原则，但也几乎无一例外地对于不完全的补偿加以接受。

在征收补偿的过程中，补偿范围的确定似乎更为关键，即明确哪些损失能够获得补偿，毕竟在本质上，征收补偿是对损失的补偿。一般情况下，构成可予补偿的损失应当具备以下要素：首先，该损失必须是因为征收而使被征收人遭受的财产损失；其次，该损失必须是一种特别牺牲，只有特定的少数人遭受，如果是对于任何人都造成的负担，则仅为对私有财产权的限制；最后，该损失的补偿原则上应当有法律的特别规定，没有规定的将得不到补偿。征收补偿的目的在于对被征收人的损失进行填补，使征收活动与社会公平负担原则相符合，因此，在征收的补偿范围和补偿标准上，不应以征收财产的使用人所获得的利益为基础，而应当以被征收人所遭受的损失为基础，也即征收补偿应当相当于征收行为给被征收人带来的各种损失。从总体上看，在征收活动中，被征收人既可能遭受物质损失，也可能遭受精神损害；既可能遭受直接损失，也可能遭受间接损失。

2. 完全补偿与适当补偿

对于被征收人受到的物质损失和精神损害，究竟应当全部给予补偿，还是只对其中的一部分给予补偿，理论上存在两种不同的学说，即完全补偿理论和适当补偿理论。

完全补偿理论认为，征收补偿应当以重建被征收人的生活秩序为重点，通过补偿使得被征收人的生活状态能够完全恢复至与征收前相一致，因此从生存权、基本人权、平等权等角度，提出应当对被征收人提供完全补偿，无论是物质损失还是精神损害均予以补偿。适当补偿理论则认为，征收补偿应当以填补被征收人的物质损失为重点，根据有关特别牺牲的观念，当私有财产负有一定的社会义务时，基于公共利益目的，征收后只需要支付适当的补偿即可。该理论主张对于被征收人遭受的损失，只补偿其中的物质损失而不补偿精神损害。

与完全补偿理论相比，只补偿物质损失、不补偿精神损害的适当补偿理论似乎更为可取。值得注意的是，此处的适当补偿仅仅是指针对精神损害不予补偿，与内地针对物质损失进行的"适当补偿"有所区别。在具体的征收补偿标准上，虽然扩张的征收理论主张适当补偿而非完全补偿，但是其主张的适当补偿却是以市价作为判断标准。在香港特区和澳门特区的基本法中，规定以征收财产的实际价值作为补偿标准，不过实际价值的最终判断应当也是以征收财产的市价为标准。

3. 直接损失的补偿与间接损失的补偿

除了物质损失和精神损害之分，征收活动中被征收人的损失还可分为直接损失与间接损失。在确定宜只对物质损失进行补偿之后，关于物质损失中的直接损失和间接损失是否应当全部赔偿，仍需进一步探讨。

征收活动中，被征收人所遭受的物质损失中的直接损失，是指由于征收行为导致被征收人遭受的存在直接因果关系的物质损失，具体包括实体损失即被征收财产的损失，以及其他的直接损失。其中，针对实体损失进行的补偿，实际上是针对被征收财产本身的损失所作出的补偿，也称为"实体补偿"，其补偿标准一般是被征收财产的市价，即征收行为发生时被征收财产的市场交易价格。征收补偿主要就是针对此类征收标的损失而作出的补偿，并以市价来确定其价值，目的在于对被剥夺的权利加以恢复，因而是根据客观价值进行补偿。至于其他的直接损失，则是在实体补偿后，被征收人仍存在的物质损失，应当对公共利益和私人权益加以斟酌后进行补偿。其他直接损失实际上与被征收财产本身无关，只是由于财产的征收而导致的直接的、必然的损害，超出征收财产的实体范围，属于不同征收个案中的特别损失，具体损失由征收后果所直接导致，因而也称为"后果补偿"。对于上述征收行为导致的物质损失中的直接损失，均应予以补偿。

至于被征收人所遭受的物质损失中的间接损失，则是指征收行为所导致的、通过前述实体补偿和后果补偿均无法补偿的损失。对于间接损失是否应当提供补偿，应当区分涉外征收和国内征收两种不同情形。在涉外征收中，按照已有的案例，对于间接征收的补偿与否问题，又需要根据国有化的合法与否进行判断，国有化如果是合法的，则对于被征收人的间接损失无须补偿；国有化如果是违法的，则需要补偿间接损失。例如，在意大利 AGIP 公司诉刚果案中，仲裁庭认为，国有化如果是合法的，则属于被允许的不当得利，补偿的具体范围应当以外国投资者遭受的直接损失为限；国有化如果是违法的，则构成侵权，适用惩罚性赔偿，对于外国投资者的预期利益应予补偿，其他可能的间接损失等亦均需提供补偿。不过，在国有化的合法性认定上，除非其对于实施国有化的国家之法律或者参与的国际条约下的义务构成明确违反，否则其作为一个国家的主权行为，并不能认定为不法行为。所以，在涉外征收中要求对间接损失进行补偿，实际上困难重重，况且对于间接损失的确定本身也存在较大难度，因而适用起来也很不方便。一般而言，在涉外征收场合，只有一项征收行为明确地被认定为违法的，有关间接损失才可能获得补偿。与涉外征收有所不同，在国内征收中，各个国家对于征收中的间接损失一般都会进行适当补偿。例如，德国《联邦建筑法》明确规定，在征收过程中，对于被征收人遭受的特别不利应予补偿，即对于通过实体补偿和后果补偿均无法补偿的间接损失，如果按照平衡的观点，由被征收人承担这种间接损失将与公平原则相违背的，则应对该间接损失进行补偿。再如，根据日本有关征收补偿的规定，公益征收在进行补偿时，应对财产权和生活权两部分予以补偿，其中对财产权的补偿既包括狭义上的财产权补偿，又包括对附随的损失进行补偿。对生活权的补偿既包括狭义上的生活权补偿，又包括对离职者的补偿、生活再建的补偿等，多数都是对被征收人生活权间接损失的补偿。因此，对于征收行为导致的被征收人生活水平降低或者生活状态的不利变化等间接损失，各国法律一般都会进行适当的补偿①。

二　澳门土地征收补偿

在补偿标准上，澳门实施土地征收的过程中，对被征收人遭受的损失按照公正市场价格予以补偿。

在葡萄牙法学界，学者对于征收的性质已经达成共识，一致认为其乃公权力基于公共利益目的而对私有财产权的一种合法剥夺。在此过程中，由于公共利益的需要，被征收人遭受了特别损失，因而有权取得公正的补偿。如果在征收补偿中，被征收人获得的补偿有所不足的，无疑将使得被征收人遭受双重经济损失。根据这一思路，土地征收中对被征收人进行公正补偿，既是公权力在法律上的义务，又是其在伦理和道义上应承担的责任。至于补偿是否公正，则应当以征收行为给被征收人带来的实际损失为判断标准，对于征收人通过土地征收而可能取得的利益以及征收后被征收财产的增值等，则不予考虑。因此，在一般情况下，澳门土地征收中的补偿，在数额上应当与作出征收的公益声明时被征收财产的市场价格相当，也即当时的市场上同类不动产自由流通时的正常、合理售价。不过，如果因为突发事件而使不动产售价大幅下跌的，例如，受自然灾害或者社会灾难影响的，则此时的公正补

---

① 屈茂辉、张红：《论征收法律制度的几个问题》，《法学评论》2003 年第 2 期。

偿就不应以市场价格为标准，而应当参考被征收人取得有关财产时支付的价款，即土地征收的补偿在数额上应当足以弥补被征收人取得不动产时实际支付的价款。原因在于，出现自然灾害或者社会灾难等突发事件时，如果没有土地征收行为，原权利人完全能够等待市场复苏，而通过土地征收行为，原权利人实际上失去了这一机会。此时，即使政府未采取措施进行救市，其也绝对不应趁机大发灾难财①。

此外，根据澳门第 12/92/M 号法律《因公益而征用的制度》和第 43/97/M 号法令的规定，土地征收的公正补偿还应包括以下几方面的内容：首先，如果土地征收行为造成被征收人的工商业或者自由职业经营活动终止的，则应对被征收人的该损失予以单独补偿；其次，公布土地征收的公益声明时，如果在被征收财产上有租赁关系或者其他用益关系的，应当对被征收财产的所有权人以及其他权利人分别作出补偿，对各权利人的补偿相互独立，不得抵消；再次，如果中途放弃对有关土地的征收的，则有关财产的所有权人以及其他权利人仍然有权就其损失获得补偿；最后，土地的征收完成后，如果被征收财产的用途发生改变的，则被征收人有权要求根据物价上涨指数追加补偿数额。

在土地征收的补偿数额上，为保障公正补偿，法律对于补偿数额的确定规定了以下三种方式：首先，由征收人和被征收人进行协商；其次，如果征收人和被征收人无法达成协议的，则应当求助于至少三名独立专业人士进行仲裁；最后，如果被征收人对于仲裁结果有异议的，则可以向法院起诉，由法官对补偿数额进行确定。

三　《因公益而征用的制度》对征收补偿的规定

（一）索偿权

针对被征收人的索偿权，《因公益而征用的制度》第 18 条第 1 款规定，任何财产或权利因公益而被征用时，赋予被征用事物的拥有人收取合理赔偿而同时支付的权利。

即使征收人中途放弃对有关土地的征收的，根据《因公益而征用的制度》第 23 条第 2 款的规定，有关财产的所有权人以及其他权利人仍然有权

---

① 米万英：《澳门征收制度的特色》，《法学》2007 年第 8 期。

就其损失获得补偿，在这种情况下，公益声明的公布之日即为征收行为开始之日。

（二）补偿的范围

针对合理的赔偿，《因公益而征用的制度》第 18 条第 2 款及第 3 款规定，"合理的赔偿并非因令征用者得益而是基于被征用事物的拥有人的损失作补偿，该项补偿是按被征用事物的价值计算，同时要考虑公益声明当日所存在事实的情况和条件。为订定征用财物的价值，不能考虑公用声明中被征用楼宇所处地区内所有楼宇的增值"。

在局部征收的情形下，《因公益而征用的制度》第 5 条第 4~6 款规定，"为计算关于不列入局部征用的区域内楼宇的赔偿，将顾及在宣告公益用途后所必需有用的装修。因楼宇被保留作征用，业权人及有关利害关系人有权对直接的损失得到赔偿。上款所指的赔偿采用本法律所定标准订定"。

（三）补偿的计算与实现

在征用财产价值的订定上，《因公益而征用的制度》第 19 条规定，"被征用财产的价值是以协议、仲裁或司法决定而订定"。在补偿金额的计算上，根据该法第 20 条的规定，应当以作出公益声明之日的价格作为指导，并在征收程序的最后根据不计居屋部分的消费者物价指数进展作出调整。

在付款方式上，《因公益而征用的制度》第 21 条规定，因公益而征用的赔偿是一次性清付；但在友好征用情况下，可以协议分期付与赔偿，期限不超过 3 年，或全部或局部以财物或权利让与被征用事物的拥有人或其他利害关系人，该规定在征用程序范围内，适用于法院内外的交易。对于欠款额，该法第 22 条规定，欠款需按协定每年或半年支付利息，息率是按相应期内本地区定期存款所采用。

第六章

澳门的土地规划制度

第一节 土地规划概述

一 土地规划的概念

土地规划，也即土地利用规划，是指对一定区域未来土地利用的计划与安排，具有超前性；规划的基础是该区域的经济发展状况及土地的自然特征与历史特征，在此基础上，采取综合技术措施对土地资源进行合理分配利用。土地规划作为研究土地合理利用的规律性科学，为土地管理提供监督土地利用的方法和手段，特别是为管理土地用途提供了依据。对土地的利用进行规划，不仅是在一定的区域、行业与部门间对土地资源进行合理配置的手段，同时也是特定时期内最大限度地发挥土地综合效益的过程；不仅体现出规划内部不同要素相互发生作用的过程，同时也体现出规划方案从编制到决策、再到实施的过程中不断和周围各环境要素发生互动的过程。规划的目的是使全体国民增进福利，特别是要保证公共利益的实现。经过土地规划，土地利用的物质形态发生变化，如工业用途改为商业用途，农业用途改为工业用途等，与此同时，土地的经济价值也随之发生变化，更好地适应人们的需求，保证资源在未来的利用①。

二 土地规划的特点

土地利用的规划具有以下几方面的特点②：

---

① 杨永芳编著《土地法学》，河南大学出版社，2007，第 128 页。
② 杨永芳编著《土地法学》，河南大学出版社，2007，第 129 页。

（一）政策性

作为一种行政行为，土地利用规划的服务对象在某种程度上是特定的土地制度与土地政策，通过土地利用规划，政府得以干预土地的具体利用。无论是规划的编制，还是规划的实施，均非无价值倾向的、纯粹技术性的工作，其更多地受到特定价值观的影响，体现出政府的行政权力。

（二）整体性

在指向对象上，土地利用规划针对的是一定区域内的土地资源，所以，在作出土地利用总体规划时，要考虑土地资源的合理配置，要把时间结构、空间结构和产业结构与土地的开发、利用、整治和保护进行统筹安排与合理布局。综合各部门对土地的需求，协调部门间的用地矛盾，对土地利用结构和土地利用方式作出调整，使之符合经济和社会发展目标。基于土地资源的有限性以及对土地需求的多样性，在进行土地利用规划的过程中，应当立足于国民经济的整体状况，从土地资源的整体层面上对具体的规划方案进行选择。

（三）折中性

由于土地资源具有有限性，不同行业、不同用地部门对土地利用的需求不尽相同，因此土地利用规划只能尽量满足不同行业、不同用地部门的用地需求，具体的规划方案具有折中性，难以达到对不同行业、不同用地部门要求的最优方案，只能尽量达到令人满意的程度。

（四）动态性

不同时期的土地利用规划难免有所差异，因此在规划依据上，存在一定的不确定性，土地利用规划的制定并非一劳永逸，而应当在实施的过程中及时进行适当的修订与完善。因此，土地利用规划的编制——决策——实施的过程是一个不断向目标接近的过程。当然，土地利用规划的修订与完善不能任意为之，应排除修改中的随意性，按照法律规定的程序进行规划的修订与完善。

三 土地规划的类型

根据土地利用规划的性质与目的，可以将土地利用规划具体划分为以下三种类型：一是土地利用总体规划；二是土地利用专项规划；三是土地利用详细规划。

（一）土地利用总体规划

在宏观上对土地利用进行规划，称为土地利用总体规划。以内地为例，各级政府依法对辖区内的土地进行土地利用总体规划，具体包括对有关土地的开发利用、整治保护等进行综合安排和部署。在行政区划上分为五级，包括国家级、省级、市级、县级、乡级，其中下一级的规划应受上一级规划的指导，与上一级的规划相衔接，并落实上一级的规划。在土地利用总体规划的审批上，实行分级审批的制度。内地《土地管理法》第19条对土地利用总体规划的编制原则进行了规定，各级政府均应围绕有关原则进行规划的编制；在规划成果方面，一般包括规划文件、有关图件和附件等。在澳门，基于历史原因，在澳葡政府时代，政府并未出台过正式的土地利用总体规划。

（二）土地利用专项规划

土地利用总体规划是关于土地利用的整体框架，而土地利用专项规划则是在此框架下就专门问题作出的规划，同样涉及土地的开发利用、整治保护等问题，以补充、深化土地利用总体规划的有关内容。土地利用专项规划一般包括以下几种类型：

1. 土地开发规划

土地开发规划的核心内容为土地的开发，即通过各种措施如技术措施、工程措施、生物措施等，将荒地、荒山、荒滩等未利用的土地资源投入经营和利用，或者将农用土地开发成城市建设用地等转变土地利用状态的开发活动。

2. 土地整治规划

土地整治规划的核心内容为土地的整治，即通过各种措施如工程措施、生物措施等，对土地的生态环境进行改变，使对人类生产活动有利的新生态系统平衡得以建立，从而使土地的利用率、产出率得到提高，以持续利用土地资源。在具体类型上，土地整治包括对一定区域内的水土流失地、风沙地、盐碱地、红黄壤、沼泽化土地等进行整治。以澳门的黑沙海滩为例，海岸线长期受海水侵蚀，加上填海造地的影响，原有的自然环境和生态环境的平衡遭到破坏，以至于一度出现严重的海沙流失问题，特区政府为恢复黑沙海滩原貌，不得不采取措施补充海沙。

3. 土地复垦规划

在土地开发的过程中，经过生产建设，土地可能会因为挖损、占压、塌陷等遭到破坏，土地复垦即针对被破坏的土地采取整治措施，将有关土地恢复至可利用状态。针对此类问题作出的专门规划，即土地复垦规划。在分类上，根据复垦土地的不同，可将土地复垦规划具体分为针对矿山开发废弃地、煤矿塌陷地、交通水利等工程压挖地、废弃宅基地等复垦规划。

4. 土地保护规划

土地保护规划以防止不合理用地和土地退化等问题为目的，通过一定的手段，包括政策手段、法律手段、经济手段等，针对特定区域、地块采取保护措施与限制措施。

5. 土地整理规划

土地整理通过重新调整土地利用的分布情况，并对土地利用的结构、方式、强度进行调解，使土地利用与特定时期的特定目标相适应；针对此类问题作出的专门规划，即为土地整理规划。

（三）土地利用详细规划

土地利用详细规划是指在土地利用总体规划的指导与控制下，针对特定土地利用单位的具体土地利用和配套设施直接作出安排。土地利用详细规划属于在微观上对土地利用进行规划，主要解决土地利用者针对有关土地进行的开发利用、整治保护等具体问题，其可操作性以及工程实施性相对较强。

四 土地规划的实施

（一）编制土地利用计划

所谓土地利用计划，是指中央和地方通过中期计划（一般是五年）以及年度计划，对土地的开发利用作出安排和部署，以具体实施土地利用总体规划。以内地为例，土地利用计划分为四级，包括国家级、省级、市级、县级。根据管理方式的不同，上述土地利用计划分别归入国家计划与地方计划，全国土地利用计划属于国家计划，而国家计划的具体细化则为地方计划，后者应当服从于前者。土地利用计划的编制原则包括以下几个方面：一是应当严格遵循土地利用总体规划，对建设用地规模加以控制，对耕地进行保护；二是通过土地的供给，对土地的需求加以引导和制约，对土地进行合理利用；三是对于国家重点建设项目，应当优先保证有关基础设施项目的用地；四是对耕地的占用和补充应当相互平衡；五是对生态环境进行保护与改善，保障土地利用的可持续性。

（二）实行土地利用监测

在经济发展、社会变迁的背景下，土地利用也呈现出日益复杂的形态，而不当使用土地资源、破坏自然环境的现象也越来越严重，因此，迫切需要加强对土地资源的管理和运用，促进土地的可持续利用。具体而言，应通过完善的土地利用监测机制，实现对于土地利用现状及其变迁等信息的快速有效掌握。在科学技术高度发达的今天，可以利用各种先进的技术与工具进行土地利用监测，例如，卫星影像即可用于进行全面实时的土地利用监测，资料采集周期较短，对地表的变化情况能够迅速掌握，影像资料在涵盖范围上较广，有关成本也相对较低。

（三）土地的开发和保护

在对土地进行开发利用时，应当将生态环境问题放在第一位，防止由于对土地进行所谓的开发而导致对生态环境造成新的破坏；也就是说，土地开发利用的前提应当是保护和改善生态环境、保障土地利用的可持续性。以内地为例，土地后备资源中的荒地、荒山、荒滩等大多位于干旱地区和半干旱地区，生态环境较为脆弱，如果对其进行盲目开发，将导致水土流失等问题，对生态环境造成破坏，并对土地利用的可持续性带来不利影响。因此，在土地的开发利用中，应当将国家在国土资源管理方面的有关政策予以全面贯彻，重视对生态环境的保护，以土地利用规划为指导，加强土地后备资源开发利用中的科学性与合理性。具体而言，应坚决制止开发不具备开发条件、可能破坏生态环境的土地。在土地的开发中，禁止毁坏森林和草原进行开荒，禁止在规定坡度以上的坡地与自然保护区内进行开垦，禁止围湖造田等行为。

第二节　澳门土地规划的规范

一　澳门土地规划的背景

在地理范围上，澳门由澳门半岛、氹仔岛、路环岛组成，截至 2011 年，澳门土地总面积 29.9 平方公里，其中，澳门半岛面积为 9.3 平方公里、氹仔岛面积为 7.4 平方公里、路环岛面积为 7.6 平方公里，路氹填海区面积为 5.6 平方公里。澳门的土地总面积从 1912 年的 11.6 平方公里增加到 2011 年的 29.9 平方公里，翻了 1 倍多，尤其自 20 世纪 60 年代起，由于人口增加、经济发展、外来投资等因素，澳门的土地需求增加更为迅速。以澳门半岛为例，由于三面环海，建设用地的来源主要包括两个方面：一是改变农用土地的用途，二是填海造地。从 70 年代起，原来的农用土地陆续用于都市化发展，如马场区、外港新填海区、离岛的氹仔岛等地区。在都市化发展的过程中，城市规划的重要性有所凸显，1975 年，澳葡政府开始进行城市规划办公室的筹办，以对当时的都市化建设加以统筹。1980 年，大型建设计划协调司正式成立，负责澳门新市镇的规划工作。经过规划，澳门原有的农用土地和部分填海地成为如今的新市镇，如澳门北区的台山、马场，南区的新口岸，氹仔岛西北部的填海区、东北部的北安工业区、中部的氹仔低地等。根据当时的资料记载，在规划范围上达到 280 公顷，其中可发展用地达到 159 公顷，可供 35 万人居住，扣除安置原有居民和部分木屋迁徙人士，仍可以容纳超过 20 万人居住。而 70～90 年代，澳门人口平均每年增长量少于 1 万人，因此，当时的土地规划从人口的角度已经足够澳门发展 20 年①。

澳门如今的人口数量已经达到 20 世纪 60～70 年代澳门人口数量的两倍多，但人口数量并非平稳增长，主要集中在 80 年代，当时人口数量的增幅接近 50%，而到了 90 年代，人口数量的增长幅度约为 25%，增长速度相对减缓。关于澳门的人口发展规模问题，在 90 年代初曾引起广泛讨论，有的意见认为人口数量较少将会对澳门的竞争力及未来的发展造成不利影响，但实际上劳动力数量和生产力水平并不成正比，两者在概念上截然不同。土地规模、其他资源规模、经济规模等，方为预测人口规模的主要依据。根据澳门的客观条件，曾经出现的澳门百万人口论，至 2025 年都不可能实现。而90 年代初，有关澳门人口规模的预测实际上均显得过于乐观，不少专家预测，2000 年澳门人口规模会达到 55 万～65 万人，2010 年达到 65 万～80 万人，2020 年则达到 80 万～100 万人，事实证明，澳门人口的实际增长速度与原先的预测存在重大差距，截至 2011 年，澳门总人口为 55.74 万人。在土地规划中，人口的预测具有重要作用，包括城市规模、用地性质等，在进行规划时均需要对人口的增长与分布问题加以考虑。而土地利用政策、房屋政策等，在制定的过程中更需要根据土地供求关系、人口密度等数据作出计

---

① 郑冠伟：《澳门城市规划的发展及延续方向》，《建筑学报》1999 年第 12 期。

算。因此，人口规模的正确预测对于土地规划具有决定意义。20世纪澳门政府在经济过热的背景下，对于人口规模的变化作出过度乐观的错误预测，导致在城市规模扩展上采取了一系列的不当措施，使其在规划分区、土地利用、城市建设等方面的政策失当，包括政府和房地产开发商都没有较为长远的计划，以90年代预计的人口增长速度作为判断房屋需求量的依据，政府批地的数量与面积大幅提高，房屋建设大增，最终导致90年代中后期出现楼宇的大量空置积压现象①。

二　澳门土地规划的进程

在基本完成整个澳门包括澳门半岛、氹仔岛、路环岛在内的城市化之后，在1956年《省会都市计划规则》的基础上，澳门政府开始进行相对完整的城市规划，包括1963年《澳门调整计划》、1966年《总督计划》、1970年《澳门地区规划》等。其中，1963年《澳门调整计划》作为澳门转变城市发展方向后的首个规划，不仅涉及全面普及城市化、控制私人住宅建筑的建设等方面，对于未来澳门以旅游业为基础进行经济结构转变和劳工比例等问题也有所涉及，为其后的城市规划提供了一定的指导。1964年，澳门专门成立都市美化委员会，负责计划城市的再开发以及旅游资源的丰富等。1966年的《总督计划》则主要针对旧城改造工程，涉及对历史城区进行保护，包括旧城区的保护、传统港口业务的保持、低档住宅的保护等。具体而言，圣安多尼、沙梨头、市场区以及葡萄牙人最初居住的地方等均具有作为遗产与旅游财富的传统及历史。除此之外，《总督计划》同时也对前一时期形成的农业化土地和工业化土地作出建议，并对黑沙环工业区提出构想。这对南湾与外港的新填海区，也提出相应的建议，包括建立高素质的服务业、商业，建设支持发展旅游业的酒店等。《总督计划》提出的有关方案虽然并不周详，对于问题的解决也未指明方法，但也是针对澳门半岛的首个整体规划。1970年《澳门地区规划》实际上并未实行，先是由葡萄牙的海外部进行制定，至1978年完成后，发现有些问题不合时宜，又于1979年交给设计公司，由其进行修改。这一计划涉及较有参考意义的一些问题，为澳门

---

① 赵炳时、李家华：《初探跨世纪的澳门城市规划和房地产市场发展的策略》，《城市规划》1999年第5期。

1979 年的计划提供了一定的指导。

在对土地建设的控制方面，1946 年曾颁布《建筑章程》，在此基础上进行修改后，1963 年颁布《澳门建筑条例》，规定了澳门的建筑施工、维修、重建、更改等方面的问题，且对于建设计划的程序以及工程施工等问题作出了具体的细则性规定，对于澳门城市空间形态的发展也有所控制。

从 20 世纪 90 年代起，澳门土地面积增长的加速趋势更加明显，因此，澳葡政府制定了不少方案，以重新规划城市土地，并使城市空间进一步扩展，包括《氹仔城市化计划》《南湾重整计划》《路环重整计划》《外港新填海区城市开发计划》《路氹填海区规划大纲》等。其中，关于土地的规划与土地的重整，在澳门半岛方面主要是对南湾及外港填海区进行开发，在离岛方面则主要是对氹仔岛、路氹城的城市化进行规划①。

三 澳门土地规划的规范类型

澳门在过去十几年发生了天翻地覆的变化，城市面貌发生了巨大的改变，由原来一个经济连续三年负增长、治安不靖、百业待兴的小城一跃成为人均国民生产总值超越香港的国际城市，成就斐然，举世瞩目。然而，在很长一段时间内，澳门缺乏公开的土地利用规划，导致城市规划的主要内容有所欠缺，甚至使人误以为澳门没有土地利用规划或者城市规划，在澳门的城市发展中，有些无序现象也被归罪于此。

不过，就澳门的整体城市现状而言，仍然体现出一定的秩序，可见澳门的城市发展建设并非不受控制。实际上，在澳门的城市建设中，澳门政府同样制定并执行了规划，只是与城市规划较为发达的国家或地区相比，澳门的规划显得较为分散，呈现出一定的任意性和隐含性。澳门土地规划方面的规范分散于各种不同的法律法规以及程序之中，可以归纳为以下几个方面②：

（一） 土地法规中的规划因素

澳门的大部分土地都由政府掌握，发展商需要获得土地进行建设时，主

---

① 赵炳时、李家华：《初探跨世纪的澳门城市规划和房地产市场发展的策略》，《城市规划》1999 年第 5 期。

② 谭纵波、董珂：《澳门土地利用与规划体制研究》，《城市规划》1999 年第 12 期。

要通过向政府申请批地的途径来取得有关土地权利。在土地批租的过程中，政府对有关土地的用途、在土地上兴建的建筑物的特征等规定用地条件，在某种程度上体现出政府在城市规划方面的意图。也就是说，政府在批地合同中加入一定的规划条件，以此对有关土地的用途、利用程度、建筑物外观形态等加以具体控制，从而在整体上达到城市规划的目的。我国香港以及内地一些沿海城市也采取过类似方式，例如，在土地出让合同中加入法定图则的内容等。不过，通过批地合同的形式规定规划条件，实际上使得城市规划内容的公法性质难以体现，而是降低到一般的民法内容，仅受民法保护。

除此之外，澳门《土地法》关于保留地的规定以及《因公益而征用的制度》确立的公益思想，实际上也是政府实现规划的具体手段。以保留地为例，一般性质的使用权均被法律所取消，保留地只能用于与其设立目的相符的用途，在具体分类上包括全部保留和部分保留两种类型，前者主要为了保护自然环境，后者则只能用于特定的公共利益目的。例如，政府机关用地、经济房屋用地、绿化和森林保护、居民用水设施、水力发电与灌溉、卫生设施、交通道路设施、旅游设施等。

因此，在澳门的城市规划中，很大程度上是通过控制公有土地的使用权来实现规划目的，与西方主要通过土地利用计划控制私有土地的规划体系形成鲜明对比。

（二）建筑法规中的规划因素

在1963年颁布的《澳门建筑条例》中，规划因素主要体现在建设用地、建筑物、相邻街道的关系以及建筑物的外观设计等各个方面。在建筑物分布上，对于建筑物应满足的各项条件如通风、采光、日照等均进行了规定，包括为保障上述条件，在建筑物之间应保持的间距等也作出详细规定。此外，还规定了建筑物的高度、间隔、天井、过道、街巷等内容。在建筑艺术的特别条件上，则提出了建筑物外观设计的具体要求。

1985年颁布的《都市建筑总章程》，修订了1963年《澳门建筑条例》中的部分内容。根据该章程的规定，澳门的所有工程计划在审定、核准案卷、颁发土木工程执照与稽查等方面均受该章程制约，该章程的具体执行部门为土地工务运输局。在建筑工程中，业主可以向土地工务运输局申请有关土地的道路红线图，即街道准线图，并在其上用红线条标注拟建位置，用绿线条标注街线，作为申请工程建设时向土地工务运输局提交的文件之一。在对工程计划进行审查时，土地工务运输局应全面考虑有关问题，例如，工程建设与有关法规和城市规划是否相符、建筑物外观与城市环境是否协调等，还应听取如保护建筑、景色及文化财产委员会等其他政府部门的意见。因此，澳门虽然没有设立公开的城市规划档，但土地工务运输局会同其他政府部门，在对建设工程进行审批时，通过附加条件的方式，实现政府的城市规划目的。

除此之外，澳门的其他建筑法规在某种程度上也包含了城市规划因素，例如，1984 年的《建筑、景色及文化财产的保护》、1989 年的《建筑物强制性预留车位制度》、1993 年的《消除非法兴建房屋制度》等。

（三）政府的内部规划

据记载，从 20 世纪 60 年代开始，澳门就进行了一系列的土地规划，包括城市总体规划和南湾外港填海区、新马路地区、外港新填海区等地区的详细规划，但这些规划并没有向社会公开，也没有立法化的记载。澳门城市规划的不公开性，使得其编制城市规划的过程和城市规划的实际作用都难以为外界所知。不过，已有的事实可以证明，具体负责规划的土地工务运输局对于澳门进行了整体规划考虑，并对城市化水平相对较高的澳门半岛地区进行分区，对各区均编制了详细的土地利用规划，只是尚未公开。但在土地的实际开发建设中，土地利用规划的不公开性也使得规划的随意性较大。

第三节 澳门新城区填海造地规划

一 概述

因应社会发展需要，为解决澳门特区土地资源紧缺，澳门政府于 2006 年向中央政府提出澳凼新城区填海建设新城，以供未来发展所需。2009 年 11 月，国务院正式批复同意澳门特区进行填海造地，将新增约 350 公顷的土地，以便为澳门创造更多经济长期稳定繁荣与可持续发展的条件。特区政府正式提出未来发展的目标与定位，缔造全新的城市天际线与海滨休闲带，实现澳门作为世界级旅游休闲中心的定位。这些新城填海区是继路凼城后，澳门另外一个大型填海构想，但两者完全不同，因为新城填海区已订明不包括博彩业。这项占地 350 公顷的规划区细分为五大区，包括澳门半岛东部 A 区约 138

公顷、澳门半岛南部 B 区约 47 公顷、氹仔北部 C 区、D 区及 E 区约 33 公顷、59 公顷和 73 公顷，即澳门半岛有 185 公顷及氹仔岛 165 公顷，但五幅土地都位于澳氹两岛中间。该规划区主要辅助澳氹两岛的持续发展，提供充足的土地储备资源。这五幅土地全部位于三道跨海大桥旁边，可以充分利用完善的道路网络，获得最大的成本效益，但也可能增加这些大桥的行车量，迅速使其达到饱和情况①。

二　国务院的具体批复

2009 年底，国务院批复同意澳门特区进行填海造地，届时新增土地面积约为 350 公顷，用于澳门新城区建设。在批复中，国务院要求澳门特区全面跟进管理填海过程，对于周边环境加强保护，并在日后的建设中充分发挥新城区的作用。该批复是"一国两制"的生命力与优越性的生动展现，体现出中央全力支持澳门经济长期稳定繁荣与可持续发展的政策倾向。对此，时任澳门行政长官何厚铧对中央政府的关怀与支持表示衷心感谢。中央政府的这一批复对于澳门而言，无疑是一个重大喜讯，对于澳门目前存在的土地资源匮乏问题将有所缓解，有利于推动未来澳门建设宜居城市，提高市民生活素质，促进经济的可持续发展。何厚铧表示，特区政府将把握此次发展机会，配合澳门的整体发展思路，对于澳门新城区进行科学的规划与循序渐进的建设。未来新城区的建设中，将有大量空间用于绿化及公共设施建设，同时也会留出相应的面积用于公共房屋的建造以及与经济适度多元化政策相符的产业发展。显然，未来澳门建设新城区，与澳门发展的百年大计相关联，因此特区政府在对新城区进行土地规划时，需要广泛深入地聆听各界意见，通过科学分析，有序推进新城建设。运输工务司司长刘仕尧表示，根据国务院的批复，有关建设使用的海域总面积为 361.65 公顷，填海后的土地面积约 350 公顷，未来填海地的澳门新城区将分为五个区进行建设，新城区将为未来澳门的人口增长、经济发展、城市规划、交通建设、景观设计、环境保护等诸多方面提供更多空间支持。届时，新城区将有一半以上的土地用于公共设施建设，如公共交通设施等，以使居民的生活素质得到进一步提升，也为澳门经济的可持续发展创造更多条件。

①　张宏业：《澳门新城规划宜加入私人房屋》，《文汇报》2010 年 8 月 17 日第 B03 版。

根据国务院的要求，未来澳门特区政府在填海过程中应当注意保护环境，填海的目的应是对土地资源匮乏问题予以缓解，并致力于居民生活素质的改善。具体而言，国务院关于澳门填海建设新城区主要围绕以下三个部分进行批复：一是同意澳门特区进行填海造地，以建设澳门新城区。有关建设使用的海域总面积为 361.65 公顷，具体分为五个区域；对于海域的使用将不收取海域使用金；填海后形成的土地，在所有权上属于国家，由特区政府进行使用，在司法与行政方面也由澳门特区管辖；特区政府应当根据已经确定的土地用途，对填海地进行科学规划与合理布局，节约利用填海地。二是特区政府应对填海工程加强动态监管，严格遵守填海造地计划；在实施填海的过程中应尽最大可能减少污染物的扩散，对周边的环境进行保护；在填海工程具体实施前，应当和国家的有关部门和地方先行沟通；对于整个填海造地过程，均应进行跟踪管理。三是填海造地后，在建设过程中，应当充分发挥澳门新城区的作用。新城区的建设有利于"一国两制"制度优势的充分发挥，能够使澳门土地资源匮乏的现状在一定程度上得到缓解，有利于居民生活素质的改善，对于未来澳门特区经济的可持续发展与社会的安定和谐等方面均有积极意义，因此，国务院要求有关各方通力合作，精心组织，对各项工作加强管理，以有序地推进填海造地工程及新城区建设。

三 新城区土地用途

关于澳门新城区填海造地计划中的土地用途，《2010 年财政年度施政报告》中已经清晰列明。未来的新城区土地将不会用于发展博彩业，而是重点发展与经济适度多元化政策相符的产业。同时，将会预留出一部分土地用于公共房屋建设，并增加公共设施建设，如交通基建、文体设施等，未来将会有一半以上的土地用于建设道路、绿地、广场等公共设施。未来新城区的土地用途将侧重于公共房屋建设、文体康体设施建设，同时也应发展私人楼宇、旅游设施、会展设施等项目。其中，新城区 C 区的 33 公顷土地可以用于发展澳门与珠海会展地带；另外，C 区离澳门国际机场和路氹城不远，往返澳门的新口岸酒店区也很便捷，成为该区得天独厚的优点。珠澳两地可互补不足，珠海可以分工发展消费展览，适合一般居民参与，而澳门有中葡论坛及世界华商高峰会等平台的优势，有利于吸引专业观众。其他氹仔 D 区、

E 区两区则可以支持氹仔旧城改造和机场发展的用途①。

关于未来澳门新城区的具体规划与批地方式等事项，运输工务司司长刘仕尧表示将在聆听社会意见的基础上，由澳门特区第三届政府作出详细安排，政府将根据澳门未来的发展需要，进行分期规划，并保持规划过程的透明度，广纳民意，以使澳门新城区规划与澳门社会发展需求相符合。

第四节　澳门旧城区改造规划

一　概述

在土地规划中，澳门政府面对的另一个大挑战是旧城区的改造问题。由于历史原因，位于澳门半岛的旧城区呈现出老化问题，例如，建筑物过时、文体康体设施不足、交通道路网需要全面更新等，旧城的现状与未来澳门特区的发展不相适应。此外，澳门特区共有 12000 个家庭轮候公共房屋，而未来 10 年澳门特区将面临第二次人口高峰，因此对于公共房屋和私人房屋的需求都将继续增加，而澳门旧城区目前的开发密度已经非常高，土地承载着巨大的压力，在旧城的改造过程中，亦需要对原有居民进行安置。对此，一方面应当完善旧城改造规划，另一方面澳门新城区填海造地完成后，也能提供一定的土地以缓解旧城区的压力。

二　旧城区的现状及规划的必要性

作为澳门的经济中心，澳门半岛人口密集，旧城区人多车多，显得尤为拥挤，经济的持续发展已经开始受到生态环境恶化的阻碍，如果不及时加以整治，未来澳门旧城区必将日益衰落。因此，必须对旧城区进行积极重整，改善生态环境。旧城区的改造并不等于消极地进行拆迁、改建，实际上，改造工作完全可以作为房地产业的一种发展方式，同时也能更深层次地发展旧城区的土地，使土地利用率得到提高。在改造旧城区的过程中，特区政府应当对投资者的集约用地行为加以鼓励。同时，可以对香港土发建筑集团重建旧区的有关经验进行借鉴。对于具体的改造，应当进行统一规划，实现连片开发，对于低层建筑物可以将其拆除，建设具有优美环境和齐全功能的住宅区或者其他楼宇。在拆

---

① 张宏业：《澳门新城规划宜加入私人房屋》，《文汇报》2010 年 8 月 17 日第 B03 版。

除低层建筑物、建造高层楼宇后，建筑密度将有所降低，因此也能够提供更多的空间用于道路拓展，有利于交通的舒缓和环境的改善。不过，改造的关键仍然是进行统一规划，否则很难达到令人满意的改造效果，目前澳门旧城区出现的一些问题，实际上就与当初缺乏细致的规划有关。

第五节　澳门土地规划制度的缺陷及其完善

一　土地规划参差不齐

在很长一段时间内，澳门的城市规划并不完善，土地利用总体规划也有所欠缺，导致澳门不少地区特别是澳门半岛，出现住宅区、商业区、工业区的平面混合与立体混合，虽然在某种程度上与澳门的土地匮乏有关，但从另外一个角度看，这种现象难以产生规模效应，且容易加剧城市的拥挤，对于澳门作为旅游城市的形象也有负面影响。而居民区和赌场的混合，对于澳门的社会稳定与教育发展等方面也存在不利影响。

澳门城市规划立法的缺位以及城市规划的不公开性，并不符合澳门作为现代化城市的要求。而由于长期缺乏公开的土地利用规划，也使得在土地的批租以及房地产的开发过程中容易出现"暗箱操作"，从而使房地产的开发风险被人为地扩大，不利于进一步改善投资环境。虽然在澳门的土地法规、建筑法规和政府的内部规划中均有一定的规划因素，在澳门的城市建设过程中实际上也发挥了相应的作用，但是，目前澳门社会对于缺乏正式、公开的城市规划存在极大的不满，人们纷纷要求澳门政府应当作出科学、系统完备的城市规划体系，科学规划、合理布局，制定城市土地利用的中长期规划，以便更好地、科学合理地利用好有限的土地资源。

二　以往的规划缺乏透明度

以往澳葡政府在进行城市规划时，一般都是通过分区的形式来制定政策，因此规划工作缺乏应有的连贯性，并非从总体规划出发，而是具有较强的松散性。此外，由于经常更换政府班子，而新任领导人不一定会延续上任领导的规划，所以规划内容不仅缺乏连续性，还常常发生变动。因为规划法的缺位，政府在进行规划时，并未向公众进行咨询，也没有通过法律形式将有关规划内容向社会公布，导致社会公众对于规划情况无从获知，容易产生

"暗箱操作"的感觉，也会引起社会对于政府规划工作的误解，甚而有人认为澳门根本没有城市规划。1991 年，澳葡政府曾经通过宪报公布有关规划，例如，南湾湖和外港填海区计划、内港码头的重整计划等，使社会公众能够对有关规划的情况进行了解，不过，在很长一段时间内，澳门政府在进行规划的过程中，公众咨询程序仍有所欠缺。实际上，澳门的城市规划存在一定的基础，并且是良好的基础，已经制定过澳门半岛、氹仔岛、路环岛三地的分区规划大纲，根据不同分区的建筑特色，在规划时也作出不同处理。目前，澳门需要使规划的透明度进一步增加，具体应当通过法律的形式，将澳门的总体规划与各分区规划向社会公众进行咨询，吸收公众的意见后公开发布，使社会公众以及投资者能够及时了解并降低有关的投资风险①。

三　回归后规划工作的透明度有所提高

回归后，特区政府在规划工作的透明度方面已然有所进步。

近年来，社会上强烈呼吁加快《城市规划法》的立法工作，2012 年 4 月 25 日，特区政府将该法草案及配套法规构思向社会公布，以开展为期 45 天的公开咨询。运输工务司司长刘仕尧指出，该法草案的公开咨询有利于社会公众知情权的扩大，立法及规划的透明度也能够有所增加，此举是特区政府聆听公众意见的表现。过去，社会公众普遍认为澳门在批地程序、土地用途方面存在不足，有鉴于此，特区政府拟针对城市规划展开立法工作，并将有关草案进行公开咨询，以尽快使该法案进入立法程序。刘仕尧表示，未来在城市总体规划与详细规划中，会明确规定有关土地的定性、分类、用途，而根据《城市规划法》草案的规定，政府将不得任意更改城市规划的编制，此乃对社会上完善城市规划法律体系之诉求的响应。回归以来，澳门的经济和社会发展迅速，居民在就业和收入等方面的情况均得到明显改善，但在高速发展的同时，澳门同样面临一系列的挑战。在经济增长的背景下，环境资源受到破坏，而环境资源的客观现状也对澳门的进一步发展有所制约。此外，随着澳门社会的开放程度逐渐加深，社会上形成复杂的利益格局与多元化的诉求。与社会的快速发展相比，澳门既有的城市规划法律体系显得相对滞后，存在诸多问题，在一定程度上不利于对不同社会利益之间的平衡、对

---

① 郑冠伟：《澳门城市规划的发展及延续方向》，《建筑学报》1999 年第 12 期。

市场持续发展的引导以及对公共利益的维护等。刘仕尧指出，要有效体现城市规划的价值，应当通过良好的制度加以保障，因此，特区政府拟对城市规划体系进行制度化构建，而该次关于《城市规划法》和配套法规的制定便是其中的重要举措之一。在咨询文本中，《城市规划法》草案将城市规划的目的定为居民生活素质的提高、城市和谐与可持续发展的促进、文化遗产的保护与周边区域的活化、居住环境的改善、土地资源的合理利用、生态环境平衡的维护等，同时应当遵循的原则包括公共利益的保障与平衡、可持续发展、环境的保护、透明度与公众参与的促进、法律的安定性、公开等。政府工作小组建议：对于城市规划的等级和类别予以订立；建立完善的程序，包括规划的编制、检讨和修改；设立城市规划委员会，使公众参与机制得以制度化；对居民的知情权进行扩大和保障，对于居民的意见和诉求加以尊重和聆听；提高规划的透明度，公布城市规划；城市规划不得任意修改，应设立一套严谨的机制，只有经过法定程序方可修改。相信《城市规划法》对于澳门社会的长远发展具有重大影响，将对澳门发展世界级旅游休闲中心产生推动作用①。

---

① 《澳门城市规划草案构思公开咨询 为期 45 天》，中国新闻网，http：//www.chinanews.com/ga/2012/04 − 25/3844382.shtml。

第七章
澳门的土地管理制度

第一节　土地管理概述

一　土地管理的概念

　　土地的管理者所在的"组织"是一定行政管辖范围内围绕土地关系形成的社会整体。这一组织内部有土地所有者、土地使用者等人，有土壤资源、生物资源、水资源、矿产资源等物，有土地出让金、租金、转让金、增值税、使用税等财，还有土地数量和质量动态变化信息、土地市场交易信息、土地政策法规信息等。土地管理就是土地管理者对一定行政管辖范围内围绕土地关系形成的社会整体内部的土地所有者、土地使用者、各类土地以及土地信息等资源进行有效的计划、组织、领导和控制，以达到既定目标的过程。具体而言，土地管理乃是一个国家或地区针对土地的开发利用、整理保护，以及土地资产的流转与收回等活动作出的组织计划、控制协调，目的在于对土地的所有制进行维护、对土地关系进行调整、对土地的合理利用予以保障，实现对社会经济可持续发展的促进①。

二　土地管理的特点

（一）阶级性

　　土地管理首先是国家行政机关围绕土地事务进行的行政管理。行政是国家的组织活动，是社会上层建筑的一部分，是统治阶级运用国家机关，按照本阶级的利益和意志管理国家意志的活动，其运作离不开国家的存在，任何行政管理活动均应服从于国家和统治阶级。在性质上，行政管理的性质由国

---

　　①　刘胜华、刘家彬：《土地管理概论》，武汉大学出版社，2005，第 28 页。

家的性质所决定，并最终决定于该国家的社会经济基础。以内地为例，实行社会主义制度，主要经济基础为生产资料的公有制，政权组织形式是工人阶级领导的、以工农联盟为基础的人民民主专政。内地的土地行政管理作为国家政权的一项重要功能，必然要体现人民群众的利益，而内地的根本政治制度为人民代表大会制度，国家的权力机关即人民代表大会，在土地行政管理中，必须根据人民代表大会制定的法律法规进行，并接受权力机关的监督和控制。通过人民代表大会，人民实现其对国家事务和社会事务的民主管理，包括对土地事务的民主管理，从而体现我国土地管理的社会主义性质①。

（二）社会性

土地管理不仅体现统治阶级的意志，执行国家的统治功能，具有阶级性，同时，土地管理也干预和管理由社会一般公共需要所产生的土地公共事务，执行国家社会服务功能，具有社会性，如促进土地资源的合理利用，保护土地资源，防止土地资源退化，保护和改善土地生态环境，鼓励开展土地整理、开发，学习西方发达资本主义国家在土地管理方面的先进技术和经验等。为适应经济、社会发展的需要，土地管理的服务职能、社会职能日趋重要。土地管理的阶级性和社会性是统一的。不能片面强调其阶级性而忽略其社会性，也不能片面强调其社会性而否定其阶级性②。

（三）法制性

作为一种行政活动，政府在土地管理的过程中，应当对有关的法律法规加以遵守，严格贯彻落实法制原则，实行法律监督。土地管理的法制性表现在以下几个方面：一是土地管理的各个方面都有相关的法律规定，都有法可依；二是不同级别的土地管理部门的权利都是由法律赋予的，它们各自在法律赋予的权限范围内进行管理；三是土地管理部门管理土地事务以法律为依据，依法行政；四是土地管理活动处于法律监督之下，实施违法行为者应当承担相应的法律责任③。

（四）技术性

土地管理具有行政管理的一般特性，如政治性、服务性、法制性等。但

---

① 刘胜华、刘家彬：《土地管理概论》，武汉大学出版社，2005，第28页。
② 刘胜华、刘家彬：《土地管理概论》，武汉大学出版社，2005，第28~29页。
③ 刘胜华、刘家彬：《土地管理概论》，武汉大学出版社，2005，第29页。

是，与一般的社会活动与管理活动相比，土地管理的技术性表现十分明显。土地是一种稀缺资源，怎样合理利用土地，如何开发未利用地，怎样开展土地整理、复垦，怎样评价土地的可持续利用性，怎样编制科学可行的土地利用总体规划，怎样评定土地等级，怎样确定土地价格等，都与科学技术的发展密不可分，要求国家有关主管部门制定大量的技术规程和操作规范，如土地利用总体规划编制规程、土地调查规程、土地分等规程、土地定级规程、土地估价规程等①。

三 土地管理的内容

土地管理的基本内容由地籍管理、土地权属管理、土地利用管理、土地市场管理四大部分构成②。

（一）地籍管理

地籍管理包括土地调查和土地动态监测，土地资源评价，土地登记，土地统计，以及地籍信息资料的管理、应用、维护、更新等内容。

（二）土地权属管理

土地权属管理包括土地所有权、使用权的审核和依法确认，土地权属变更管理，土地权属纠纷的调处，依法查处有关侵犯土地所有权、使用权方面的违法案件等内容。

（三）土地利用管理

土地利用管理包括编制和实施全国、省、地（市）、县、乡土地利用总体规划和专项规划，制定土地供给计划，对土地利用，特别是耕地保护，以及土地开发、整理、复垦等进行监督和调控。

（四）土地市场管理

土地市场管理包括对土地市场供需、土地交易、土地价格、土地市场化配置等进行管理。

上述四部分内容是相互联系、相互依赖的，它们共同构成完整的土地管理内容体系。地籍管理为土地权属管理、土地利用管理和土地市场管理提供有关土地的数量、质量、权属和利用状况的信息以及土地权属状态的法律凭

①　刘胜华、刘家彬：《土地管理概论》，武汉大学出版社，2005，第29页。
②　陆红生：《土地管理学》，中国经济出版社，2000，第47页。

证，是搞好土地权属管理、土地利用管理和土地市场管理的基础性工作。在开展土地权属管理、土地利用管理和土地市场管理的过程中，土地权属的变化和地类的变化要及时反映到土地登记、统计文件中去，并输入地籍信息库，不断更新地籍资料。反映土地法律、自然、经济状况的最新地籍信息，是搞好土地权属管理、土地利用管理和土地市场管理的必要条件。这就是地籍管理与土地权属管理、土地利用管理和土地市场管理之间的依存关系。土地权属管理、土地利用管理和土地市场管理之间同样是相互联系、相互依赖的。土地权属的变更、土地市场交易必须符合土地利用总体规划的要求。例如，国家依法征用的土地，依法出让的国有土地，这些土地的位置和征用、出让后的用途必须以土地利用总体规划为依据。同样，土地利用总体规划和土地利用计划的编制，必须考虑到土地权属状况和变更计划，以及土地市场状况，才能更科学、有效地进行土地利用管理。由于土地利用最终是土地权属单位对土地的利用，而且土地权属变更和土地用途变化往往是通过土地市场实现的。所以，土地利用管理、土地权属管理、土地市场管理三者是紧密地联系在一起的。从上述四大内容在土地管理系统中的作用来看，地籍管理是基础，土地权属管理、土地市场管理是手段，土地利用管理是核心。因为土地管理的总目标是取得尽可能大的生态效益、经济效益和社会效益，实现土地资源的持续利用，这主要是通过合理利用土地来实现的，而土地权属管理、土地市场管理的任务在于正确地调整土地关系，调动土地权属单位合理用地的积极性，并通过市场机制合理配置土地资源，为实现土地管理的总目标服务[①]。

第二节　澳门土地管理的法律依据

一　概述

土地是土地管理工作的对象。从土地管理的角度来看，土地既是自然资源，也是生产资料。土地在与人口、生产建设、经济发展、环境保护等方面的关系中，都占有突出重要的地位，有效地管理土地有利于资源的

---

① 陆红生：《土地管理学》，中国经济出版社，2000，第47页。

管理。

葡萄牙人在澳门经历约 400 年的行政管理，但长期以来，深知其在主权角色上的不明确，而影响了在土地和房地产上的管理。事实上，居住在澳门的葡萄牙人所占的比重不大，亦难作有效的管理。直至 19 世纪末期，才逐步开展房地产权属登记的工作。而在此之前，即使葡萄牙人已经在澳门居留，但是澳门的土地在很长一段时间内均由中国的地方政府进行管理。后来，澳门的葡萄牙人日益增多，并形成、完善了在澳葡萄牙人的内部自治组织，才在澳门一定的范围内，对于源自葡萄牙的法律法规开始或明或暗地加以实施，而在 1887 年《中葡和好通商条约》签订后，葡萄牙法律法规在澳门的施行被合法化，直至今日，形成了澳门如今的法律体系。因此，本节关于澳门土地管理法律依据的讨论，大部分内容均来自葡萄牙法，包括澳葡政府时代的有关土地立法等。至于中国历代政府此前对澳门实行土地管理的有关制度和作用，则不做过多介绍，但应承认其存在与地位。澳门的现行法律主要包括两个部分：一是延伸至澳门的葡萄牙法律，包括葡萄牙专门为澳门制定的法律；二是由澳门的立法机关自行制定的法律。澳门的土地立法与其他法律相似，1976 年澳门立法会开始行使职权后才开始出现澳门立法机关自行制定的法律，而在此之前则大部分是延伸至澳门的葡萄牙法律，或者澳门总督发布的一些法令等。目前，澳门的法律制度中，和土地管理直接相关的法律主要包括 1980 年的《土地法》、1994 年的《地籍法》和 1999 年的《物业登记法典》等。

从土地管理的定义出发，其基本任务为：①维护土地所有制，保护土地所有者和使用者的合法权益；②充分合理利用土地；③切实执行土地法。在澳门的土地管理上，除了土地、房地产权属的登记外，另有财政局专责征税、《土地法》之施行以规范土地之批给，而且在《都市建筑总规章》的范畴内，土地工务运输局透过"街道准线图"以协助城市规划，最后由地图绘制暨地籍局负责土地的划界及工地的放样，以保证城市规划政策之落实。此五种手段，都发挥了有效的土地管理功能。但由于过去土地的批给采取暗中交易而不公开竞投的手法，市场被垄断，而政府的土地收益又减少，加以高级官员以中、短期合约应聘来澳工作，缺少长远发展计划及远期目标。凡此种种因素，皆妨碍土地之正常管理。直至《地籍法》颁行，土地管理才进入另一新里程。

二　《土地法》

澳门的土地具有特殊性，对此 1980 年的《土地法》在前言中指出，澳门土地面积狭小，人口密度高；几乎没有农业，可利用的土地和填海取得的土地主要都是用于都市用途；建筑物主要向空中发展，澳门城市土地的占用已经达到饱和状态；木屋等临时建筑物分布于无主土地；离岛地区尚有不少土地由"纱纸契"持有人主张所有或者占有等。而此等情况，除对土地问题带来其本身的特征及特别的重要性外，多年以来在土地方面备受特别法律注目。也正是由于澳门土地情况的上述特殊性，使土地立法与《澳门民法典》《澳门刑法典》等不同，葡萄牙并未将其国内有关土地法律直接延伸至澳门进行适用。1965 年，政府以第 1679 号法律规定澳门无主土地的占用与批用方式；1971 年，政府以第 1860 号立法性法规，规定用于建设城市房屋土地的不动产租赁方式，对私人的建造活动加以鼓励，并减轻承批人使用有关土地时的负担。

澳门土地立法的基础乃是 1980 年《土地法》，该法的颁布使澳门土地立法进入全新阶段，同时也是澳门法律本地化的典型代表。经过 1981 年、1982 年、1983 年、1984 年、1991 年、1994 年等数次修改，形成现行的《土地法》法律条文。该法共 40 章 203 条，涉及内容包括：土地的所有权归属类型；保留地；聚居地；无主土地的分类和占用条件；无主土地的处置；土地的出售、批出与占用；土地的划界；承批人的权利和义务；土地批出和占用的程序；土地权利的流转；程序及批出的终止；土地的登记；有关土地违法行为的处罚；最后条款和过渡性规定等。其中，在该法的前言部分，立法者专门列出其认为比较重要的内容，包括：对于保留地，不论是全部保留或者部分保留，均用于特定用途，而不列入一般的土地使用或占用制度；不足正常建筑用途的零碎地段可予出售，前提是有关土地和拟取得人拥有的土地相连，并且对于其他相连土地的所有人、承批人均没有可利用之处；不动产的租赁和长期租借方式均可作为都市地段或者具有都市利益地段的处置方式；对承批土地面积规定最高限额；租金的调整；土地批出的公开拍卖方式及其例外情形；规定不动产的租赁向长期租借的转换；批出土地的转租；土地的临时性与确定性划界；承批人的权利与义务；确保批出土地的利用；简化批地程序，规范土地权利的流转；关于物业登记的规范；有关

"纱纸契"土地的法律问题，日后通过特别法律另行解决。

三　《地籍法》

澳门土地匮乏，在土地的管理中，特别是在批地政策的执行上，澳门政府均承担着重大责任。而在地籍的管理方面，几何地籍对于政府的土地登记和捐税等职能发挥着越来越重要的辅助作用。1994年，澳门颁布第3/94/M号法令即《地籍法》，对于地籍图的法律效力进行确认。该法共21条，涉及内容包括：地籍管理权限；地籍图的编号与式样；地籍图的性质分类；地籍图的内容；地籍图的公布、澄清、异议及其处理；确定性地籍图及其效力；土地定界的修改；地籍图的更改等。

在1994年《地籍法》与1980年《土地法》的共同作用下，澳门长期以来存在的土地登记面积和土地实际面积不相符合的问题得以解决。在进行土地登记时，由于澳葡时代官民存在语言沟通上的障碍，往往需要由传译员进行转述，而传译员的双语水准一般不太高，加上中葡的量度单位存在差异，例如1葡尺和1中国尺代表的长度相去甚远，在进行登记时则容易混淆，因此物业登记局的原始登记材料往往会出现错误，尤其是存在较大的面积误差。对于物业登记的面积误差，《地籍法》颁布之前，容许的误差范围为5%，但因误差常存在，且较大，为进一步解决这一历史问题、促进土地的发展，1994年《地籍法》第4条第3款规定，每宗土地的登记面积和实际面积的容许误差范围为±10%。该法第9条第2款另规定了首100平方公尺以内10%的宽限，即在前述10%误差的基础上，还可容许最高10平方米的误差。上述规定基本上可以解决面积较小的房地产的土地登记面积和土地实际面积不相符合的问题，至于面积误差超过上述规定的10%加10平方米误差范围的房地产，如已超出20年的使用期，则可按《土地法》的有关规定取得相应土地的使用权，面积误差也可以通过法律途径进行纠正。

在地籍图公布方面，按《地籍法》规定，行政部门分期按堂区次第将区内宗地制成地籍图，并在各所属堂区公布。在30天期限内，各宗地主可参阅公布之地籍图，如认为其边界有可怀疑者，应向地籍图编制的实体地图绘制暨地籍局要求澄清。倘对澄清结果不满意，可在30天内递交声明异议或要求更正。在地籍图公布60天后，如无任何异议，则该图转换成确定性地籍图。对要求更正的图，则由政府作仲裁人，邀约该地四邻以确定其边界，如能达成谅解，则亦转成确定性地籍图，否则转交法院，由法律更正。这和内地"土地所有权和使用权争议，由当事人协商解决；协商不成的，由人民政府处理"的精神相同。对附有声明异议的图，则政府先向受影响的业主发出通知，并提供意见或建议，如各权利人能达成协议，则该图转为确定性，或经法院裁定而最终成为确定性地籍图。确定性地籍图的作用是为解决可能存在已久的技术错误。因为房地产及有关独立单位的法律状况由物业登记局确定，但考虑到土地形体资料的重要性，于是规定地籍图的证明力，在图上除了地籍编号外，还包括房地产之名称、状况，即所属堂区、位置、街道门牌编号，面积；如有可能，并分列覆盖面积及非覆盖面积；房地产记录之编号或载明其欠缺；房地产标示之编号或载明其欠缺；及地籍图发出之日期，属临时性或确定性。业权人可利用地籍图到物业登记局作数据改正或更新。对由几幅小面积的房地产合并发展为大面积的建筑物，或由大面积的地段分期兴建为较小面积的单位，其原来的地籍图资料则因而改变，权利人应向行政部门要求发给新的地籍图，地图绘制暨地籍局即派出测量员到场，由关系人在场指明地界，经测绘后再发给新地籍图以替代原来旧图的效力划界。获批出之土地，由地籍图确定，并在有关地段划明界限。划界分临时性及确定性两阶段。临时性划界在地段四周边界掘坑以围上铁栏，在每一角落放置规定标志。划界的执行者为地图绘制暨地籍局，在执行临时性划界前7天，以中、葡文通告于《政府公报》上以召集利益关系人。在划界后7天内，关系人应以书面声明是否接受该临时性划界。确定性划界是指在有关地段周围加上三合土记号或标志。确定性划界应以临时性划界及批给案卷内有关续后的更改为依据。确定性划界只能在地段使用获得证明后进行，亦即由临时性批给转为确定性批给时进行，方为有效。

四 《物业登记法典》

在澳门有关土地的立法中，与物业登记有关的法律法规可谓历史最为久远。早在19世纪60年代末期，葡萄牙颁布《海外省物业信贷法典》，以及通过法令将有关法典延伸至海外适用，包括《葡萄牙民法典》《物业登记法典》等，在澳门建立起和现在大致相似的物业登记制度。在登记的法律效力方面，根据葡萄牙法律体系的有关观念，物业登记赋予登记人对抗第三人的法律效力。

基于历史上的和文化上的原因，澳门物业登记制度的发展演变过程与葡萄牙的物业登记制度的演变息息相关。澳门沿用的一直是葡萄牙在物业登记方面的立法，最初是简单地将葡萄牙已施行的法规延伸至澳门，到了后期开始意识到澳门社会及经济现实中的一些特殊情况，通过一些单行的法规对原葡萄牙的《物业登记法典》中的条文进行了一系列的修改与补充。刊登在1961年11月4日第44期澳门《政府公报》上的第18751号训令将1959年葡萄牙《物业登记法典》进行相应修改后延伸至澳门，其后刊登在1967年12月30日第52期《政府公报》上的第23088号训令将1967年《物业登记法典》延伸至澳门，并一直适用至1999年。虽然该部法典现已被废止，但是在其生效的30余年间，澳门的物业登记体系运作一直较为良好，不仅是由于1967年《物业登记法典》的法律技术水平较高，更是由于该法典每经过一定的期间就会由单行法例进行更新。

不过，1967年旧法典虽经过不断修改，但亦有一段时期人们曾普遍认为最重要的是通过一部新的物业登记法典，将新科技与最新的简化及非官僚主义结合起来，但又不忽略必要的法律保障——通常这对于任何公共登记体系的良好运作是最重要的，借此实现《中葡联合声明》其中的一个承诺：本地区法律体系主要法规本地化。

1999年第46/99/M号法令核准澳门新《物业登记法典》，不过，其原稿仍然来自葡萄牙《物业登记法典》。至此，可以肯定的是，如今的澳门已经建立起具有先进技术及安全性的物业登记体系，并且拥有现代化且有效的《物业登记法典》，这对不动产贸易给予肯定及保证。

第三节　澳门的土地管理机构

土地委员会为澳门特区的土地政策的制定者。澳门特区涉及土地管理的行政机构为土地工务运输局，管辖与土地有关的部门有：土地工务运输局、地图绘制暨地籍局、房屋局、建设发展办公室、环境保护局等。土地工务运输局下设土地管理厅、城市规划厅等。建设发展办公室负责土地规划与管理工作，业务执行上附属于土地工务运输局的土地委员会对土地批给事宜提出意见；地图绘制暨地籍局负责土地的划界及地籍管理工作；行政法务下属法务局的物业登记局负责土地及不动产的登记工作；经济财政司下属的财政局

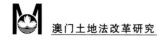

负责土地及其不动产的税务征收工作。

一　土地委员会

土地委员会负责对土地的批租提出意见，对土地的利用状况进行监督。澳门第60/99/M号法令规定了土地委员会之组成及权限等问题。

（一）　性质与权限

根据第60/99/M号法令第2条的规定，土地委员会系行政长官在土地批给事宜上之咨询机关，其运作附属于土地工务运输局。该法令第3条列举了土地委员会的具体权限，包括："a）对土地批给卷宗发表意见，不论土地所归属之实体为公共实体或私人实体，亦不论其所属之法律制度为何；b）在利用获批给之土地方面，就承批人对法定及合同义务之履行发表意见，以及建议处以罚款及其他法定或合同规定之处罚；c）对征作公用之获批给土地之卷宗发表意见：d）批给、续批、解除及废止土地临时占用准照；e）促进及出席公开竞投以及解决其附随事项。"

（二）　组成

第60/99/M号法令第4条规定："一、土地委员会由以下成员组成：a）土地工务运输司司长，并由其负责指导及领导；b）地图绘制暨地籍司司长；c）澳门物业登记局局长；d）澳门市政厅一名代表；e）海岛市市政厅一名代表；f）土地工务运输司法律厅厅长；g）土地工务运输司城市建设厅厅长；h）土地工务运输司土地管理厅厅长；i）无投票权之秘书一名。二、任何成员缺席、不在或因故不能视事时，由其法定代任人代替。"

（三）　运作

第60/99/M号法令第6条规定："一、土地委员会每星期召开一次平常会议，并可视工作量而召开特别会议。二、须在每次土地委员会会议中缮立及通过有关会议纪录。"第7条关于执行上之辅助规定："土地工务运输司负责向土地委员会提供工作上之技术、后勤及行政辅助。"

二　土地工务运输局

（一）　简史①

土地工务运输局的历史与澳门的历史息息相关，其发展及演进反映在数

---

① "简史"，土地工务运输局，http：//www.dssopt.gov.mo/zh_ HANS/home/aboutUs/id/23。

个世纪以来所完成的无数工程及事业上。自 17 世纪末，澳门已是一个著名的国际商埠，虽然此地位过去曾受到一些不利因素所冲击，但城市发展却从未中止过。19 世纪中叶，随着国际商埠地位的确立，澳门由渔村向国际化都市逐步演进，市区中心逐渐形成，对公共工程，如开辟马路及填海等的需求亦随之增加，这些都是由属工务部门的"工务局"所负责的。回应地区发展的需要，工务局职能不断扩大。1867 年，工务局具有以下职务范围：市政工程、军事与防御工程；建造、检查及管理公共建筑、街道、马路、桥梁、码头等；维修和保养有关工程；建筑用地的量度及其批给；制定与私人楼宇有关的街道准线及参与有关公众利益的事务；针对重建和新建楼宇的申请与案卷编写报告；进行地图的绘制和探测；针对物料的购置和工程的承揽制定合约、进行批给；对工程的技术、建筑和经济方面的条件进行研究。1869 年，工务局的职能进一步延伸至排放泥塘积水、浚河和勘探土地；8 年后开始负责公园的监察与管理；从 1892 年起，更对澳门以至葡萄牙的道路、桥梁、水利工程负起研究、建造和保养的责任，当中包括土地测量公共建筑、灌溉系统、电报系统、灯塔、石矿场、矿井、地质研究等；到了 1900 年第三季度末，其职责进一步明确，主要负责澳门任何性质建筑物的建造和维修的准照发放，及一切与该等工程有关的批给、指导和稽查的工作，并执行当时的公共工程法律和规章；14 年后，《澳门省工务局组织规章》获得通过，工务局下设四个常设科分别负责"公共及私人建筑""道路及卫生""水利工程及其他工程"，以及"道路、公园和树林的保养"。进入 20 世纪 20 年代，澳门与内地的关系有所改进，加速了澳门城市发展的步伐。工务局辖下的"科"增至五个，分别承担"公共和私人建筑""道路和卫生""民用建筑及道路""公园和树林的保养""电力服务和电力工业的技术稽查"等范畴的工作。其后，其职能进一步延伸至建造地区公共工程和纪念碑、邮政、电话和无线电服务、电报等。至 1930 年，分工更细，当时，工务局辖下设立 8 个科，分别负责全澳各项工务事项。事实上，随着社会进步和时代变更，澳门政府各级机关架构时有改变，以适应新管理模式的需要。专责工务的行政机关亦前后出现过多个不同的称谓，如"工务局""工程公所""工务专理局""工务港口及运输厅"等。1964 年 10 月，《省立工务运输厅组织规章》获通过，"工务港口及运输厅"改组成为"工务运输厅"。1981 年，政府对行政架构进行较大规模的改革，新设五个政务司分管不同职能机关，希望令组织架构更专业化以适应当时社会和经济的快速发展。而"工务运输厅""建设计划协调司"及"邮电司"等部门则由五个政务司之一的"计划设备暨建设政务司"管辖。同年，"工务运输厅"升格为司级，改称为"工务运输司"。"工务运输司"先后于1984年9月及1989年两次重组架构，第二次重组与"建设计划协调司"合并成"土地工务运输司"。翌年，"土地工务运输司"正式成立，其原来隶属的"计划设备暨建设政务司"亦易名为"工务暨运输政务司"。随着澳门回归祖国，"土地工务运输司"于1999年12月20日改称为"土地工务运输局"。2008年5月13日，特区政府设立专责交通事务部门，随即取消土地工务运输局陆上运输相关职能。

（二）主要职能[①]

土地工务运输局为澳门特别行政区政府辖下的技术辅助性公共行政机关之一，在土地管理及使用、城市规划、基础建设、基本服务范畴内，对本地区硬件整治政策提出建议，并参与制定本地区经济和社会发展的指导方针，以及对经济和社会整体有利的活动。

1. 技术辅助职能

作为专业的公共行政机关，土地工务运输局的技术辅助职能主要包括研究政策和促进建设两大领域。在研究政策方面，除了促进订立土地使用规则及协助制定土地和社会设备管理政策外，还辅助其他公共行政机关分析公共及私人建设的建议。在促进建设方面，负责实施保护、保存及修葺海岸的工程，构建基础建设和环境卫生网络，并促进公共楼宇及纪念性建筑物的建造，以及核准都市建筑及电力设施的使用等。

2. 公共服务

土地工务运输局亦对建筑业内人士及各界提供公共服务，包括：土地租赁、核准建筑工程计划、签发工程准照、检验危楼及失修楼宇、发出街道准线图、建筑商及技术员注册等。

（三）附属单位

根据第29/97/M号法令第3条的规定，土地工务运输局设有如下附属单位：

---

① 土地工务运输局主要职能，http：//www.dssopt.gov.mo/zh_ HANS/home/aboutUs/id/23。

（1）策划、管理暨规划性组织附属单位，包括：①城市规划厅；②土地管理厅。

（2）执行性组织附属单位，包括：①城市建设厅；②公共建筑厅；③基础建设厅。

（3）辅助性组织附属单位，包括：①法律厅；②行政暨财政厅；③研究暨文件处；④资讯处；⑤技术辅助处。

三　地图绘制暨地籍局

（一）简史

1975 年，澳门成立地图绘制研究委员会，此乃地图绘制暨地籍局的前身。此前，澳门的地图绘制由陆军军部负责，难以满足城市建设的要求，迫切需要在较短时间内完成较高精度地形图的绘制，以用于澳门的城市开发建设，特别是氹仔岛和路环岛两个离岛的开发建设。为在较短时间内培养出合格的地形图测量及绘制人员，地图绘制研究委员会下设地形测量暨地籍学校。1984 年，地图绘制研究委员会改组，成为地图绘制暨地籍署，作为政府常设机构，后升格为司。澳门回归祖国后，"地图绘制暨地籍司"改称为"地图绘制暨地籍局"。

（二）性质与职能

第 70/93/M 号法令第 1 条规定，地图绘制暨地籍局为澳门行政部门之技术辅助机构。

地图绘制暨地籍局前身为地图绘制研究委员会，是澳门特别行政区政府属下的局级部门，隶属澳门运输工务司。地图绘制暨地籍局负责澳门特别行政区内陆地上的测绘事务、执行地图测绘、组织和保存澳门特别行政区地籍资料的工作。在地籍管理上，由地图绘制暨地籍局对土地进行划界，具体根据有关规划图则对各地块的边界定点坐标值进行计算，针对各地块绘制出地籍图，经有关地块的地利者或者占用者申请后，进行现场实测放样，用于工程施工用途，因此，此类地籍图又被称作都市建筑总章程地图。另一类地籍图则是载有包括土地面积、四至资料、业权人资料等内容的地籍图。

自 1984 年正式成立起，地图绘制暨地籍局已开展地籍测量工作，对每一宗地制作一幅地籍图。为每一宗地准确定界并赋予每一宗地一个相对应的地籍编号，以方便管理。地籍图对每宗土地的权属状况进行记载，如有关土地为私有土地还是租借地等，并载明有关土地所属区域、土地位置及面积，以及门牌、房地产记录、房地产标示等编号。

（三）具体职责

第 70/93/M 号法令第 2 条列举了地图绘制暨地籍局的具体职责，包括：

（1）建立对科学知识及对整治澳门所必需之数字化制图之资料库，并使之保持最新资料及将有关之历来资料存档；

（2）运用仿真及数字（图标及字母数字）之方式编制几何地籍（档案），并使之保持最新资料及将有关之历来资料存档；

（3）收集可在地图上表示之有关澳门之所有资料；

（4）从数字化制图及澳门土地几何地籍资讯化方面，发展一地理资讯系统之核心资料库，以辅助需要该核心资料库之实体，以便全面开展其活动；

（5）根据法律之规定，参与土地之占用及使用之有关程序；

（6）研究、执行、指导及监察澳门之大地测量、地图绘制及地形测量方面之所有工作；

（7）应澳门其他实体之要求，以大地测量方式对地面沉降、公共土木工程之稳固程度及其可能之变形等方面之研究提供辅助；

（8）应澳门部门或其他实体之要求，绘制与该等部门或实体活动有关之地图及图；

（9）确保属其本身编制及其他公共部门编制所需之技术员及助理技术员之培训，尤其是透过澳门测量暨地籍学校进行；

（10）与该局特定活动有关之澳门各部门及各机构，以及国家、地区性或国际性组织保持科技交流；

（11）就其权限范围内，透过对澳门部门及其他实体所进行之工作进行研究及制作技术意见书而予以辅助。

（四）附属单位

根据第 70/93/M 号法令第 3 条的规定，地图绘制暨地籍局的附属单位包括地图绘制厅、地籍处、行政暨财政处、澳门测量暨地籍学校。

四　物业登记局

物业登记局负责澳门特别行政区所有物业登记工作，通过对不动产的取得、抵押、转让等事实的登记，公开不动产的法律状况，保障不动产交易的安全。具体包括：取消物业的按揭登记（楼宇按揭销号）、物业登记、物业登记的证明。

物业登记局是澳门最古老的公共部门之一。19 世纪，葡萄牙将其《物业登记法典》延伸至澳门适用，成立物业登记局，开始进行房地产登记，对每宗物业进行房地产标示编号。在职责上，物业登记局保护合法房地产交易的运作，确保合法房地产交易法律行为的可信性与安全性，并为房地产信贷提供支持。此外，在操作过程中，每一项物业登记的副本都由物业登记局抄送给财政局，实际上这也在一定程度上起到了对有关税收的确保作用。葡人庇山耶（Camilo Pessanha）担任物业登记局局长时，规定买卖双方在立契官公署由立契官公证买卖契约，再交往物业登记局进行登记。由于土地分为政府地和私有地两种，在物业登记局亦相对地多设立一项政府地登记，并规定在其上所建物业之买卖必须在缴纳租金后才能进行。

其实，无论澳门的房地产是否在物业登记局注录，财政局对每宗房屋均分配了相应的编号，即房地产记录编号，并根据该编号每年向房屋的产业权人征收房屋税，如果有关房屋系建立于通过租赁方式批出的土地之上，则还将收取相应的地租。由于财政局对全部房屋均有记录，所以在出现产权纠纷且物业登记局没有相关登记资料时，房屋税单即为一种参考，因其上列有业权人或纳税人姓名可供参考。例如，当某物业并未登记于物业登记局，则澳门政府将视有关土地为无主土地，但是土地的占用者若能出示房屋税单的，则其可有优先权参与竞投。如果土地的占用者添加诸如水费单、电费单之类的辅助文件，以证明对有关土地上的永久性建筑物占用已经达到 20 年的，则可以通过民法的规定按照时效取得有关利用权。

第四节　澳门地籍管理制度

一　地籍管理概述

（一）地籍管理的意义

土地是人类赖以生存的基本物质条件，而地籍则是人类认识土地、利用土地的产物，是组织社会生产的客观需求。作为一个国家或地区行政管理的措施之一，地籍管理是土地管理工作的基础，属于地政的一个重要部分。在社会生产力与生产关系的发展过程中，地籍管理也随之不断发展完善。而在城市地理资讯系统的发展中，地籍资料是必不可少的基础性资料，地籍管理和土地利用共同构成土地管理体系的核心。地籍管理的重要手段是地籍调查，作为一项技术性工作，地籍调查是土地进行登记前所必经的阶段，也是土地管理体系中集技术性与政策性于一身的基础工作。通过进行地籍调查，能够查清每宗土地的地理位置、权属关系、界限、土地面积、土地用途等情况，用于进行土地登记。而将地籍调查所取得的资讯用于地籍地理资讯系统的建设，则能够为土地利用工作做好准备，因此也是一个地区的重要发展环节。

（二）地籍管理的内容

从字面上看，地籍中的地乃是指土地，籍则表示登记簿册，所以简单地讲，地籍也就是土地登记册，即登记有关土地的地理位置、权属关系、界限、土地面积、土地用途、地价等基本资讯的图册。所谓地籍管理，即为了对土地的权属关系、自然状况与经济状况进行研究并建立地籍图册资料而采取的手段和措施。在具体内容上，地籍管理既取决于特定土地的基本特性，又取决于特定社会的生产力水平和相应的生产关系变革。而在特定的生产方式条件下，作为某一国家或地区的一项地政措施，地籍管理有其特定的内容体系。

以内地为例，在不同的历史时期，地籍管理也有不同的内容：在封建社会时期，地籍管理的主要内容包括土地的清查、分类与登记，目的在于制定和封建社会土地制度相关的租税和劳役等制度；到了新中国成立初期，地籍管理的内容则主要是对土地进行清丈、划界、定桩、登记、发证等，以配合土改分地；在新中国成立中期，地籍管理开始逐渐由土地权利的登记转为提供土地的自然状况、经济状况、权属状况等基础资料，用于合理组织土地利用，在内容上主要包括进行土壤普查、土地评价以及农业税面积台账的建立等；如今，内地地籍管理的内容则主要为土地的调查、登记、统计，以及管理地籍档案和地籍资讯系统等。在澳门，地籍管理的主要内容包括土地调查、地籍测量、土地统计，以及管理地籍档案和地籍资讯系统的建立等。

地籍管理的内容并非一成不变，不同的地籍管理内容也并非互相独立，而是相互衔接、紧密联系的。具体而言，地籍管理的基础工作是土地调查，而土地调查的后续工作则为土地的登记和统计，通过土地的登记和统计，能够对土地的调查成果加以巩固，并使得土地调查成果的现时性得以保持。在土地登记和土地统计二者的顺序上，具体操作中既可以是先进行土地统计，再进行土地登记，即在调查有关土地的利用现状后进行土地统计，以有利于土地调查成果现实情况的保持；也可以是先进行土地登记，再进行土地统计，以有利于保证土地统计成果的精确性与稳定性。此外，还可以将土地的调查、登记、统计结合起来，同时进行。不过，土地的登记工作一般应当在有关土地利用的详查或者地籍调查完成之后再进行，以对土地权属登记的精确性与稳定性加以保证。如果不能保证土地权属登记的精确性与稳定性，则土地的登记程序只能是经过申报、调查、核查后，再进行登记发证。地籍档案的资料来源为地籍管理的前述工作成果，而这些地籍管理工作的成果最终也体现在地籍档案中，为其后地籍管理工作的发展提供依据。因此，地籍管理的基本工作之一即管理地籍档案。至于地籍资讯系统，则是通过科学方法，利用有关技术把地籍档案资料的基本资料录入资料库，以供查询、分析、处理、打印等。

（三）地籍管理与土地利用的关系

作为人类赖以生存的基本资源，土地资源的重要性不言而喻。因此，有效管理土地资源、合理利用土地资源也显得尤为重要。而土地管理的基础在于地籍管理，如果能够对最新最全的地籍资料进行充分掌握，则能够为下一步的土地管理和开发利用决策提供有力依据。土地管理的核心是土地利用管理，手段则为地权管理，而通过地籍管理，能够对土地的所有资料加以掌握，对土地的权属予以确认，为其他各项土地管理工作打下坚实基础。对土地进行宏观上的控制及微观上的管理，乃是土地管理工作的目标，其根本任务在于对土地利用进行合理组织。在城市建设方面，前期工作为土地利用的规划，受到有关用地方案的制约。而地籍资料提供了某一国家或地区土地利用规划的基础资料，因此，地籍资讯的收集、分析、处理、保存等乃是土地利用的基础。作为土地管理的重要内容，地籍管理工作与其他土地管理工作一同构成紧密联系的完整体系，共同促进土地资源的合理利用。

二 澳门地籍管理的历史沿革

澳门土地资源极其匮乏，在土地资源的管理方面，特别是批地政策的遵循方面，澳葡政府发挥了重要作用。而对于澳葡政府而言，几何地籍对土地登记和土地税务方面的辅助作用日益彰显，1994年，澳门第3/94/M号法令即《地籍法》对地籍图在法律上的效力进行了确认。澳门地图绘制暨地籍局的其中一项职务就是发出地籍图，对全澳土地边界进行清晰界定，协助不动产物业的整理和规划工作。从1984年起，地图绘制暨地籍局开始通过实地测量的方式进行全澳土地边界测量，制作每宗土地的地籍图，对每宗土地进行准确定界，并进行地籍编号，以便进行管理。在具体的地籍调查中，一方面，利用先进的测量仪器和计算方法，对有关土地的边界和面积作出精确测量和计算；另一方面，积极搜集相关地籍资料，包括物业登记局的房地产标示编号、财政局的房地产记录编号、楼宇名称及门牌等。因此，每幅地籍图的内容涵盖有关土地的业权状况，例如，该宗土地为私有土地或者是租借土地等，以及该宗土地的所属区域、地理位置、四至、土地面积、房地产标示编号、房地产记录编号、门牌编号等。1994年，经过10余年的努力，地图绘制暨地籍局关于澳门地图的数字化工作初步完成。1996年，整个澳门的地籍资料库得以建立。自此，地籍资料从以往仅保存于纸张上演变为存储至资料库中，对于地籍资料能够进行更加方便快捷的查询、分析、处理、打印等，有利于工作效率的提高。此外，为向业权人或者其他利害关系人公布土地边界，让其审核地籍图，以便由其提出异议或者申请更正，根据《地籍法》的规定，地图绘制暨地籍局在1994年9月～1998年2月，通过分区和分阶段的方式，对地籍图进行公开展示，即公布地籍，该措施成为地籍管理资讯化的重要里程碑。

不过，由于历史方面的原因，澳门的法律制度和行政体制仍存在一些问题，导致该地区在开展地籍管理工作时存在一定的障碍，特别是不同土地管理机构之间的合作问题。因此，在未来的地籍管理中，对于官员个人或者不同政府部门之间的官僚作风应当予以摒弃，不同土地管理机构之间应加强联系、沟通、合作，共同推动澳门的地籍管理与土地利用工作。

三　澳门地籍管理的现状

（一）现行地籍管理的内容

澳门的地籍管理制度包括地籍与物业登记、批给土地的划界及案卷管理。

1. 地籍与物业登记

土地的划界通过地籍测量进行，并受澳门《地籍法》的制约。土地所有权人、承批人及占用人的义务为：提供该土地的权属证明文件；指出宗地的地界；土地界限未定时，所有材料一并送交地籍管理部门，由其负责解决争议。物业登记的主要内容包括：临时性批出、确定性批出土地及其续期；批出土地所衍生权利的转移；经批准修改批出标的、用途及利用条件等。地籍与物业登记，由政府主管机关设有划界及检查组，主要任务是：执行临时及确定性划界；检查已被申请的地段，并作出报告；检查批给及占用土地的利用；缉查并呈报违法占用及其他违法行为①。

2. 批给土地的划界

批给土地应在有关案卷内以登记图确定，并在土地上划明界限。划界分为临时性划界和确定性划界。临时性划界是以申请人提供的资料为依据，同时应遵守土地利用方案以及城市规划。确定性划界是以临时性划界及批给案卷内有关变更为依据。执行划界的人员，只限于依法律规定负责该项职责机构的工作人员②。

3. 批给及占用案卷

土地的批给、占用案卷的编制和处理属于政府职能部门的工作。案卷分为普通案卷和特别案卷。特别案卷用于无偿批给、以准照占用及由法律规定的其他情况案卷③。

（二）取得的成果

1998年，澳门地图绘制暨地籍局关于全澳地籍图的公报工作初步完成，通过该措施，澳门75%的土地边界得以确定，有关土地的地籍图均为确定性，具有完全的法律效力，能够成为有关房地产所在土地的位置、四至、面积等资料的有效凭证。此外，对于尚未进行确定性划界的土地，在土地边界调整后或者进行物业登记后，也可以转为确定性划界，有关地籍图也相应转为确定地籍图。

此外，1996年推出的澳门地籍资料库，即地籍管理系统，在投入使用

---

① 刘胜华、刘家彬：《土地管理概论》，武汉大学出版社，2005，第281页。

② 刘胜华、刘家彬：《土地管理概论》，武汉大学出版社，2005，第281页。

③ 刘胜华、刘家彬：《土地管理概论》，武汉大学出版社，2005，第281～282页。

后，根据用户需求又进行了多次修改，不过大部分是对原系统的架构进行细小的改动。回归后，澳门市民对特区政府的施政水平、政府公职人员的工作态度与服务质量的要求越来越高，对地籍管理服务水平的要求也相应提高，因此，有必要适时重新评估地籍管理系统，使其跟上澳门社会的发展步伐，利用最新技术进行系统设计，以促进土地管理水平的提高，更好地为市民服务。

（三）地籍管理技术的改进

土地管理的基础工作是地籍管理，而地籍管理并不仅仅依赖于有关的法律与政策，其对于科学技术也有很强的依赖。具体而言，地籍管理中的有关图纸，均需要依靠一定的测绘技术来取得。土地的分布情况和土地的数量，需要通过一定的测量技术如航测、遥感等，以及土地面积的计算技术来取得。土地规划方案的编制，应当就土地的综合效果进行研究，需要用到系统工程方法。地籍地理资讯资料库的建立，应当监测土地利用情况，需要对有关的地理资讯系统技术和工具加以掌握。总之，在对土地进行科学、全面的管理时，离不开先进的科技手段，对科学技术的掌握，能够推动地籍管理和土地利用的科学化、现代化。

不管是地籍图还是土地登记凭证，均以提供地籍资讯为目的。地籍资讯主要描述地籍实体的属性和特征，具体包括自然资讯与社会资讯。其中，自然资讯包括有关土地的地理位置、四至、土地面积、房地产标示编号、房地产记录编号、门牌编号等；社会资讯则包括房屋及土地权利人变更的相关资料。除了一般资讯的特征之外，地籍资讯尚有如下特征：一是真实性，即要求测量技术具有高精度，通过数码化制图，及时更新有关资讯，以便对地籍要素进行客观、准确的反映；二是时效性，作为保持土地产权、解决土地纠纷、实行土地税收的依据，地籍资讯应当具有时效性；三是更替性，即基于地籍资讯的时效性，应当通过不断更新以确保能够对地籍要素的变动进行真实反映；四是系统性，土地的分割、合并、转让、继承等是地籍资讯的集中表现；五是传递性，即有关地理资讯应当以最快的速度传递到地图绘制暨地籍局、物业登记局、土地工务运输局、民政总署等有关部门。

随着土地活动包括土地划界、土地利用、土地流转、土地征收等土地权利认定及变动日益频繁，地籍工作中的勘查和管理的重要性也日渐凸显。地籍工作成果具有法律效力，工作过程中要求一丝不苟、认真细致，但是，在传统手工作业方式下，资料繁杂，存在大量的重复劳动，不可避免地会出现一些工作失误及错误。地籍管理水平对于土地管理的效果具有深远影响，因此，有必要提高地籍工作的效率，保障地籍工作的质量，而善用地理资讯系统的强大功能则有利于实现这一目标。

土地地籍资料是城市地理资讯系统的基础资料。地理资讯系统是一个空间资讯系统，涉及和空间、地理分布有关资料的采集、存储、分析、管理、显示、应用等，其组成要素包括硬件、软件、资料、用户四个部分，其中，用户为其服务对象，也是该系统的操作者。作为一种决策支持系统，地理资讯系统有着资讯系统的各项特征，而经过地理编码的资讯则是地理资讯系统和其他资讯系统的区别所在。在地理资讯系统的检索中，涵盖地理位置及与该地理位置相关的地物特征资讯。通过地理特征对现实世界进行表示，其中既有位置资讯，又有非位置资讯。地理资讯系统体现了传统学科和现代技术的结合，对于解决实际问题提供了新的技术手段和思维模式。

四 澳门地籍管理中的问题

澳门地图绘制暨地籍局早在 20 世纪 90 年代就通过先进技术进行测量工作，并开始绘制数位化地图；利用电脑网络实现与其他相关部门包括物业登记局、土地工务运输局等的资料交换，并与统计暨普查局、民政总署进行合作，进行土地资讯的提供；此外，还进行了澳门地籍管理系统的建立等工作。不过，目前，各部门之间的合作仍存在不足，实践中也给市民办理有关手续造成不便。例如，澳门物业登记局与地图绘制暨地籍局之间虽然已经实现联网，对于特定物业的产权资料和相应的变更资料，地图绘制暨地籍局均能够快速获得，但是根据法律的规定，地图绘制暨地籍局只是一个技术部门，只有物业登记局才能发出"查屋纸"，即有关物业的产权资料证明，因此，市民在向地图绘制暨地籍局申请地图时，需要先向物业登记局申请房地产标示文本，行政手续较为烦琐。基于上述情形，有必要对行政机构进行精简，并对行政手续进行简化，以实现行政机构的现代化，防止出现官僚主义。此外，对于各部门的职能也应当进行重新评价，检视是否有重叠现象，以便对行政机构进行简化，实现行政效率的提高。再如，地图绘制暨地籍局

的地籍管理系统中，只包含该局的地籍资料，市民申请审核有关地籍图时，地籍工作人员则需要向诸如土地工务运输局等部门索取有关资料，并查找大量历史档案，对工作效率的提高会产生较大影响。其实，地图绘制暨地籍局、土地工务运输局、物业登记局同为土地管理部门，可以进行合并，形成较为统一的土地管理机构，作为澳门土地委员会的下属机构，行使类似于内地的省级国土资源厅或者市级国土资源局的有关职能。

第八章
对澳门土地法的检讨、改革
路径和方案的思考

第一节 澳门现行土地制度存在的问题

一 土地资源未能合理利用①

作为一座岛屿城市，澳门人多地少，土地资源极其匮乏，因此，澳门土地立法首先需要解决的一个问题就是如何合理利用有限的土地资源。然而，澳门现行《土地法》在合理利用土地资源方面仍存在不足。

首先，对于长期租借的土地而言，根据现行《土地法》第45条第2款的规定，既不得转长期租借，也不得赎回地租，这一规定对于土地使用权的流转有所不利。之所以禁止转长期租借，立法者的初衷或许是为了防止因转长期租借而使有关土地的利用与当初的批给目的相违背，给土地的合理利用以及城市规划造成不利影响。不过，通过设置临时性批出制度，实际上已经解决了土地的合理利用和城市规划问题，土地的长期租借如果由临时性批出转化为确定性批出之后，再进行流转的，则属于正常的交易行为，理论上对于土地的合理利用和城市规划问题均没有影响，反而在自由市场下，更有利于发挥土地使用权的价值。而对于正常的自由市场交易行为，政府不宜过多干预。因此，建议废除现行《土地法》中关于长期租借土地既不得转长期租借也不得赎回地租的规定，可以规定由特区政府、长期租借土地的原承批人、第三人订立三方合同，转长期租借后，土地的批给系临时性，在符合法律规定的条件后再转化为确定性批给。

---

① 韩旭至：《澳门土地批给制度研究——以"两种土地批出方式"为视角》，《湖北第二师范学院学报》2011年第10期。

其次，对于租赁方式批出的都市性土地或者具有都市利益的土地，根据现行《土地法》第 25 条第 1 款和第 2 款的规定，租赁期限的上限为 25 年，每次续期的上限是 10 年。这一规定符合澳门土地资源匮乏的现实，使得政府在保证财政收入的同时也能够较为便利地对土地市场进行调控，有利于提高土地的利用率。然而，如果该租赁土地属于住宅用地，基于房地一体原则，一旦土地的使用权受影响，则会导致相应住宅的所有权也难以保障，而这种情况显然不利于保障民生。正所谓无恒产者无恒心，如此规定在一定程度上会对社会的稳定产生不利，所以有部分学者提出澳门应适当学习内地的土地使用权制度，对批地期限进行适当延长。此外，在租赁土地的续期问题上，也可以考虑区分土地为住宅用地或是商业用地而作出不同规定：对于住宅用地的续期，宜适用自动续期；对于商业用地的续期，则应当办理相应的续期手续。

二 土地立法亟待修订

特区政府应加快修订房地产有关法律和完善城市规划、楼花预售机制，确保澳门的房地产健康发展。澳门经过近年的努力和磨合，已逐步朝着国际城市目标进发，近年来一个小小的城市竟然可以举办多项大型国际性活动和经贸合作交流洽谈会与展览，并取得一定的成效，这是走向国际性大都市的一个转折飞跃点。现在各行各业都在积极地为提升自身的专业素质、打造澳门品牌而努力寻找机遇，房地产也不例外。近几年来高素质的大型建筑项目逐步落成并投入市场，吸引了不少外来资金、基金及热钱在房地产市场大展拳脚，加上本地人口就业理想和薪金调升。楼价上，房地产在整体经济飞腾的大环境带动下，市道畅旺，业绩理想，估计这个势头将会持续下去。作为普通的房地产投资者，理所当然希望楼价继续健康向好。作为一个负责任的政府，有意打造一个和谐、健康的社会，就应更多以普罗大众的观点、立场分析存在的社会问题，多为草根阶层度身订造一些房屋优惠政策，检讨社屋、经屋的审批程序和监管力度，清晰明确滥用公共资源、转售经屋图利的处罚机制，以便解决低收入家庭的居住问题，拉近社会贫富之间的差距，真正实现和谐、共融的目的。另外，自澳门回归日起，特区政府就高调承诺要对"消防条例""城市总规章"等重要法律作出全面评估、检讨，并加以修订，时至今日，新的文本仍未能面世。因为"土地法""公共批给制度"

"溢价金制度"未能跟上社会发展作出检讨和修订。社会发展的步伐很快，完善城市规划、楼花预售机制等刻不容缓。业界促请政府坐言起行，为相关部门设定工作日程进度框架，让议会、市民一同监察。

第二节　借鉴内地的相关经验

在土地资源的开发利用方面，无论内地还是澳门，均给予充分重视。而两地在历史、地理、政治、经济、文化等方面的差异，又使得两地在具体的土地法律制度上有所区别。对内地土地法律制度中的先进经验加以借鉴，有利于进一步完善澳门的土地法律制度，在更大程度上充分利用澳门有限的土地资源。

一　对内地土地使用制度的借鉴

在土地使用制度方面，内地可供澳门借鉴之处主要是土地使用权的性质界定。在澳门，土地使用权的性质是债权，仅具有请求权的效力，在进行土地使用权的转让时，承批人应事先获得政府的许可。这种规定不利于土地使用权在二级市场上的自由流转，对于土地的充分利用也有所不利。通过借鉴内地的土地使用制度，将土地的使用权性质界定为物权，或者是准物权，则土地承批人仅根据自己的意思就能够自主实现有关权利的转让。在临时性批给中，土地使用权的自由流转一般不会造成过分投机，对土地的开发利用也没有阻碍作用，原因在于临时性批给具有很短的期限，如果想要转为确定性批给，则必须按照批出合同的约定完成土地的开发利用。在确定性批给中，实际上已经实现了土地使用权的自由流转，因为确定性批给的土地使用权流转可以免除许可。

实际上，关于目前澳门《土地法》中通过租赁土地或者通过准照占用土地等方式取得的土地使用权性质，主流观点认为属于债权性质，但是学者之间仍存在一定的争议。有学者认为，《土地法》中规定的土地租赁和民法上的一般租赁并不等同，民法上的一般租赁属于债权性质，而《土地法》中土地的承租人则可以使用有关土地兴建或者改建建筑物，并保有建筑物的权利，从效力上看，和物权体系中的地上权更为接近。之所以出现土地使用权为债权抑或物权的争议，根源在于澳门《土地法》和《澳门民法典》二者的脱节。在澳门，私有土地主要由《澳门民法典》进行调整，公有土地则由具有公法性质的《土地法》进行调整，此种区分容易造成一种错觉，即通过《土地法》规定的批地程序取得的公有土地使用权，似乎难以归入民事权利的范畴。其实，《土地法》本身对于通过批地程序取得的公有土地使用权，并未明确其权利性质，土地的租赁或是准照占用等在更大程度上只是特区政府的批地方式，而非独立的权利类型。《澳门民法典》在土地问题上主要调整私有土地，至于公有土地则不属于其调整范围。如此一来，澳门公有土地使用者的权利也就存在不明确之处①。

此外，也有观点认为，应当把通过批地程序取得的土地使用权界定为准物权性质。所谓准物权，乃是特别的物权类型，一般通过行政法或者民法的特别法加以规定，例如，内地矿产立法中的采矿权、森林立法中的采伐权、渔业立法中的渔业权等。准物权的特征表现为有关权利的取得应当与行政法规定的程序要件相符合，部分权利在取得或者转让前还应获得行政机关的批准，因而体现出一定的公权色彩。在准物权的产生中，政府的批准主要起确认作用，使有关占有、使用行为具有法律效力。而在准物权产生后，准物权人对相应的物进行占有、使用、收益甚至一定程度的处分等，则与典型物权相似，在权利的保护方式上也与典型物权没有本质差别。也就是说，准物权和典型物权的差别仅在于权利的取得方式上，至于权利的行使与保护，则可以准用民法上关于物权的规定。以内地的公有土地使用制度为例，内地《物权法》将国有土地的建设用地使用权明确规定为物权，至于集体土地作为建设用地的，则规定按照《土地管理法》等法律的规定办理，而从内地《土地管理法》的规定来看，乡镇建设用地使用权在性质上宜界定为准物权。有学者认为，根据澳门目前的土地立法，通过批地程序取得的土地使用权也应当属于准物权，原因在于：首先，通过批地程序取得的土地使用权仅规定于澳门《土地法》中，不属于《澳门民法典》的调整范围，因此并非典型物权；其次，获得有关权利的前提是特区政府的土地批给，而批地行为属于行政行为，因此通过批地程序取得的土地使用权符合准物权的特征。因此，有意见建议在澳门《土地法》的有关修改中，应从以下两方面进行考虑：一是在修改《澳门民法典》之前，明确通过批地程序取得的土地使用

---

① 邹双卫：《中国内地与澳门公有土地建设使用制度比较研究》，《时代法学》2011年第1期。

权属于准物权，除了由《土地法》进行调整之外，对于《澳门民法典》的有关规定也可以准用；二是对《土地法》和《澳门民法典》均进行修改，实现二者的衔接，借鉴内地《物权法》的规定，将通过租赁方式取得的土地使用权界定为典型物权，至于通过准照占用方式取得的土地使用权，则界定为准物权，适用《土地法》的特别规定①。

二　对内地土地流转制度的借鉴

在澳门，土地的流转制度仍然延续着澳葡时代的许多做法，有些已经与时代的发展不相适应，而内地在这方面也有值得澳门借鉴的地方。

首先，在批地程序方面，内地的国有土地建设使用程序除了可以通过需地者的申请而启动之外，土地管理部门也可以按照土地规划主动供地，即在有关规划的建设用地总量范围内，将建设用地使用权在社会上进行出让。而在澳门，公有土地使用权的批给程序只能通过需地者的申请而启动，至于政府主动批地的程序则没有规定。出现这种情况，可能与澳门土地面积狭小、土地资源稀缺有关，更重要的原因可能是澳门缺乏整体的城市规划，也没有城市总体规划的法律制度，难以实现有计划的供地。根据当事人的申请而启动公共土地建设使用程序，固然能够较好地满足社会的用地需求，但同时也在一定程度上体现出特区政府在土地供应上的被动状态，对于澳门土地利用的规划与土地的集约利用均有所不利。根据市场土地需求而启动公共土地建设使用程序，批地部门虽然也会考虑城市规划问题，但往往会更多地考虑该项目对特区利益的促进程度，在城市整体布局和城市经济效益方面，前者更容易被牺牲。因此，在未来的土地法改革中，澳门可以考虑借鉴内地土地法律制度中的主动供地制度，进一步推进澳门土地利用规划与城市规划的立法工作。

其次，内地对民间土地流转的管理，在一定程度上也值得澳门借鉴。具体而言，对于确定性批出的土地使用权的流转，宜加强相关的管理。目前，对于此类土地使用权的流转，澳门政府持完全放任态度，不利于防止土地市场的过度投机行为。20 世纪 90 年代初期，澳门的建筑业出现衰退，而房地产行业的过度投机便是其中的一个重要原因，并且对于澳门的经济发展造成

---

① 邹双卫：《中国内地与澳门公有土地建设使用制度比较研究》，《时代法学》2011 年第 1 期。

整体上的影响。因此，未来澳门可以对内地的有关做法加以借鉴，例如规定当土地市场出现不合理的价格上涨时，特区政府可以通过必要措施对其中的过度投机行为予以抑制。

三 对内地土地管理制度的借鉴

对内地土地管理制度的借鉴，除了前文提及的在土地管理机构方面的借鉴之外，澳门在土地登记制度方面也可借鉴内地的相关经验。

在土地的登记对象上，内地登记的是土地权利，即在不动产登记簿上对各宗土地的自然状况、各项权利和权利的变动情况进行登记。而在澳门，土地登记的对象则是与土地权利有关的行为，包括私法上的土地权利变动行为，政府批地行为及其变动等。相比之下，内地土地登记制度的科学性似乎更强，毕竟权利的公示才是登记的目的，对土地权利进行登记也便于第三人对土地权利状况进行检索；如果将登记对象定为与土地权利有关的行为，则会给第三人检索土地权利状况带来不便，对于登记的基本原理也有所违背，登记所公示的并非行为，而应当是权利。因此，在对澳门《土地法》进行修改时，可以考虑参考内地在登记对象上的做法。

在土地登记的法律效力上，内地将登记作为土地权利变动的生效条件；而在澳门，土地登记则仅有对抗效力。相比之下，内地的做法对于交易安全的保护和财产权属透明度的提高均有裨益。不过，两地在登记效力上的差别，和两地的法律传统有关，因此，未来澳门《土地法》可以根据澳门自身的具体情况考虑保留现有的登记对抗制度或者借鉴内地的登记生效制度。

第三节　借鉴港台地区的相关经验

澳门和香港、台湾的土地制度虽然存在不少差异，但是通过对香港以及台湾地区土地制度的考察，不难发现，港台的许多做法也值得澳门借鉴。下文将就香港和台湾土地政策中的一些做法进行介绍。

一 香港土地制度的相关经验

（一）香港的土地批租制度概述

自开埠以来，香港在土地制度上既没有对中国的封建地主私有制加以沿袭，也未仿效英国的做法，而是根据香港本身的特殊情况，建立起土地的所有权和使用权分离的制度，土地只租不卖，即香港政府仅按照用地人支付的租金授予其一定年限的土地使用权，至于土地的所有权则不授予用地人。

1997 年 7 月香港回归中国之前，香港除新界原居民所拥有的土地外，其他土地统称为"官地"，均为英国皇室享有，并由香港总督作为英国皇室的代表进行管理，至于具体的业权人则仅从港英政府取得土地使用权，并且具有期限限制。

1997 年 7 月 1 日，香港回归中国之后，根据《香港基本法》第 7 条的规定，香港境内的土地所有权属于国家，并由香港特区政府负责具体的管理事项，有关收入由香港特区政府进行支配。据此，对回归后香港的土地所有制在法律上加以确定，香港特区政府可以通过土地合同进行土地批租，将不同期限的土地使用权批给用地人，而有关土地的所有权则不发生改变。香港目前的这种土地制度在一定程度上与内地的国有土地使用制度相似。

（二）香港的土地批租方式

在香港的土地批租中，香港政府首先按照不同地区制定大纲，根据不同地区发展的实际进度，通过公开招标拍卖或者协议方式批出小块土地。

1. 通过招标、拍卖方式进行土地批租

在土地的批租中，为防止公共利益遭受损失，香港政府专门成立土地一级发展公司，采用拍卖方式，对土地使用权的供应量及交易价格进行调控。这一制度使得在土地的处置中，香港政府具有双重身份，土地的开发既有市场调节，又有计划调节，其经济效益、社会效益以及环境效益的实现均有法律保障，香港的经济发展与社会繁荣在一定程度上均受益于此。

一旦决定对某块土地进行招标或者拍卖，香港政府的有关部门即开始起草有关土地的批租条款以及招标合同或者拍卖合同中的具体条件，并公开刊登有关的招标或者拍卖公告，发展商综合考虑成本及利润后出价进行土地使用权的竞买。招标一般都会公开进行，不公开的则通常是涉及地区性开发以及关键发展计划的大型地盘，发展商提出的价格与条件一般均为保密，并且只有一次机会。

香港的高地价一定程度上得益于勾地制度。对于土地市场需求，香港政府通过勾地表提供土地予以配合，这一方面实现了市场力量对经济发展的推动，另一方面也降低了政府对市场的干预程度。发展商对某一块指定的土地提出勾地价，勾地价必须达到政府评估价的 80% 才有可能成功勾出。勾地成功后，仍需经过拍卖程序，而勾地的发展商则必须承诺在正式的拍卖或者招标中第一个以勾地价出价，还应缴纳相应的按金。2006 年，位于加列山道 12 号的土地历经 50 余次叫价，最终以 18 亿港元售出，高出勾地价 134%，折合每平方尺楼面地价 42196 港元，创下全球楼面地价的最高纪录。

2. 通过协议方式进行土地批租

如果某块土地是用于兴建公屋或者发展公共事业、慈善事业，则一般会通过协议方式进行批租，在地价方面，香港政府仅收取一部分，或者免收。对于向特殊工业和非政府组织批地，政府通常利用《批地条款》（*Conditions of Grant*），也称《私人协约方式批地》（*private treaty grant*），授予这些机构土地开发权，并且，通过谈判而非公开拍卖确定地价。潜在的承租人必须先向政府提交一份申请，提供项目开发类型和财务计划等资料。如果政府批准这一申请，政府将与承租人就地价和特别租约条款进行谈判。

《批地条款》分三个类型：（1）名义地价批地；（2）下调地价批地；（3）完全市场价格批地。获得"名义地价批地"的承租人，租期为 15~20 年，只需向政府支付很小一部分款项。只有非营利性组织（如学校、宗教机构、保育中心和医院）才有资格申请这种批地。它的重要意义在于，通过"名义地价批地"，政府可以以很低的价格向香港房屋署（HKHA）提供土地，这等同于向公屋提供补贴。HKHA 是一个准公共机构，负责向香港的低收入群体提供廉租房，其也开展"居者有其屋计划"（Home Ownership Scheme），以低于市场的价格向中等收入群体提供住房。20 世纪 90 年代初，HKHA 的住宅计划覆盖了香港一半的居民。由于土地价格增长过快，对 HKHA 来说，如果按完全市场价格获得批地，其将不可能提供贫困人口负担得起的住宅。

政府还向香港房屋协会（HS）提供"下调地价批地"。HS 是另一个非营利性组织，它的住宅发售计划（Flat for Sale Scheme）针对中低收入群体。政府按照完全市场价格 1/3 的地价向 HS 兴建的出租住宅批地，政府仅按市价的一半收取费用。

（三）香港的土地收入

1997 年，政府改革了土地租金制度。土地租金的计算方式与续租租金的计算方法一样，现在政府官员可以通过每年评估房地产租值来调整实际征收的租金额。理论上，这一新政策可能会导致公开拍卖的竞标地价下降，因为，一部分支付款项从首次地价转变为每年的租金。现在，香港的业主不仅支付物业费，其每年上缴政府的土地赋税达到房地产价值的 8%（5% 的物业费和 3% 的土地租金）。迄今为止，对于 1997 年后每年要多支付土地租金，公众还没有提出明显的反对意见，部分原因可能是亚洲金融危机导致房屋租值大幅下跌，土地租金和物业费也相应下降。然而，未来这一政策仍然可能引发矛盾。修改租约，当承租人计划对地产进行再开发时，他们必须向土地署申报，以修改土地开发限制条款。如果政府批准这一申请，承租人需要为此支付额外地价，地价根据开发限制条款取消后土地可能的增值计算。要求承租人支付土地补价的理由是：租约限制条件的改变等同于向政府主张额外的开发权，因此承租人必须为新获得的土地权利支付地价。

政府无法通过修改租约来筹集公共资金，因为征集再开发土地面临激烈的谈判。在香港，多层公寓是房地产的主要形式。一片独立土地上耸立的公寓大楼，其所有权属于众多的业主，一份土地合同可能涉及 100 个承租人。发展商要进行土地再开发，必须与每一个独立的承租人就土地权转让进行谈判。有时，个别承租人可能会拒绝发展商的出价，从而影响整个项目的实施。由于谈判成本很高，发展商发现，与购买现有承租人的开发权相比，在公开拍卖市场上通过竞标方式获得土地权更有利可图。这也就是尽管香港土地资源稀缺，但由香港政府或私人发展商开展的城市再开发项目不多的原因。由于没有对城市升级改造的鼓励政策，申请修改租约的案件很少，因此，政府也没有机会通过修改租约来获得土地价值。

由于不能通过其他方式筹集公共资金，政府一直依赖首次拍卖带来的收入。在公开拍卖市场中拍卖土地权创造了一个竞争的环境。如果政府官员认为土地竞标价格过低，他们可以撤回土地不拍卖。同样，如果发展商认为竞标价格太高，他们可以停止竞标。首次拍卖也降低了获取土地的成本。政府要求中标者在拍卖一结束就支付地价的 10% 作为首付款，其余部分要在 30天内一次付清。如果发展商没有支付剩余款项，政府将没收首付款，并重新拍卖这块土地。总的来说，参与土地批租的各方认为，公开拍卖比私下谈判更透明，也能让政府获得最多的土地收入。

尽管政府筹集公共资金的这种方式很有效，但香港的一些人士认为，依赖租地收入筹集公共建设基金是导致香港高地价的主要因素。由于政府在租地初期就获得了大部分的土地价值，因此，其必须谨慎地制定土地批租时间表。如果在地价较低时政府迅速租出了所有土地，那么，其将失去获取未来土地增值的能力，承租人要修改租约或续租都需支付额外的成本，而这证明在政治上或技术上是不可行的。然而，制定土地供应时间表是一个棘手的问题，因为，很难预测土地和住宅的未来需求。一方面，政府不愿太快地批租土地；另一方面，其也不愿由于批地太慢导致住宅成本迅速上升。多年来，香港政府一直试图在二者之间取得平衡，但也仍然引发了长期的斗争和政治矛盾①。

（四）香港的土地利用——以工业用地和住宅用地为例

香港的土地规划制度强调对私人物业利益的保护以及对市场经济自由运作的保证，因此降低土地和物业发展的成本，从而降低住宅楼宇以及工商业楼宇的价格，在土地和城市发展方面取得辉煌成就。

土地使用权租期届满后，政府将收回土地使用权，土地上的建筑物和附着物也一并无偿归公，主要理由包括以下两个方面：一是基于土地资源的有限性和垄断性。有关建筑物和附着物乃是附属于土地，当土地因租期届满被收回，其上的建筑物和附着物自然随之转移。二是政府在土地租期届满后收回土地并取得土地上的建筑物和附着物，符合市场规律。在商品经济下，土地上的建筑物和附着物存在分期折旧的情况，例如，根据香港税法，工业楼宇有 21 年的折旧期。既然对于建筑物和附着物的投资能够分期收回，如果租期超过折旧期，那么租期届满后政府无偿取得土地上的建筑物和附着物，则是与市场规则相符的，而且作为土地所有者的代表，政府在租期届满后收回土地并无偿取得土地上的建筑物和附着物，实际上对于社会公共利益也有所裨益。不过，如果有关土地并无其他新用途，则仍然可以由原承租人继续租用②。

1. 香港的工业园区

由于地产业本身具有开发周期短、利润丰厚等特征，在香港经济高速发展的时期，大量地产资本、金融资本涌入，导致地价日益攀高。地价高昂一方面造就了针对外来资本的优胜劣汰机制，只有实力强、效益高的企业才能

---

① 康宇雄：《香港的土地批租制度》，http：//www.tdzyw.com/2013/0508/28579.html，2004。

② 中原：《城市发展离不开土地运营》，《中国房地产报》2003。

在香港落脚和发展；但是另一方面，地价过高对于工业资本造成排斥。自20世纪80年代中期，香港的制造业、加工业纷纷北上，迁至广东等地，在一定程度上降低了香港的就业率。由于原有的制造业、加工业迁出，而新的科技龙头产业又未能及时进入，导致香港经济出现空心化，热钱推动楼市、股市上扬，而热钱一旦抽出，楼市、股市就很容易崩盘，并导致亚洲金融危机后香港经济一度出现低迷。

为促进经济持续发展，提供更多的就业岗位，香港政府通过建设科技工业园的方式在一定程度上对经济进行干预，对于与香港的产业发展规划相符的企业，提供工业园作为其集约化的发展场所。2001年，香港科技园正式运营，以成本价格向高新产业提供工业用地，总面积217公顷，包括九龙的将军澳工业园，新界的元朗工业园和大埔工业园。在包括电子、精密工程、生物科技、资讯科技与电信等高科技领域，通过香港科技园的发展，香港成为亚洲创新科技中心。

2. 香港的居民住房

香港土地资源紧缺，人口密度大，因此在居民住房问题上存在客观障碍。由于人口激增，工商业发展迅速，土地供应日趋紧张，因此香港正重点向新界扩展，建设更多的新市镇、新屋村，将更多的居民分流出拥挤不堪的港岛。新界的土地大部分为农地、村屋等，政府主要采用以下两种方式对这些土地进行征收：一是全部现金补偿；二是对一半土地通过现金补偿，对另一半土地通过发出换地权益证书进行补偿，原来是农地的，可以换回2/5的屋地，原来是屋地的，换地比例则为1∶1，如果地价上涨的，则业主还需补缴相应的差价。

在香港的发展中，填海造地同样发挥了重要作用，成为香港拓展土地资源的一个特色。自1945年起，香港的维多利亚港两岸开始进行大规模填海造地，以缓解不断增长的土地需求。而香港的繁荣也体现在填海地区的迅速发展上，从葵涌货柜码头到铜锣湾商业区，从将军澳新市镇到迪斯尼乐园，从启德机场到大屿山新机场，均建于填海土地之上，香港开埠以来填海造地超过5000公顷，逾1/4的香港居民居住在填海土地上。

20世纪70年代，当香港工业处于发展中时，由于政府向劳动者提供了有补贴的住房，因而阻止了工资的上涨，从而提高了香港产品在国际市场上的价格竞争力。当香港经济日益成熟后，民众的收入水准得到提高，公屋住房计划为那些收入增速低于住宅成本增速的贫困人口提供了安身之所。通过这种方法，一方面，公屋缩小了经济发展带来的收入差距，另一方面，也减少了民众对政府"高地价"政策的批评。这一策略在20世纪70～80年代很奏效，但1997年新政府（香港特别行政区政府）成立后，这一策略似乎不再有效。随着90年代居民收入进一步提高，一些中低收入家庭（指中产阶层）由于收入增加再没有资格获得政府的补贴住房，但是，要让这些家庭在私人住宅市场购买自有住宅，他们的收入又显得太少。随着中间阶层的扩大，对住宅成本过高的抱怨越来越强烈。为此，政府许诺增加土地供应量，并根据"居者有其屋计划"兴建更多的住宅。不幸的是，政府宣布这一善意的政策后，亚洲金融危机波及了香港。住宅需求顿时疲软，加之土地供应量和住宅兴建量增加，导致房地产价格下跌。主要的发展商和大部分业主立即要求政府停止干预私人住宅市场，停止所有土地拍卖活动。突然之间，政府陷入了进退两难之地：占香港人口一半的有房者让政府维持高地价政策，而没有住房者让政府放松土地供应、更多地兴建住宅。这种进退两难的局面也对政府的公共土地批租制度产生了影响。对于香港政府而言，无论推动房价涨或跌，都会有人受损：如果降低房价，会造成高房价下已购房者的损失；如果房价上涨，又会造成更多人无法置业。

为此，香港政府在对楼市进行调控的同时，利用土地批租中的财政收入，投入廉租房与公共房屋建设，以对低收入阶层的住房问题加以解决。香港通过兴建公屋，不断发展完善廉租房与公共房屋制度，以便为平民阶层提供便利舒适的安居环境。据统计，超过40%的香港居民均在不同程度上受到政府的房屋资助。香港公屋制度中，准入和退出机制也在不断完善。首先，对公屋申请者规定相应的条件，保证只有真正有需要者才能具有公屋申请资格；其次，收入水平提高到一定程度的公屋租户需退出公屋，以腾退给低收入家庭，为此，政府规定在公屋居住10年以上的租户，应每两年申报一次家庭收入。

香港人多地少，但是在居民住房问题的处理上，得到了世界范围内的肯定——既拍出了全球最高的楼面地价，又提供了有效的公共房屋制度，实现了居者有其屋。香港公屋计划的规模位于世界第二位，这得益于土地公有制，其降低了政府向贫困人口提供公屋的土地成本。如果香港土地为永久性产权，政府将不得不耗巨资或通过动用法律手段从私人所有者那里征用土地用于公屋建设。土地的公有制使香港政府得以利用土地批租取得财政收入，地价上涨的同时政府的财政收入也相应增加，并且提供了更多的补贴用以发展公共房屋，因而被认为是一种良性循环。

（五）"港人港地"政策

1. "港人港地"的政策背景与试行①

香港楼市癫狂超九七高峰，香港特别行政区行政长官梁振英2012年8月30日突然召开记者会，宣布推出十招中短期措施为楼市降温，并表示有决心执行"港人港地"政策，目前正在草拟法律条款，可视市况随时推出。当时香港楼价已全线超越1997年高位，这种情况引起特区政府高度关注。

2012年8月，特区政府最终拍板十项中短期措施，加快私人房屋供应以降温，将长期持续供应土地稳定楼价。十项措施全部针对住宅和土地供应，成功实施后短期内可供应逾1万套私人住宅单位，未来3~4年每年市场供应量可达6.5万套，此外有42幅土地供出售。同时，香港政府还将成立督导委员会，为香港土地房屋政策制定长远策略。

梁振英在竞选行政长官时提出"港人港地"政策，即如果住宅市场过热，将选择符合中产住屋需要的政府土地，在售地条款中规定建成后的住宅单位只可售予香港居民，包括永久及非永久居民，以协助收入高于申请住屋限额的香港居民置业。然而有分析认为"港人港地"恐有悖香港自由经济体特征。2012年5月香港房屋协会首推仅限香港人购买的楼盘，由于规模较小且香港房屋协会属于社会福利机构，市场普遍认为该做法无可厚非。

香港特区政府行政长官梁振英2012年9月6日宣布落实"港人港地"政策，先导计划准备在两幅位于启德发展区的住宅用地上实施，2013年第一季度卖地时在卖地章程中，加入"港人港地"的条款。在土地上建成的房屋单位，首次出售的对象和之后30年的转售对象，买方必须为香港永久性居民，不可以公司名义购买。

有评论认为，对外地人实行限购令，并非新鲜事物，但说易行难，必

---

① 《梁振英降温香港楼市 拟法律推"港人港地"》，http：//house.ifeng.com/news/detail_ 2012 _ 08/31/17238727_ 0. shtml；《香港试行"港人港地"政策30年内只限港人买卖》，http：// www.chinanews.com/ga/2012/09－06/4164991.shtml。

须小心衡量，否则若打烂香港利伯维尔场"金漆招牌"，受苦的反而是置业者。对外地人实施限购令，必须小心衡量及科学化分析，避免好心做坏事①。

另外，亦有文章指出，"港人港地"是一个先导计划，过去香港一直没有这样的政策，新政府上任两个多月的时间便执行这个政策，显示特区政府要用一系列政策来解决香港市民住屋问题的承诺。"港人港地"计划与一般私楼兴建不同，一般私人楼宇是由发展商买地和出价，楼价随行就市。香港房屋历史中，曾经有一个时期发展商参加"私人参与计划"的项目，政府卖地，地产商出价竞投土地兴建房屋，建好后的房屋以预先订定的低于市场的价格卖回给政府，或卖给政府指定的市民买家。"港人港地"计划就是采取这种方式兴建的②。

2. "港人港地"政策启发下的"澳人澳地"政策

楼价惊人，不少社会人士近期不约而同发出"澳人澳地""限价楼"的声音。2012 年 10 月，澳门运输工务司司长刘仕尧响应时指出，听到社会、议员提出有关诉求，但港澳有别，对于原封不动照搬"港人港地"想法是否奏效存疑。运输工务司司长办公室主任黄振东则认为，目前的经屋就是一种"澳人澳地""限价楼"的政策体现。至于私人房屋方面，牵涉到私人权利限制问题，作为私家地或已批出的土地，在法律上不能作为此概念的可能对象，可能对象只能是未来的新批土地。"澳人澳地""限价楼"的构思是否要作为澳门长远并具社会共识的房策，需要社会各界深入探讨，研究其影响③。

2013 年 1 月，澳门运输工务司司长刘仕尧在立法会上表示，"澳人澳地"政策（即只准本地人买楼）推出目前尚未有时间表，因其概念复杂，必须深入研究，并委托学术机构展开研究"澳人澳地"政策。在澳门楼价飙涨的情况下，行政长官崔世安在 2013 年度施政报告中首次提出将探讨"澳人澳地"的可行性，此后社会各界高度关注针对"澳人澳地"的研究和措施。刘仕尧表示，"澳人澳地"牵涉范围广泛，涉及较复杂的法律问题，

① 《"港人港地"有利弊 帮到谁害了谁?》，《香港经济日报》2012 年 1 月 9 日。
② 《"港人港地"计划 必须务实利民》，《成报》2013 年 3 月 11 日。
③ 《"港人港地"改姓"澳"了得?》，《澳门日报》2012 年 10 月 13 日。

必须深入研究，例如将其作为因应住房市场价格高涨的应对措施，还是作为长远的房屋政策，"澳人"是否只限永久居民等。

二　台湾地区土地制度的相关经验

台湾地区的土地分为都市土地和非都市土地，对土地进行管理的主要方式为土地分区管制，根据对土地的使用目的和使用需求将其划分成不同的使用分区，然后规定具体的使用事项对其进行管制，包括规定使用的项目、强度、容积率、建蔽率等，通过执行建筑管理、工商管理，实现对土地使用进行管制的目的。

（一）台湾的土地规划

关于土地的使用，台湾地区进行了较为完备的立法。首先，台湾地区《土地法》在第三编详细规定了土地的使用，全编共63条，分为6章，包括通则、土地使用的限制、房屋和基地的租用、耕地的租用、荒地的使用、土地的重划。其次，台湾地区《土地法施行法》在第三编中也具体规定了土地的使用，共有16条，以对土地进行规划管制为目的，并对土地和房屋使用人的权益进行保障，一方面，最大限度地对土地加以利用，另一方面也强调保障民生。除此之外，台湾地区的其他相关土地立法也较为完善，包括《都市计划法》《区域计划法》《平均地权条例》等，达到20余部，可谓制度统一，条款周全，使得民众有法可循，而政府也能够依法对土地使用进行管制。随着社会、经济的发展，台湾地区相应的土地立法也不断更新。相比之下，澳门的土地立法虽然也规定了土地的利用与保护，但总体而言条文显得较为简单。虽然也有其他一些相应的配套立法，但总体上欠缺完备的体系，与澳门的社会、经济发展不相适应。

关于土地的规划，从宏观层面的计划到区域土地使用的区域计划或都市计划，再到具体的土地使用管制，台湾的土地法律均进行了详细规定，并由配套的立法进行支持。对于非都市土地，台湾根据当局的经济政策以及地方的具体需要和客观的土地性质，对不同的使用区进行划定，并通过各种用途地图的编制来进行管制，同时对各种自然环境的保护也加以配合，以期合理地使用土地资源。对于都市土地，台湾地区的主要管理方式是土地使用分区管制，也即根据都市土地当前的特性和未来期望的都市土地发展模式，将都市土地进行不同的使用分区划分，再从使用性质、使用强度方面对各分区内的土地和土地上的建筑物进行管制。其中，对于土地的使用性质，一般是对土地的用途进行规定，以将那些对主要用途造成妨碍的其他使用排除在外，从而实现土地使用性质管制。对于土地的使用强度，则主要以规定建蔽率、容积率的方式进行管制，对于不同位置、不同用途的土地，其建蔽率和容积率一般都有不同规定。相比之下，澳门长期缺乏完整的规划立法。在台湾地区，由于法律上有详细规定，在实施规划的过程中，政府严格遵守法律法规的规定，对有关规划予以执行。而在澳门，关于土地规划的立法尚未出台，缺乏相应的法律依据，因此，澳门的土地规划立法工作应当加快步伐，通过有关规划立法对相应的土地利用规划加以完善，并不断补充更新，对现实中的土地利用规划需求加以满足，同时完善土地立法，使政府在行政过程中能够有法可依。

不过，台湾地区虽然有详细的地方规划，但是在上层规划上，在很长一段时间内规划的宏观指导性仍有所不足，对于整个台湾地区的土地利用，宏观上的布局和全局的安排仍有所欠缺，从而导致缺乏长期发展的构思，而对于整个台湾地区宏观指导的不足又会对台湾地区土地的永续利用带来不利。因此，台湾地区希望通过制定更为宏观统一的《国土计划法》，对各部门进行指导，将水、土、林等业务加以整合，实现投资效率的提高，并对都市区域的建设协调机制和非都市区域的开发许可指导予以加强，推动城乡有序发展。通过制定整体的宏观土地使用规划，在空间上全面配置整个台湾地区的土地等自然资源，以及人口、产业、基础设施等。而目前，澳门还没有系统的土地规划体系，各部门的规划衔接存在很大问题，土地规划中更加欠缺宏观指导性。因此，澳门应当借鉴台湾地区的相关经验，对土地利用规划中的宏观控制进行加强，使土地规划在内容上更加综合、宏观、广泛，为土地的合理利用在宏观上加以指导，并提供相应的理论依据，使上层规划的指导性特点得以体现。

此外，在规划的灵活性上，对于非都市计划，台湾地区采用先进行使用分区再编定用途的方式，自1976年起对每一块土地的用途均加以编定，耗费了巨大的财力和大量时间，然而在土地的使用中，实际上不可避免地会发生许多变化，而编定用途在很大程度上限制了土地的用途，对于土地使用的具体实践有所不利。为弥补编定用途的缺乏灵活性的上述缺点，台湾地区逐渐引进开发许可制，政府不再统一包办土地用途，民间的开发单位可以按照实际需要主动申请土地使用的变更，从而在对土地的使用管制中，适当地加入市场机制调节因素。

（二）　开发许可制

对于非都市性土地的使用变更，台湾地区采用开发许可制。在传统的土地使用分区管制中，规划的制定以及公共设施的兴建等均由政府负责，市场机制的调节有所缺失。在开发许可制下，民间的开发单位可以按照实际需要主动申请土地使用的变更，而不再由政府一手包办。不过，在对土地进行开发前，应当经过政府规划单位审查，并取得其同意；若要获得开发许可，还需要对土地内的公共设施自行开发；经核准开发的，有关土地在使用强度、公共设施建设、环保等事项上均必须符合核定的计划内容，并受到政府管制①。

1964 年，台湾地区修订《都市计划法》，规定都市计划包括以下四种：一是市镇计划，二是乡街计划，三是特定区计划，四是区域计划。都市计划的审议机关为都市计划委员会，有关土地使用分区管制的制度继续沿用。20世纪 70 年代，台湾地区经济快速发展，工商业发展蓬勃，随之而来的是人口的激增。为防止出现人口与产业分布的不均衡状态，1974 年出台《区域计划法》，规定了都市土地与非都市土地的区分，并实行分区管制。为落实对非都市土地的使用管制，1976 年出台《非都市土地使用分区管制规则》。不过，此时的土地使用分区管制制度，基本上仍然较为保守，主要侧重从消极面进行限制，对于土地的有效利用难以起到促进作用。

1983 年，台湾有关当局发布《山坡地开发建筑管理办法》，引入开发许可精神，即对于面积达到 10 公顷以上的山坡地的开发，应当根据规定的顺序向直辖市、县（市）主管建筑机关进行开发许可及有关执照的申请，而经过 1990 年的修订，对于面积在 10 公顷以下的山坡地的开发也应当申请开发许可。除此之外，1989 年的《森林游乐区设置管理办法》、1993 年的《海埔地开发管理办法》以及 1994 年的《工商综合区开发设置管理办法》中均在开发审核方面规定了开发许可制，因此开发许可制的实施已是大势所趋。1990 年，台湾有关当局发布的《非都市土地山坡地住宅社区开发审议

---

① 田志强、卢曦：《台湾地区土地规划与用途管制考察报告》，2004 年 8 月 9 日，http：//www.zgtdxh.org.cn。

规范》进一步明确了开发者应承担的开发义务，要求开发者应当提供公共设施和捐地，从而在一定程度上将强制性的规划义务纳入开发许可之中。随着土地开发形态日渐多样，土地利用形式日益复杂，台湾有关当局根据已有的规范和以往的案件经验，于1995年又编制了统一的《非都市土地开发审议作业规范》。

实际上，从1983年《山坡地开发建筑管理办法》开始，台湾地区已经逐渐在山坡地开发、高尔夫球场建设、坟墓设置、工商综合区开发、游憩区开发等有关法令中加入开发许可制的内容，而台湾地区对于土地使用的管制，也日渐从此前传统的土地使用分区管制转为开发许可制度。此后，《环境影响评估法》《水土保持法》将环境保护的有关内容加入开发许可制，形成较为成熟完善的开发许可制，在开发许可制下申请开发的非都市土地变更案件有数百件，涉及面积数万公顷。通过开发许可制度，能够对开发计划的内容进行弹性调整，从而对土地开发的整体需求加以配合，具体的规划内容也可根据不同土地本身的特性进行创新设计，关于开发内容，包括开发业者、政府官员、规划师等专业人员均可进行讨论。而通过收取开发许可费，能够在一定程度上实现开发权利和社会义务的均衡。由于土地的开发和人口的增长，衍生出对于公共设施的需求，对于政府而言，将带来极大的财政负担，而相应的支出来源在过去大多是一般民众缴纳的税赋，无形中对开发者进行了补贴，造成不公平现象。如今，根据相关法令的规定，建立起土地开发和使用变更的回馈机制，即由造成公共设施需求的开发者承担相应的费用，一方面能够使土地开发对环境和公共设施的影响有所降低，另一方面政府的公共设施计划也能够顺利进行，民众的生活品质不至于受到影响[1]。

（三）台湾的土地征收

在土地征收方面，台湾地区对国外的有关区划法加以借鉴，通过长期的规划理论研究与规划实践，逐渐形成一套完整的规划管理体系，以防止土地征收中出现无序拆迁的现象。如前所述，台湾地区通过对城市规划进行详细编制，一方面使政府在对城市建设进行管理时有具体的法律依据，另一方面在城市建设中发展商和市民的利益均受到保障，从而在法律的保障下，实现了城市建设的顺利进行。在具体的征收程序中，台湾地区建立了一系列的保

---

[1] 《台湾地区土地规划与用途管制考察报告》，http://www.zgtdxh.org.cn。

护程序，对于土地征收包括房屋拆迁，在程序要件上均有严格规定，充分加入民意协商，实现公众的广泛参与，并采用安置先行的方式①。

首先，是充分加入民意协商，也即公布征收计划之前，应当先举行公听会，各种民意机关作为协商角色，可以平等地和政府进行讨价还价；在开始征收之前，需要办理一系列的协商手续；在安置补偿方面，应通过专业的地价委员会按照市场的实际情况对地价进行评定，并对地价进行公告，建立起一套法制化、专业化的严格的土地评价规则。在具体事项上，包括地价、安置、补偿等问题，民意机关均可介入，充分地与地方政府进行协商。根据台湾地区的《区域规划法》，在完成市、县城市规划的编制后，首先应当在城市进行30天的公开展览，市民以及机关团体均可以提出书面意见。然后再由都市计划委员会对规划方案进行审议；经都市计划委员会审议通过后，还应当向市民进行规划方案的公告，公告之后方可实施具体的规划方案。而在进行城市的改造或者重建时，如果是市政府提出，并坚持进行改造或者重建的，应当取得2/3的居民同意后，才可以强制进行改造或者重建；如果是居民主动提出改造或者重建的要求，则应当取得3/4的居民同意后，才可以强制进行改造或者重建。总而言之，通过充分的民意协商、公众参与，包括政府、大多数市民与机关团体均能够得到充分的利益保障。

其次，在拆迁、改建等可能涉及土地征收的方面，也将公众参与充分吸收进来。在拟订都市更新事业计划之前，政府优先实施者应当举行第一次公听会，在人数上，应当获得有关更新单元范围内的土地和合法建筑物的2/5以上所有权人的同意；在面积上，同意的所有权人的私有土地总面积应当超过一半，且其私有合法建筑物总楼地板面积也应当超过一半。然后，应当将拟订的都市更新事业计划送到市政府申请进行20日的公开展览，在20日的公开展览期间，市政府应当举行第二次公听会。20日的公开展览结束后，应当召开理事会对有关计划进行审查，将其提交都市更新审议委员会进行审议；经审议通过，且由市政府核定之后，方可实施有关的都市更新事业。如果是迅行办理，则在前述取得有关方面同意的门槛上有更高要求，即应当获得有关更新单元范围内的土地和合法建筑物一半以上所有权人的同意，且同

---

① 刘文忠、朱松岭：《台湾房屋拆迁的立法、补偿与冲突解决机制》，《北京行政学院学报》2010年第5期。

意的所有权人的私有土地总面积和私有合法建筑物总楼地板面积也应当超过一半；如果是自行申请办理都市更新，则有关门槛进一步提高到应当获得有关更新单元范围内的土地和合法建筑物一半以上所有权人的同意，且同意的所有权人的私有土地总面积和私有合法建筑物总楼地板面积也应当超过3/4。

最后，在安置补偿方面，台湾地区在土地征收中，大多采用先建后拆的方式，即先兴建国民住宅，对被拆迁户进行安置，如果被征收人不愿离开被征收土地的，则会强制其离开，但一般不会使用武器。征收土地后，将土地收益的一部分作为安置经费，基本上是足够的，而被征收人的抗争一般都是一种手段，大部分是为了讨价还价，如希望得到更多的补助来购买国民住宅，以及希望购买价格更便宜、住宅更大等。征收中的强制拆迁被视为最后手段，如果政府能够向被征收人及社会证明，其对被征收人的利益已经尽了最大努力加以照顾，在协调拆迁方面也已经呈现出最大程度的诚意和耐心，但仍然不能取得被征收人的配合的，才能够通过最后的强制拆迁手段来实施土地征收。至于民众针对土地征收的抗争，台湾地区通过《集会游行法》下的有关制度予以处理，警察对于民众经三次举牌警告后，会告知其若再不解散，将按照《集会游行法》对民众执行强制驱散，而对于在场的民众，特别是其中的领导者，也将按照该法的规定移交法办，乃至追究刑事责任。

整体而言，从台湾地区土地征收的立法模式可见，台湾地区土地征收制度的核心在于对土地权利的保护，通过充分的综合考虑，以期最大限度地减少土地征收及房屋拆迁过程中可能出现的纷争。

第四节　澳门土地法改革的主张和建议

一　制定澳门城市发展总体规划

澳门土地狭小，人口密集，为保障澳门经济的可持续发展，未来应当加强土地的利用规划，制定澳门城市发展总体规划，对各功能区进行全面布局，使土地资源的效益能够得到充分发挥。规划工作不能只关注数年后一个美轮美奂的环境，也不单是一个"总蓝图"，必须及时因应社会情况调整，因此要保证规划能够有效落实，亦要确保程序上的透明，才有利于规划工作的顺利开展。由于一系列制定或完善法律法规的工作已经展开，如文化遗产保护法、土地法、旧区重整法律、都市建筑总章程、防火安全规章等，因此，亦适时启动城规法立法工作。必须保持与其他部门间的良好沟通，以减少法律法规间的不协调情况。

（一）　规划的必要性

澳门仅有 29.9 平方公里，有效地利用土地资源是澳门特区政府平衡社会和经济发展的重要手段。要令澳门可持续发展，特区政府必须在城市规划、土地的发展和使用上严规慎行。面对澳门在博彩业扩大发展的带动，加上未来港珠澳大桥等对外交通网络的完善，就经济投资价值和机会而言，澳门已经在短短数年间成为世界性投资者的热门之选，土地房产亦自然成为投机者的宠儿。

不过，澳门自身在土地、房地产和金融投资等方面的法制建设仍十分简陋或处于空白，这令澳门承担投机市场波动的抗冲击力大大降低，调控手段亦大为减少，澳门的经济发展存在极大的隐忧，因此必须确立主体城规立法。现时，澳门对城市规划和土地使用的法律监管过于宽松，当政官员可以运用的自由裁量权过大，而且，法律并未适时规范一些近十多年的新生事物，以致出现不少的法律漏洞，形成长期以来存在合法而不合理的批地发展行为，令社会公众利益未能得到合理的保障。世界各地就城规和土地使用都有不同的做法，但普遍有两种模式：一是侧重于地区建设的规划性，对土地利用类型、范围和使用强度作出了各种限制，预先规定了发展的原则；二是侧重于对规划部门的分权结构和各级官员的权力范围作了详细的规定，特别是对于与公众利益相关的规划制定、执行作了严格的规定，建立一套让公众参与的机制，可使公众对规划机构行使权力形成监督[1]。澳门应重视城市规划的科学制定和认真执行，坚持科学布局，坚持综合规划，坚持阳光操作，坚持规划的前瞻性，坚持严格执行规划。要科学确定城市定位，推进城市统筹规划。要进行准确定位，突出主题风格和城市主色调，体现城市的历史文化特色。要科学编制规划，使规划更科学、合理和系统，更具前瞻性和操作性。要注重公众的参与，广泛听取市民意见，体现规划的群众

---

① 李从正：《全面检讨土地批给制度》（上），《澳门日报》2008 年 5 月 14 日莲花广场版。

性和民主决策。要维护规划的严肃性和权威性。首先必须确立基本原则，强调城市发展及规划的首要考虑因素是社会公众利益，坚持合理用地、保护和改善城市的生态环境与具有历史意义的文化古迹，以及注重新区开发和旧区改建的统一规划与公交优先方向。做好整体协调和战略性部署，把旧区改建、重建明确纳入整体规划之中，配合主导填海造地，平衡经济发展与民生需要①，新城区先规划后发展。在城市规划工作上，对澳门旧区，要透过不断调整及优化，最终达到理想的规划和环境，但新城区一定会先规划、再发展。在制定城市规划法及总体规划时，须结合专家学者及本地相关从业员意见，大家一同合作研究，令城规法既能符合国际惯例，亦满足澳门的实际情况。对将来 350 公顷的新城区用地定会先规划、再发展。要出台《城市规划法》，修改《土地法》，澳门才可以真正达到可持续发展的目标。

为使土地的综合承载力得到进一步提高，实现澳门未来多元化产业承载空间的拓展，应当对土地规划进行完善。长期以来，澳门缺乏公开的土地利用规划，因此城市规划也相应有所欠缺。由于没有明显的土地规划，目前，澳门的土地在功能分布上较为分散，在土地的使用结构上也已失衡，滞后的土地制度导致土地资源的极大浪费以及土地权力的滥用。相比之下，新加坡在规划上的成功经验显示，对于小规模的城市而言，进行细致、有序的土地规划，实际上能够实现土地承载效率在很大程度上的提高，从而为城市提供更多的社会、经济发展空间。未来澳门的经济适度多元化同样需要更多的发展空间，因此，为推动经济多元化政策的落实，同时对澳门的整体城市形象加以改善，澳门目前的土地承载效率亟待提高，也即应当以城市发展规律为基础，重新制定并落实与之相符的土地规划。具体而言，针对目前澳门土地利用结构的松散状态，未来制定土地规划时，应把握好以下脉络：一是土地规划应当总揽全局，在规划的理念上坚持澳门的可持续发展，对于澳门未来的城市发展方向与主要内容加以确定，同时通过调整产业结构、优化城市空间，对澳门现阶段和未来不同产业发展的用地需求进行合理界定；二是在对土地进行分区利用时，应注重集中原则，通过规划使澳门的休闲产业包括博彩业、酒店休闲、商贸休闲、文化休闲等，以及特色制造业、住宅区实现相

---

① 李从正：《全面检讨土地批给制度》（上），《澳门日报》2008 年 5 月 14 日莲花广场版。

对集中，形成规模经济；三是对于历史景观应当注重保护，对历史城区周边的建筑高度进行有序引导，以协调澳门城市的整体风格；四是在离岛土地资源的开发方面，应通过有序的对各种基础设施进行规划和建设来加强开发；五是加强开发滨海资源，适应经济多元化发展的需求，进行连续的、系统的滨海功能场所建设；六是在开发利用土地的同时重视保护生态环境，对于绿化空间应进行充分保障，在污染的产生方面尽量予以减少，实际上这也是一种提高土地综合承载力的重要途径①。

目前，澳门土地市场仍处于分割的状态，没有完全实现土地的市场化，与现今的澳门经济发展要求和宏观规划需求不相符合。因此，为进一步推进澳门的经济适度多元化，并使土地的利用效率进一步提高，应当对现有的土地制度进行改革，加强澳门土地的市场化，对于土地市场的交易制度进行不断完善，对土地的审批制度和土地使用权的保障制度等一系列的制度也应加强完善。在土地制度的执行方面，更应该健全相应机制，完善土地使用效率的制度保障。在建立并完善相应的制度保障之后，未来在澳门的土地规划和使用中，还应改变观念，开拓思维，以促进承载空间的循环增长。具体而言，可从以下几个方面着手：（1）在承载空间的增长模式上，从传统的增长方式即片面追求土地规模的扩张，转变为新型的空间增长模式，如立体空间的拓展、土地租赁、土地置换等；（2）进一步加强粤港澳区域合作，既包括经济合作，也包括土地合作，具体包括区域土地合作制度与土地利用机制，应在充分考虑各方利益的基础上进行积极探索；（3）编制动态的土地利用规划，包括长期、中期和短期三种，同时在机制上加以落实；（4）在立体空间的利用方面，借鉴其他国家和地区的先进方法，通过高新技术探索立体空间的利用可能性②。

（二）规划的方针③

澳门的经济环境和政策环境均有其特殊性，对于澳门而言，通过直接的城市规划手段所能达到的效果往往比较有限，相比之下，更加需要对一些根

---

① 陈相：《澳门经济适度多元化的路径和策略研究》，暨南大学硕士学位论文，2012。
② 陈相：《澳门经济适度多元化的路径和策略研究》，暨南大学硕士学位论文，2012。
③ 赵炳时、李家华：《初探跨世纪的澳门城市规划和房地产市场发展的策略》，《城市规划》1999年第5期。

本性的城市问题进行解决，对于社会上隐藏的一些巨大能量加以引导，以对城市的土地利用与城市发展策略进行配合，通过自然转变而减少城市改革中的副作用。此外，通过单一的政府行政行为已经无法圆满达到城市规划的目的，与政府的硬性计划等直接干预方式相比，市场的力量似乎更为有效。对于规模城市而言，通过对市场力量加以引导，推动城市的发展，其效益也相对较高。从澳门的区位及其经济实力上看，有很多潜在的投资机会，蕴藏着难以估量的潜在能量。资金和资本的集中乃是澳门的市场能量来源，而澳门对市场力量加以吸引的最有效途径便是房地产，根据以往的经验，激活房地产市场对于城市的发展相当有利，不过，房地产市场的发展应当有序进行，既不能过冷，也不能过热，应当使其与澳门的城市发展同步，通过长远的城市发展政策与经济政策，完善房地产市场的规范及其投资条件，通过开发房地产市场，对城市新区的建立及成熟加以引导，并对土地的利用进行重新规划，对地区的功能以及房地产价格的区位进行调整，以期实现城市规划目的。

利用城市规划正确引导房地产市场，能够使澳门以及邻近地区的经济建设与城市建设更加繁荣。房地产业与旅游业在澳门的经济发展中占据重要地位，而通过合理的城市规划，能够使这两个行业配合城市的需求进行发展，在城市的发展中形成良性循环。具体而言，应当根据以下几个方面的方针进行规划：

第一，作出长期的全盘规划，并适当地对珠三角以及香港的城市发展进行配合，结合澳门作为特别行政区、地理位置独特、属于外向型特色的消费性城市等特征，以澳门的城市效益为出发点，对未来的澳门城市发展进行预测。

第二，对澳门的各种土地使用功能进行重新规划，对用地结构、用房结构进行合理调整。在不断扩大城市规模的过程中，如果商业区以及就业区过于集中，就会形成一定的负面因素。因此，形成密度不高的商业带不仅是可行的，对于城市定位的需要也相符合，可以从北区起至南湾、新口岸，再到氹仔岛的市中心。同时，分散政府的行政中心，并重新规划高档住宅区，也能够对氹仔岛的商业区建设予以配合，一方面有利于发展路氹城，另一方面也有利于澳门长远的持续性发展。未来的人口规模以及用地规模的发展很可能会走向极限，在城市建设的资源分布方面，特区政府应以离岛为主，至于具体的规划和建筑模式等，可以借鉴香港的青衣岛、沙田、愉景湾以及广州二沙岛等经验。

第三，调整原有的城市社会经济空间布局，对各个区域土地的等级、密度、房地产供求情况等进行适当的调节改变。对于城市特色景观带应当进行保护、重建和建设，对于澳门半岛高密度的功能混杂去进行有机疏散和整理，尽可能移出大型公共设施和工业，根据具体情况完善辅助性商业区的建设，使澳门旧区的形象得到提高。

第四，对于新区的发展，可以通过适当的房地产价格与政策加以引导。利用政府投资以及完善基础设施等方式促进新区的建设，在功能上不仅仅将社会的低下层市民安置到新区，如果能够将社会的中上阶层也引导到新区，可能更有利于社区集聚放大效应的发挥，从而更有利于新区的战略发展，在其他城市的发展中也有不少类似的例子，如香港的太古城和又一村、广州的天河区以及北京的亚运村等。

第五，在具体制定规划时，与邻近地区未来的大都会计划以及可持续发展相结合，使土地利用更加有效，并制定长远的城市用地政策，促进城市的健康发展，并保持房地产市场平稳发展。对于毗连的地区，特别是珠海，应当参考其发展规划，对于某些用地规划应当保持弹性，例如，北区的拱北附近地区以及与横琴岛相对的路氹城等，可以作出比较灵活的规划，以便在因为地域环境的改变或者地区功能的改变而引起挑战时，能够应对自如。在大都会趋势下，不可避免地要进行城市的融合，而香港和深圳两地在城市结构上的互通互补，可以作为澳门和珠海两地的重要借鉴，因此，在进行规划时，应当具有较高的前瞻性。

第六，在未来的几十年间，中国南方超级大都会有三个顶端：一是香港与深圳，二是广州，三是澳门和珠海。这几个城市都有各自的生存条件与经济特色，但是就规模而言，澳门在城市的三大发展要素包括土地、人口、经济方面均处于相对弱势，而所谓特区的优势也很可能越来越不明显。由于土地规模和人口规模均有客观限制，因此可以在经济体系方面进一步创新改革，而房地产市场的启动也只是为经济与资本市场增加能量的一个方法。严格地讲，这只能治标，如果要治本，应当在整个经济体系以及相应的政策法规方面进行完善。例如，可以通过改变税制，将澳门改革成税务天堂，对中国香港、新加坡提供的超低税率以及各种优惠进一步加以借鉴，将澳门发展成东南亚地区资金、资本的天堂，同时加强第三产业的发展，进一步稳固澳门的城市发展和经济发展之基石。

第七，应当加快完善土地立法以及规划立法，在政府的行政架构上进一步实现精简统一，严格执行批地政策，在批地和发展项目的过程中增加透明度，并且注意不应过分追求扩大城市规模。此外，澳门的大政府行为实际上也为特区政府设置了沉重的负担，不利于行政效率与效益的提高。

（三）规划的实施

1. 分区规划

根据土地的用途进行分区，并结合规划指针，较为符合澳门的实际情况。从理论上讲，分区对于合理利用土地具有一定的积极意义，在进行规划的设计时，通过对分区的作用进行加强，设计出较好的土地用途分区，并予以落实，结合规划指针，在实施当中按照分区规则进行严格审查，一方面使规划的灵活性有所增加，另一方面也能够使规划保持严肃性，保障社会经济高速发展中的土地供应。不过在实践中，由于缺少细致的分区规则，导致在目前的规划中难以体现出用途分区，未能发挥出分区在规划中应有的作用。因此，未来在制定土地利用规划时，可以在规划中对用途分区的作用予以突出和加强，提高布局与结构的宏观指导作用。通过对用途分区进行控制，根据规划分区的具体规则进行土地开发申请的审批，从静态的规划转变为动态的规划，最终实现对土地进行合理、有效利用的规划目的。

2. 澳门城市规划应定期通盘检讨

在澳门城市规划法中应规定，城市规划一经公布实施，即不能任意进行变更，但是应当定期进行通盘检讨，例如，每五年由规划的编制机关对有关规划进行至少一次通盘检讨，根据实际发展情况，并吸收公众建议，对城市规划进行必要变更，对于其中的公共设施用地等，如果发现并非必要，则可以将其撤销，并改变其用途。除此之外，如果城市规划的实施已经超过原计划年限的，或者超过一定的期限，如 20 年的，也应当进行全面检讨，根据实践情况进行适当调整。

3. 城市规划的特殊变更

城市规划经发布实施后如遇有下列情形，则应当根据实际情况进行特殊变更，例如，因遭遇水灾、火灾、地震、战争或者其他重大变化而使城市规划的执行受到阻碍的；或者为了避免重大灾害的发生而需要变更规划的；以及为了配合区域发展兴建重大设施的；等等。在出现此类情况时，原规划的编制机关应当在特区政府制定的一定期限内完成规划的变更。对于个案变更则应严格控制，以避免部分政府人员借机贪腐。

二　改革土地批给制度，科学制定土地出让政策

土地是一种稀缺资源，这在一定程度上决定着"财源"必然是极其有限的。借鉴内地公共土地建设使用程序，可以因当事人的申请用地而启动，也可以由土地主管部门根据土地利用总体规定、城乡总体规定在建设用地总量内主动向社会出让建设用地使用权。引入内地土地法中的主动供地制度，从而将其作为推动澳门土地利用总体规划立法和城市规划立法的契机。

政府出让土地的方式可以进行分类管理：一是公共事业用地，对于公共事业用地，可以由专家评估委员会作出合理的评估价位，严格规定不得改变使用用途，如果改变使用用途用于非公益事业，政府有权收回土地；二是房地产用地，对于用于房地产开发的土地批地方式以公开招标及公开拍卖为原则，仅在例外情况才能适用协议批地。同时，拟批出的土地及发展资料须预先公布，以提高透明度，批地面积设定上限。此外，在土地使用权的招标、拍卖活动中，为防止人为设置不合理条件以对申请人参加竞买加以限制，应规定对于竞买申请人不得设定限制条件，只要符合有关法规和政策，投资者均可参与土地使用权竞买。

"天价卖地"留给我们的现实反思是，要求政府出让土地的公共政策设计摒弃"非此即彼"的极性思维惯性，在看到公开的市场化土地出让方式的优点的同时，保持一分对它可能产生的弊端的警惕。在此基础上，可以借鉴内地部分地区在土地使用权出让中的有关做法，结合商务标和技术标，对于土地使用权出让采用综合评标的方式。其中，在商务标中应当对土地使用权的出让价格以及发展商的实力、品牌与信誉等因素进行考虑，在技术标中则重点对于发展商的设计方案、可行性分析报告等因素进行考虑，最终在土地的竞标中选择具有雄厚的开发实力和一流的经营管理水平的发展商。此外，在具体的操作过程中，应当坚持公开透明以及公平原则。通过综合评标方式，对于土地使用权出让中"价高者得"的单一方式加以改变，在一定程度上防止出现土地使用权出让价格的非理性过快上涨的情形，从而避免产生高地价导致高房价、高房价再导致高地价的怪圈，对房价有一定的稳定作

用。此外，通过对土地使用权出让采用综合评标的方式，有利于对发展商的综合实力进行全面考察，从而保障地产项目的高水准，也能对澳门城市的发展水平有进一步的提升作用，对于澳门城市综合功能的完善也有一定的积极意义。另外，针对"天价房"使普通市民无法接受的现状，政府可以单独批给地块，由政府主导开发建设无房户的第一套住宅和廉租房项目，在土地租价上给予优惠，然后以优惠的价格出卖给无房户或以极为低廉的价格出租给住房有困难的市民，这样既可以解决普通市民的住房问题，又可以避免土地批给上的贪腐问题。

此外，通过对澳门土地批出制度的分析，可以看出澳门的《土地法》虽然有不少合理之处，但目前已经难以适应时代的发展，许多地方亟待修改，而欧文龙案件的出现也体现出有关土地立法中批地制度存在的问题。因此，在澳门《土地法》的修改方面，针对土地批出制度，有学者提出了以下建议：（1）对于长期租借中的临时批出期限的 5 年上限改为确定性的、不可改变的上限；（2）对于长期租借中不得转长期租借的规定予以废除，允许对确定性批出的长期租借土地进行转长期租借，并规定转长期租借后，土地的批给系临时性，在符合法律规定的条件后再转化为确定性批给；（3）改变租赁方式批出中的临时批出无期限限制的现状，对其进行一定的期限上限规定；（4）在租赁土地的续期问题上，对住宅用地和商业用地进行区分，规定对于住宅用地租赁期满可以自动续期，而对于商业用地则仍需按照规定办理续期手续。总之，对澳门《土地法》的修改应当朝着更加科学和完善的方向发展，使其与时代的发展相适应。此外，在修改澳门《土地法》时，还应当注意到对政府官员批地权力的限制，防止因自由裁量权过大而出现问题[①]。

三　闲置土地罚款与地价挂钩

土地立法中亦应加入土地使用期限和发展期限，建议土地若不能在 3 年内实施开发，政府可无条件收回。同时，清晰城市规划，定出每幅土地的特定用途，不得改变。土地承批人在规定的土地利用期内并未发展但又要续期

---

① 韩旭至：《澳门土地批给制度研究——以"两种土地批出方式"为视角》，《湖北第二师范学院学报》2011 年第 10 期。

时，政府将严格把关，即使土地承批人提出合理理由并获再续期，最后仍会被政府处以较高的罚款，罚款将与溢价金挂钩。假如无合理理由时，政府会提出警告，除罚款外亦不排除收回批地。将罚则与溢价金挂钩，视乎土地批给用途。假如在溢价金较高情况下，罚则与溢价金挂钩将可起到阻吓作用。

政府将提升承建商闲置土地罚金至与地价挂钩，并构思与珠海共同打造成世界级城市海滨绿化长廊。政府须正视土地批给制度，溢价金应有所上调，要反映现实中物业的价值与溢价金之间的关系。这样可以避免特区政府贱卖土地，甚至利益输送的情况出现。为确保已批出土地在指定期限内得到合理利用，政府将有序地处理闲置土地的问题，对不遵守批给合同的个案按其严重程度分类。建议对严重违反的情况，尤其批给期限即将届满、长期拖欠溢价金及从未展开土地利用工程的个案作出处理。政府要加大闲置土地的罚金至与地价挂钩，增加阻吓作用，令承建商依时发展。一方面严厉打击破坏山体、严重损害公众利益、影响社会秩序的非法霸土占地行为，另一方面在法律配套上作出更好规管。继续有序推行及完善土地批给程序，提升公众参与度，充分发挥土地咨询小组的功能，积极推进土地分类的研究工作，加强监管发展商，令其履行合同，分类研究工作争取尽快完成。新填海区规划将以居民整体利益为依归，将有不低于总用地50%的面积用于公共设施、绿地、广场、交通、基建，新填海土地不会作为博彩业发展用地。政府将按照社会的实际需要，预留合适的土地兴建公屋。新增的土地资源将用于增建城市外环路网，形成"双环双轴"的道路网络架构，形成"三个交通圈层"，优化澳氹两岸海滨城市景观，配合"珠三角区域绿道网"，与珠海共同打造世界级城市海滨绿化长廊。政府应加强与公众的沟通，多征求公众意见，以便共同筹划澳门未来发展蓝图。

四　完善地籍资料库，发展地理资讯系统

鉴于地籍管理是土地利用及土地规划的基础工作，地籍管理工作的质量对于土地的登记、规划、利用等均有直接影响，因此，应当充分运用先进的科学技术对地籍管理工作进一步加以完善。地籍管理整体资料量巨大，涵盖地理资讯面广，具有海量特点，随着资料库的建设，资料量将成倍增长。而且，资料类型复杂，按空间特性分，包含空间资料和非空间资料；按存储方式分，包含资料库资料和文件资料；按资料关系分，包括结构化资料和非结

构化资料等。如果建立了地籍资料库，就可以使这些海量资料得到有效的管理和应用，这将极大地方便土地管理部门对土地进行空间分析、统计、资料查询、业务办理、项目审查等，使土地管理更加高效透明。政府可以借行政程序电子化之机，重新整理土地资料，完善地籍资料库。先在政府内部试行，继而扩展到居民和业界，查询者未来可利用互联网查询详情，或可于一个部门内索取两个部门的资料。透过索取资料程序的简化，相信能增加土地资料的透明度，从而扩大居民的知情权。

在具体内容上，地籍资料库应包括以下主要内容：一是基础地理资讯资料，二是土地的分布位置资料，三是地籍图属性资料。其中，基础地理资讯资料是地籍资料库的基本内容，具体包括居民地、绿地、水域、地形、道路、符号、注记等要素。利用先进的地理资讯理论和技术，在澳门建设地籍地理资讯系统，使一对一、一对多的地籍属性资料和地图空间资料的对应影像得以建立，在有关方面需要对地籍资料进行图像可视化的查找、分析、存储时，能够提供相应的便利，从而作为一项实用工具充分运用到澳门地区的土地规划和利用中。在地理资讯方面，随着地理资讯系统在技术和应用方面的发展，其应用空间更加广泛，在澳门的地籍管理以及土地的登记、规划、利用等方面的应用前景也非常广阔。对于地理资讯系统技术的成功应用，内在的驱动力是技术的进步，而地理资讯系统从理论和技术走向实践应用，则需要靠成功的开发策略作为保证。

在系统的设计上，地理资讯系统应当符合以下几方面的基本要求：一是将系统的实用性予以加强，二是将系统的开发和应用成本予以降低，三是将系统的生命周期予以提高。作为一个系统，应当能够为部门的战略目标提供支持，并满足不同管理层次的需求。目前，澳门的地籍管理仍然存在许多问题，为了对未来的土地利用和城市发展需求进行配合，应当完善地籍资料库，进一步开发地理资讯系统。在开发策略上，应当综合理论指导，如资讯管理科学、集成思想等，并受一定的约束，如统一的地图分幅与投影、比例尺、地理坐标、规范、编码与资料格式等，利用地理资讯系统技术、多媒体技术、执行资讯系统技术、网络技术等作为支撑，分阶段循序渐进地进行澳门的地理资讯系统建设，而有关地籍图的制定、保持和调整等方面的相关工作，则对于地籍资料库的完善和维护等具有辅助作用。同时，经过充分研究后，对于几何地籍的有关勘查进行组织和执行，以对有关的土地划界要求加以分析，不仅能够提供土地利用和城市规划的技术支持，对于其管理与规划的有效性也有所帮助。

以澳门原来的地籍系统为基础，具体需要增加与完善的功能主要包括以下几类：一是需要对地籍系统的基本资料结构进行改善；二是对文字和图形资料进行整合，以便提供双向查询；三是处理地籍档案的历史资料；四是对有关地籍资料的程序加以整合；五是进一步完善网上地理资讯系统①。

五　立法解决好"纱纸契"问题

"解决'纱纸契'这一历史留下的复杂问题，不能用简单粗暴一刀切的手法处理，葡国政府统治澳门 400 多年来，从未能如其他主权国一样，将土地视为国有以进行有效的土地管理，离岛不少大面积的地段仅凭'纱纸契'作为拥有权的声明，确是澳门土地问题的特殊情况之一。由于澳葡政府和澳门特区政府迟迟未能就'纱纸契'的相关问题提出妥善解决方案，无疑是埋下了官民纷争的导火线。当权者必须尊重历史，广纳民意，包括了解实情，吸取专家、学者及原住民的意见，运用中国澳门人的智能，合情、合理地通过行政登记手续，在基本法框架下合法化。相反，如果利令智昏、一意孤行，只会激化社会矛盾，动摇市民对特区政府的管治信心，澳门特区政府的形象将会再一次受到严重伤害，增加社会不稳定因素，不可等闲视之。应当加强官民沟通，和平、理性地解决问题。"②

新的土地法应将"纱纸契"土地的所有权与使用权分开处理，并且按照土地法的规定，向立法会提交法案，对"纱纸契"文件的处理"订定法律制度"以彻底解决长期困扰的"纱纸契"问题，有利于特区和路环的发展。

根据资料显示，2007 年 3 月路氹坊众曾要求工务局尽快解决路氹"纱纸契"问题，当时有关部门亦承诺会成立专责小组跟进和处理有关问题，他们并自发地于同年 10 月收集了有关路环、黑沙、九澳合共 232 个"纱纸契"的资料呈交工务局冀能协助有关工作之进行。粗略地估计，路氹两个离岛合共

---

① 黄世兴：《澳门地籍管理与土地利用》，华南师范大学硕士学位论文，2003。

② 《从九澳村原住民代表上京陈情说起——加强官员沟通解决纱纸契问题》，《澳门早报》2010 年 11 月 13 日，http：//www.am853.com/?uid＝98&m＝newsview&qid＝28&bid＝184&id＝594。

有300多个"纱纸契"的个案亟待解决。由于年代久远，众多的"纱纸契"可能或多或少地存在着业权的争议，也有可能出现一些假契，鱼目混珠，从中图利。因此，政府必须和专业人士及民间社会团体合作，组成一个专门委员会来作处理，成立"纱纸契"委员会。而"纱纸契"委员会成立的目的除了解决"纱纸契"问题外，还要弥补因"纱纸契"所引起土地登记系统的空白部分，从而有助于政府规划出澳门城市发展的完整蓝图。而"纱纸契"委员会的功能主要有下列几个方面：

1. 收集"纱纸契"权益的申请

我们要处理问题，首先是要知道问题有多大，所以，委员会第一件要做的事，就是订立一个作为收集"纱纸契"申诉的期限。正如之前所说的，路氹大约有300多个"纱纸契"的个案，收集申请的宣传及讲解工作亦可透过澳门的民间组织，例如，街坊会等民间组织来进行。而申请是要"纱纸契"持有人或直接利害关系人或其法定代理人才可向委员会提出，并以个案的形式来进行审理。再者，为免申请被滥用，因此，申请人是需要缴纳适当的手续费及保证金。若个案被确认，则发回保证金；否则，没收保证金。

2. 整理"纱纸契"

委员会整理"纱纸契"是需要很多资料的，所以"纱纸契"的举证责任也是解决"纱纸契"问题的一个主要环节。而根据一般的民事案件原则，"谁主张，谁举证"，就是应由"纱纸契"的持有人去证明自己的权利，考虑到"纱纸契"都是些年代久远的产物，很多的资料文件都是在政府的手中或较易被政府掌握的，而一般的市民较难查阅或获取，所以政府应尽量配合，促使工作顺利进行。而整理的工作可以分以下两个步骤：

（1）鉴别"纱纸契"文书的真伪。

"纱纸契"都是一些年代久远的契约文书，要判断它的真伪必须要由一些鉴别中国契约文书的专家来负责。若有所需，甚至可以向内地聘请一些专家学者来参与有关的工作。而鉴别的方向及方法是多方面的，可以是"纱纸契"的用纸、格式及内容等，也可以到中山县追查有关的历史档案包括黄册及户口簿等资料，因为"纱纸契"必定曾在当时的官府纳过税的，所以在政府的档案（若仍被保留下来）中是会存有记录的。

（2）确定"纱纸契"持有人的身份。

由于年代久，"纱纸契"可能在转让时有所散失，予他人有可乘之机，又或者"纱纸契"涉及的物业本身业权谁属已有争议，这些都是要确定的，因为政府在处理"纱纸契"时，只能接受最后权利确定的人或主体的申请，否则人人均主张权利，"纱纸契"的问题便会旷日持久，了无终结。在整理的过程中，若发现有蓄意欺诈政府的申请，当事人应被司法部门追究责任，以儆效尤。

3. 核实"纱纸契"的土地范围

"纱纸契"与其他"纱纸契"之间所主张的土地权利有可能是相同或重叠的，也有可能"纱纸契"所涉及的土地与特区政府土地登记册所载的政府公私产权有所抵触。因此，处理是以"一地一主"的主张来办理，因为同一块地，不可能同属于两个不同的主人或利益团伙，而冲突的解决可以采用调解、协商、仲裁或司法程序等手段。

4. 复核遗漏"纱纸契"土地

当委员会得到一个统一的"一地一主"最后名单后，要与澳门地图绘制暨地籍局或工务局内的土地登记资料相核对，看看是否有"无主土地"的存在；若有，则政府就要立刻以公告的方式宣示权利，以免被他人所霸占。

5. 公示"纱纸契"受益人名单

为避免将来可能出现的土地纠纷，委员会要将最后的"纱纸契"权利人名单作出公示，如果在限期之内，未有人提出异议，则名单会交给政府的有关部门处理。在委员会整理"纱纸契"档案册的同时，政府亦应准备为授予"纱纸契"持有人应有权利的立法工作，以及设立专责的"调解仲裁中心"和"特别法庭"，用以作为解决"纱纸契"的司法手段。而有关"纱纸契"的冲突纠纷都会先以调解或仲裁来处理，调解或仲裁所达成的协议及仲裁结果具有法律效力。若"调解仲裁中心"未能为双方解决纠纷，问题则可交由"特别法庭"来处理，"特别法庭"的法官由澳门最高法院委任，专责处理"纱纸契"的案件。

值得注意的是，要求特区政府对清朝"纱纸契"载明的土地权利或房屋权利完全予以承认，确实存在较大难度，毕竟清朝距离现在已经比较久远。然而，结合"纱纸契"产生的历史原因、"纱纸契"持有人对有关土地实际占用的时间等因素进行考虑，将"纱纸契"与时效制度相配合，也不失为解决"纱纸契"土地问题的可行方案，不过该方案的前提是有关"纱纸契"的土地权利只能是使用权而非所有权。根据这一思路，通过特别法的途径重新赋予"纱纸契"持有人土地权利，而由于在过去很长一段时间内，"纱纸契"持有人未能就有关土地缴纳税款，基于平衡社会利益的原则，可以规定日后业权人在出售土地使用权等情况下，应缴纳的税款比一般情况下的税款更高或者通过其他方式，实现社会利益的平衡①。

六 建立互动平台

（一）建立土地利用资讯网站

由澳门特区政府建立土地利用资讯网，将所有土地利用相关资讯在网上公布于众，增加透明度，便于市民了解土地使用的资讯。栏目上可以设置地籍资料查询、土地出让的公告、公用土地的征询意见、违法违规举报等，加强澳门政府与市民之间的互动，政府要将全部土地资讯公布出来，便于社会人士和市民了解和监督，也便于政府及早地掌握社会人士和市民的意见和建议，对好的建议应给予采纳，并向提出好的建议的人士给予奖励。

（二）举办土地利用公示展

澳门政府应经常举办土地利用公示展暨"澳门土地利用总体规划公示展"，展期内市民可以免费参观，在近距离了解本市土地利用规划情况的同时，还可以对新土地利用的总体规划提出自己的意见和建议。展会利用多媒体制作展示澳门土地利用的三维效果，设置智能导览、互动地幕、模拟飞行、数字模型等互动游戏，提升展览的参观情趣。这样的公示展的重要目的之一就是让广大澳门市民参与到规划建设中来，为澳门未来土地规划出谋划策。

（三）设立媒体平台

在官方电视台、广播电台、报纸等媒体专门设置栏目，发布土地利用资讯，发布土地出让公告等，以便市民和社会人士通过各种渠道，及时了解土地利用资讯，增强公众参与性和土地利用的公开、公正和透明度。

七 加强土地监控

（一）强化调控

土地调控方式主要是通过控制土地批租来抑制过热的楼市。政府在土地

---

① 刘永德：《澳门地区"纱纸契"的法律探析》，华侨大学硕士学位论文，2009。

调控过程中要不断修订土地法例、改善土地管理体制，完善土地的转让交易机制，促进土地的市场化运作，提高土地的利用率和科学管理。金融调控包括：调整存贷款利率，以抑制房地产价格；控制发展商预售楼花的时间和比例；控制买家做银行按揭的成效及规模；控制发展商的地产投资信贷比例；控制高中档房地产项目的立项，等等。盘量调控的方式则包括：调整二手楼宇买卖的交易程序及费用；对空置住宅及投资性住宅征收物业税；抑制楼宇的投机炒卖活动，等等。考虑到房地产市场实际状况，以及相关法例法规执行上的特定情况，特区政府采取的各种调控措施也是在不断修改的，而从近期情况来分析，相信强化土地调控将是主要的手段。

（二）强化土地监控的手段

加强澳门的土地监督和土地监察。特区土地管理部门应根据法律规定的程序与方式，对区域内有关土地法律法规的执行情况依法进行监督和检查，对于违反土地法律法规的行为进行制裁。土地的监督监察对象主要是用地行为中的各方主体，土地管理部门对土地法律法规的贯彻落实情况进行监督监察，对于有关土地违法行为的检举、申诉予以受理，并对具体的土地违法行为进行调查。土地监察既包括事前监察，也包括事中监察或者事后监察；既包括自力监察，也包括他力监察；既包括内部监察，也包括外部监察；既包括普遍监察，也包括专门监察；在内容上既包括守法监察，也包括执行监察。针对违反土地法律法规、需要追究法律责任的行为，例如，用地人未经批准而非法占用土地、通过虚假手段获得用地批准、超过用地批准使用土地、非法转让土地权利，以及政府部门非法批地、非法征地等情形，土地监察部门应当受理和立案。监察批出土地的数量和期限，以及批出土地所得收入的分配和使用情况。应当制定严格土地管理的法规，强化并完善土地调控法规，从现时所了解的情况来看，制定基准地价及协议出转土地的最低价格，强化基建项目及房地产开发的补地价机制，进而制定完善的土地价格体系。完善极具权威性的土地价格机制十分关键，也是对拥有土地者的利益保障。建立完善的土地税制体系，保证各类税收的顺利执行，及建立澳门政府负责官员的土地保护责任制，建立完全市场经济化的土地市场。

（三）建立自上而下的执法体制

对于土地使用，任何国家和地区都应该建立土地管理制度，充分发挥物质资源的作用，不能浪费或荒废土地，同时还应该做好土地的环境保护工作，防止出现发展商长期占用土地、房屋不开发、不出售，待其涨价的行为。澳门原有的执法制度存在一些漏洞，导致一些腐败案件发生。对于这个问题应当借鉴内地做法。要从行政体制改革入手，配合法律的支持，推行土地新政，以达到对房地产业进行宏观调控的目的，强化澳门政府对土地资源的控制力度，实行问责制的严格土地管理制度，对于出现土地违法案件并导致严重后果的，应当对有关负责官员的责任予以追究。实行问责制，其目的在于通过建立有效的责任约束机制，限制和规范澳门政府权力和政府工作人员行为，将政府土地管理和环境保护的责任落到实处，保证澳门经济社会可持续发展。

澳门土地资源极其缺乏，因而在土地的问题上，应该善用土地。澳门特区政府应制定城市规划，在工程批给政策方面进行科学合理的改革，树立建筑形式服从功能、功能优先的理念，制定公平、公正、公开的土地发展信息发布机制、公开竞投及方案评选的机制，以增加土地批给程序的透明度。完善城市发展的硬框架，改善居民的生活环境及企业的营商环境。强化工程批给的廉政及审计监督，以及问责机制，以确保澳门社会长期繁荣稳定。

八 有关填海造地的建议

2009 年末澳门特区政府公布，国务院批准填海的土地分为 5 个区域，建设使用海域总面积 361.65 公顷。国务院要求特区政府填海应注重环保，并要以缓解土地资源严重稀缺、改善民生生活品质为填海的重要举措。这就要求特区政府根据已经确定的土地用途，通过科学的规划和合理的布局，对填海土地进行集约利用。

（一）政府必须主导填海造地

关于填海权的取得，澳门特区政府在获得国家有关部门批准后，即已获得填海权。从民法的角度看，填海行为属于物权行为。原因在于，通过填海造地，能够取得新增土地的有关权利，也就是说，完成填海后，能产生物权法上的法律效力，新增土地的使用权将归特区政府所有。此外，填海权和海域使用权有所区别，因为填海造地不仅仅是对海域进行使用，而是将有关海域变成土地，所以在有关海域使用管理的法律中，关于填海造地问题只需要进行一些纲领性的规定，至于填海造地本身的法律问题，可以考虑在未来进行单独立法。

（二）必须先制定填海造地的有关法律

1. 填海造地的性质及权利归属

在法律性质方面，从民法物权的角度，填海造地具体属于不动产物权上的添附。通过将动产附加到土地上，使其成为土地的一部分，则该动产的所有权灭失，而被土地的所有权覆盖。关于填海造地后新增土地的权利归属问题，由于填海区域边缘的土地所有权属于国家，因此新增土地也属于国家所有。通过国务院批准的填海造地，特区政府能够取得新增土地的使用权。一般而言，填海权的取得并非无偿，一般情况下均应缴纳海域使用金，不过对于未来5个区域的填海，中央政府表示不征收海域使用金。如前所述，填海造地和海域的使用并不等同，通过填海造地，原海域的自然属性变为土地。此前有关对海域的管理适用海域管理方面的法律，而填海后新增的土地则适用土地法律进行管理。

2. 填海造地法律与其他法律的衔接

填海造地对于许多领域的法律问题均有所涉及，包括行政法、海洋法、土地法、民法、环保法等，可能引起众多的法律纠纷，因此不仅需要对填海造地行为的法律性质进行界定，还需要注意填海造地行为受哪些法律制约，对于这些问题的回答，涉及填海造地如何能够在法律的规范下进行、如何与环境保护相协调等诸多重大问题。对于未来的填海造地，澳门特区政府必须要先制定相关的法律法规，只有这样，才能从源头开始对其进行规范，以便于更好地管理填海造地。在制定有关填海造地的法律时，应注意与其他法律的衔接，如有关环境保护的法律等，填海造地对于当地的生态环境不应造成不利影响，或者至少应当减少不利影响。在填海造地的过程中，应最大限度地减少污染物的扩散，对整个填海过程进行跟踪管理。

三 新城土地储备、审批应公开透明

未来要建设和发展好澳门，澳门特区政府应积极而又务实地推行科学决策，加强廉政建设，提升施政透明度，致力于建设阳光政府，努力促进经济与社会的协调发展。在新城土地储备方面，特区政府应及时将新区储备土地资讯公布于众，便于公众查询。新城土地审批应严格按照审批程序和要求操作，公务人员要不徇私情，公平公正地按照有关规定进行办理。政务公开，建立健全土地审批、出让、交易公示制度。土地行政主管部门要全面推行政务公开，按照机关效能建设的要求，明确政务公开的项目，规范土地审批行为。用地审批、土地资产处置、供地价格确定等，一律要经过内部会审，集体决策。有关土地的审批和出让公示等制度均应尽快予以建立和完善，对于应向社会公布的信息应当定期予以公布，以便接受社会的监督。要严格遵守法律、法规和规章，切实加大土地登记工作力度，采取具体措施落实澳门特区政府关于土地登记资料公开查询的规定，不断完善其他已经实行的监督管理制度。

填海批地必须审慎处理，切忌成为房产炒卖项目。国务院关于澳门特别行政区新城区建设填海的批复指出，填海的目的应是对土地资源匮乏问题予以缓解，并致力于居民生活素质的改善。要达到这种目标，今后填海造地开展后而获得的大量土地资源，其运用除了完善《土地法》外，在处理重大批地问题时，还需交到立法会或专责跟进委员会说明、讨论。另外，在土地的运用实质性方面，按目前A、B、C、D、E区的布局看，需要抓紧三大社会利益功能，即促进经济多元化，做好民生关顾工作，推进地区城市科学规划发展。换言之，将来的土地利用要减少重复建设，必须对民生和经济有正面推动作用，不可成为房地产或热钱涌入炒卖的项目。符合澳门人的整体利益，对生活素质有所提升。可以推动地区的长远持续发展，包括：交通配套或科学城规建设；即使拨作商品楼宇的发展用地，亦应该符合本地人的平均实际购买力水准。此外，必须符合人口政策和经济布局的发展方向。

四　新城规划宜重预测人口，按土地承载力合理配置

新城规划宜重预测人口，因应土地承载力，配合相关人口政策。人口规模是规划时所要考虑的重要的因素。传统上常用人均用地面积来推算人口，根据土地用途分类及城市建设标准，来预计多少人去争取用地。但在宜居条件下，要保持城市生态环境及可持续发展，简单利用可建设土地或人均占地的方法去推算人口并不科学。在澳门这个高度开放的社会中，人口预测是在不同假设情况下，如出生人口、死亡人口、生育情况、移出移入等，预测人口数量的变化。而澳门的人口增长是以机械增长（即移入）为主，自然增长（即出生率减死亡率）则相对稳定且数量少。2000～2009年，澳门约增加11万人口，但当中只有2万人口属自然增长，其他则为移民、外雇及其他获准在澳居留的人士。这部分机械增长人口易受地区经济、政策的影响而

出现波动。因此，在将澳门打造成宜居及可持续发展的城市时，就要从整个城市，包括新城区及人口结构面去考虑，如土地、绿化、基础设施、交通等如何配合人流范围，适时调节人口政策，以适当地配置公共设施、交通道路等①。

澳门政府表明会针对澳门的人口政策作出调研，尤其是澳门将来的经济发展模式和劳动市场人力需求多大、人口膨胀所带来的社会问题，均需要科学测算。新城填海区规划必须贯彻中央政府的指导精神，兼顾澳门居民的整体利益，以至符合社会现实发展所需。

五　合理开发利用新增土地

新城填海区若要优先保护好城市的生态环境，优先考虑好交通基建及公共、社区、文化等设施的安排，政府必须做好以上工作。注重新区开发和旧区改建的统一规划及公交优先方向，确保居民对城市规划的知情权、参与权，以及保障有关权利得以落实的相应措施。政府建立发布信息，以及对社会和市民的意见及时响应的机制，并将信息发放机制法制化。政府对土地的规划和修改的方法和程序应公平、公开和公正，设立城市规划、环境保护和文物保护监察评审机制，并在土地规划和工程落实前，必须激活城市规划、环境保护和文物保护监察评审机制。土地的储备，应公开透明，故新城填海规划的土地使用，必须更加透明，让公众知悉。政府应遵守以公开竞投的原则批给土地，批给土地时亦应从社会最大利益的角度去考虑、选择最优的项目进行科学规划。澳门已明确定位为国际休闲度假中心，但城市发展规模和环境容量的研究仍未深入，政府有必要科学地预测和决策澳门的人口规模、城市规模以及随之而来对各种公共、社区、文化设施的需求，才能作出科学规划。

新城旧区融合发展、协调互补。澳门只有30平方公里左右的土地，新城旧区的发展规划无法割裂，更不能有"重新弃旧"的思维。特区政府需先整合现存资源、查找不足，善用新城填海区的发展契机做出补足，充分协调新城旧区的发展。新城规划宜重预测人口，因应土地承载力研究配合相关人口政策。

---

① 《新城规划宜重预测人口》，《澳门日报》2010年6月20日第A03版。

参考文献

《澳门 2003》，澳门基金会，2003。

《澳门法律学刊》，澳门立法事务办公室，1995。

澳门立法会编辑《土地法》，澳门政府印刷署，1995。

《澳门土地问题司法见解》，澳门法律学刊，2003。

《澳门土地问题学说》，澳门法律学刊，1997。

《澳门宪政法律文献汇编》，澳门理工学院—国两制研究中心，2009。

曹务坤：《农村土地承包经营权流转研究》，知识产权出版社，2007。

陈恩：《透视台湾土地改革》，《南风窗》2006 年第 12 期。

陈锋：《大陆建国后土地改革和台湾土地改革之比较》，《广西教育学院学报》2001 年第 1 期。

陈祥健：《空间地上权研究》，法律出版社，2009。

陈小君等：《农村土地法律制度的现实考察与研究》，法律出版社，2010。

陈雪松：《台湾土地改革及其对大陆的启示》，《南方农村》2005 年第 1 期。

程文章：《借鉴台湾土地制度 加强广东农村土地管理》，《南方农村》2009 年第 1 期。

戴双兴：《香港土地批租制度及其对大陆土地储备制度的启示》，《亚太经济》2009 年第 2 期。

《德国民法典》，陈卫佐译，法律出版社，2006。

《对构建现代化与科学化的城市规划体系的探索》，土地工务运输局，2009。

樊静：《我国沿海土地使用制度研究》，人民法院出版社，2004。

房绍坤、王洪平：《不动产征收法律制度纵论》，中国法制出版社，2009。

付雪静：《香港土地两权分离 调控随机应变》，《房地产导刊》2006 年第 12 期。

高汉：《集体产权下的中国农地征收问题研究》，上海人民出版社，2009。

关涛：《大陆土地使用权与台湾地上权之比较》，《山东法学》1997年第3期。

何志辉：《从殖民宪制到高度自治——澳门200年来宪制演进述评》，澳门理工学院一国两制研究中心，2009。

《荷兰民法典》，王卫国译，中国政法大学出版社，2006。

江平、米健：《罗马法基础》（修订本第三版），中国政法大学出版社，2004。

金俭：《不动产财财权　自由与限制研究》，法律出版社，2007。

京文、辛华：《澳门的土地资源及土地政策》，《中外房地产导报》2000年第12期。

荆月新：《城市土地立法研究》，中国检察出版社，2006。

冷夏：《冷眼看澳门　澳门回归十年回顾及反思》，名流出版社，2009。

李长明：《土地纠纷实务指南》，中国法制出版社，2008。

李建华、申卫星、杨代雄：《物权法》，中国人民大学出版社，2008。

李俊丽：《香港土地市场的政府干预模式探析》，《科技信息》2010年第28期。

刘俊：《土地权利沉思录》，社律出版社，2009。

刘俊：《土地所有权国家独占研究》，法律出版社，2008。

刘俊：《中国土地法理论研究》，法律出版社，2006。

刘新卫：《"黄金发展阶段"日本、韩国和中国台湾土地利用浅析》，《国土资源情报》2006年第2期。

楼建波、张双根、金锦萍、吕飞飞：《土地储备及土地一级开发法律制度》，中国法制出版社，2009。

吕萍：《台湾土地及其管理》，《中外房地产导报》2001年第1期。

栾雪飞、刘颖：《20世纪50年代初大陆与台湾土地改革比较》，《东北师范大学学报》2001年第6期。

《论"一国两制"澳门实践模式》，澳门理工学院一国两制研究中心，2009。

罗明：《英国土地法及其借鉴》，《中国土地》1996年第11期。

马奇：《土地权属争议调处实务》，浙江大学出版社，2008。

孟勤国等：《中国农村土地流转问题研究》，法律出版社，2009。

聂安祥：《社会交往行为与认同——澳门社会结构探析》，广东人民出版社，2009。

启东：《澳门土地资源稀缺与房地产开发》，《中国市场》1998 年第 9 期。

沈元章：《香港土地资源管理与土地政策》，《特区经济》1987 年第 4 期。

谭光民：《澳门的土地资源与经济发展》，《热带地理》1999 年第 4 期。

谭纵波、董珂：《澳门土地利用与规划体制研究》，中国城市规划学会《城市规划》1999 年第 12 期。

谭纵波：《国外当代城市规划技术的借鉴与选择》，《国外城市规划》2001 年总第 59 期。

童乔慧、盛建荣：《澳门城市规划发展历程研究》，《武汉大学学报》（工学版）2005 年第 6 期。

《〈土地法〉及其配套法例初步检讨建议咨询文本》，澳门土地工务运输局，2008。

《〈土地法〉及其配套法例初步检讨建议》，土地工务运输局，2009。

王才亮等：《房屋征收制度　立法与实务》，法律出版社，2008。

王才亮：《反思　中国房地产制度与实践》，法律出版社，2008。

王达：《房屋征收拆迁　法律制度新问题》，中国法制出版社，2010。

王侃：《略论 1949～1953 年的台湾土地改革》，《中共浙江省委党校学报》2005 年第 3 期。

王卫国：《法大民商经济法评论》（第二卷），中国政法大学出版社，2006。

王卫国：《法大民商经济法评论》（第三卷），人民法院出版社，2007。

王卫国：《荷兰经验与民法再法典化》，中国政法大学出版社，2007。

王卫国：《民法》，中国政法大学出版社，2007。

王卫国、王广华：《中国土地权利的法制建设》，中国政法大学出版社，2002。

王卫国：《阳明民商法纵横》，万人出版社，2007。

王卫国：《中国民法典论坛》，中国政法大学出版社，2006。

王卫国：《中国土地权利研究》，中国政法大学出版社，1997。

王文革：《城市土地节约利用法律制度研究》，法律出版社，2008。

王文革：《城市土地配置 利益博弈及其法律调整》，法律出版社，2000。

王旭军：《不动产登记司法审查》，法律出版社，2010。

王仲兴、郭天武：《内地与港澳法律体系的冲突与协调》，中山大学出版社，2009。

吴志良：《澳门政治制度史》，广东人民出版社，2010。

咸鸿昌：《19 世纪英国的土地法改革》，《山东师范大学学报》（人文社会科学版）2006 年第 4 期。

咸鸿昌：《英国土地法律史——以保有权为视角的考察》，北京大学出版社，2009。

谢哲：《对土地法的几点思考》，《浙江国土资源》2009 年第 11 期。

《修订〈土地法〉第二轮咨询文本》，澳门土地工务运输局，2010。

杨沐喜：《台湾的土地改革与社会转型》，《中国台湾网台岛信息》2001 年 9 月 5 日。

《一国两制研究》，澳门理工学院一国两制研究中心，2009。

岳晓武：《台湾土地估价与地价管理》，《中国土地》2002 年第 3 期。

曾坤：《行走澳门》，百花文艺出版社，2004。

曾哲：《公民私有财产权的宪法保护研究》，中国法制出版社，2009。

张钧：《农村土地制度研究》，中国民主法制出版社，2008。

张卫华：《征地补偿索赔指南》，中国法制出版社，2009。

郑冠伟：《澳门城市规划的发展及延续方向》，《建筑学报》1999 年第 12 期。

周枏：《罗马法提要》，北京大学出版社，2008。

庄翰华：《台湾土地资源永续发展策略》，《学术期刊地球信息科学》2002 年第 1 期。

《咨询文本〈对构建现代化与科学化的城市规划体系的探索〉》，土地工务运输局，2008。

Ralph H. Folsom, Michael W. Gordon, John A. Spanogle, *International Business Transactions 7th Edition*, Law Press China, 2005.

图书在版编目（CIP）数据

澳门土地法改革研究／陈家辉著．—北京：社会科学文献
出版社，2014.5
　（澳门研究丛书）
　ISBN 978 - 7 - 5097 - 4866 - 4

Ⅰ.①澳…　Ⅱ.①陈…　Ⅲ.①土地法 - 司法制度 - 体制
改革 - 研究 - 澳门　Ⅳ.①D927.659.230.4

中国版本图书馆 CIP 数据核字（2013）第 157191 号

· 澳门研究丛书 ·

澳门土地法改革研究

著　　者／陈家辉

出 版 人／谢寿光
出 版 者／社会科学文献出版社
地　　址／北京市西城区北三环中路甲 29 号院 3 号楼华龙大厦
邮政编码／100029

责任部门／全球与地区问题出版中心　　　责任编辑／王玉敏　张志伟
　　　　　（010）59367004　　　　　　　　　　　　　李延玲
电子信箱／bianyibu@ ssap. cn　　　　　　责任校对／张利霞
项目统筹／王玉敏　　　　　　　　　　　责任印制／岳　阳
经　　销／社会科学文献出版社市场营销中心（010）59367081　59367089
读者服务／读者服务中心（010）59367028

印　　装／北京季蜂印刷有限公司
开　　本／787mm×1092mm　1/16　　　印　　张／13.25
版　　次／2014 年 5 月第 1 版　　　　　字　　数／222 千字
印　　次／2014 年 5 月第 1 次印刷
书　　号／ISBN 978 - 7 - 5097 - 4866 - 4
定　　价／49.00 元